禅宗七经

心经

金刚经

圆觉经

楞伽经

楞严经

维摩诘经

六祖坛经

竹和松出版社

©2019 竹和松出版社（Zhu & Song Press）

出版：竹和松出版社（Zhu & Song Press）

Zhu & Song Press, LLC

责任编辑：朱晓红

责编信箱：editor@zhuandsongpress.com

zhuandsongpress@gmail.com

封面设计：竹和松传媒

出版社网址：www.zhuandsongpress.com

印刷地：美国

发行：全球

ISBN-13:978-1-950797-02-8

ISBN-10:1-950797-02-3

版权所有，侵权必究

内容简介

一、《心经》

《般若波罗蜜多心经》，又称《摩诃般若波罗蜜多心经》，简称《般若心经》或《心经》，是般若经系列中一部言简义丰、博大精深、提纲挈领、极为重要的经典，为大乘佛教出家及在家佛教徒日常背诵的佛经。现以唐代三藏法师玄奘译本为最流行。

二、《金刚经》

《金刚经》是早期大乘佛教经典，属于《大般若经》的第九会，是宣说般若空义的代表作之一。中国依鸠摩罗什译本为流行本，一般所说的《金刚经》都指罗什所译的《金刚般若波罗密经》；科判则依昭明太子的三十二分法。《金刚经》古来依无著和世亲的论释为中心被理解，尔后由三论、天台、华严、法相、禅、真言等各宗的观点加以理解和发展。

三、《圆觉经》

《圆觉经》，佛教大乘经典，一卷，唐·罽宾沙门佛陀多罗译，具名《大方广圆觉修多罗了义经》，又作《大方广圆觉经》、《圆觉修多罗了义经》、《圆觉了义经》。收在《大正藏》第十七册。是唐、宋、明以来教（贤首、天台）、禅各宗盛行讲习的经典。

《圆觉经》一般分作序、正、流通三分。共有十二章，主要内容是释迦牟尼佛回答文殊菩萨、普贤菩萨、普眼菩萨、金刚藏菩萨、弥勒菩萨、清净慧菩萨、威德自在菩萨、辩音菩萨、净诸业障菩萨、普觉菩萨、圆觉菩萨和贤善首菩萨就有关修行菩萨道所提出的问题，以长行和偈颂形式宣说如来圆觉的妙理和方法。

四、《楞伽经》

《楞伽经》全称《楞伽阿跋多罗宝经》，亦称《入楞伽经》、《大乘入楞伽经》。其译名分别出自南朝宋元嘉二十年（443年）的求那跋陀罗、北魏的菩提流支、唐代于阗（今新疆和田）僧人实叉难陀。各译为四卷本、十卷本、七卷本。由于求那跋陀罗的译本最早，更接近本经的原始义，因此流传广、影响大。

《楞伽经》，意谓佛陀入此山所说的宝经，为唯识宗所依六经之一。本经宣说世界万有皆由心识所造，吾人认识作用的对象不在外界而在内心。系结合如来藏思想与唯识阿赖耶识思想，为代表印度后期大乘佛教思想的经典，其成立年代约在公元四百年前后。

五、《楞严经》

《楞严经》是佛教上的一部极重要的大经，可说是一部佛教修行大全。因为此经在内容上，包含了显密性相各方面重要的道理；

在宗派上则横跨禅净密律，均衡发挥，各得其所；在修行的次第上，则更是充实、圆满：举凡发心、解、行、证、悟，皆详尽剖析开示--从教令正发心起，经循循善诱的破惑、见真(明心见性)、依性起修(设坛结界、于实际上起正修行)，并详细开示了一切凡圣境界(二十五圣圆通、三界七趣众生)，令于圣境起企慕、而于凡外得知解，从而不受迷惑、不入岔道；又详述六十位修证(三渐次、干慧地、十信、十住、十行、十回向、四加行、十地、等觉、妙觉)令行者于菩提道上知所趣向；最后更广开示五阴魔境，及其破除之法，俾于菩提道上能克服魔怨留难，所修圆满成就。

六、《维摩诘经》

《维摩诘经》简称《维摩经》，全名是《维摩诘所说经》，亦名《不可思议解脱经》。维摩罗诘是梵语 Vimalakirti 之音译，维摩罗意即"净名"、"无垢"，诘即为"称"，故《维摩诘经》又名《净名经》或《说无垢称经》。摩罗诘又译为维摩罗诘、毗摩罗诘，略称维摩或维摩诘。意译为净名，无垢称诘，意思是以洁净、没有染污而称的人。维摩诘是一个在家的大乘佛教的居士，是著名的在家菩萨。

《维摩诘经》中的故事性很强，例如天女散花、请饭香土等等，故事人物鲜活，想象奇迥，富于文学趣味。用浅近的方法引生大众的信仰，是大乘经典的一大特色。《维摩诘经》的"不二法门"思想，深深影响了禅宗的"不二"思想。即所谓的"动静不二，真妄不二，维摩明一切法皆入不二门。"《维摩诘经》中的许多典故，多变成禅宗公案。宋代以后的士子多好禅学，常讲《楞严经》和《圆觉经》。自此《维摩诘经》的影响变小。

七、《六祖坛经》

《六祖坛经》，佛教禅宗典籍。亦称《坛经》、《六祖大师法宝坛经》，全称《南宗顿教最上大乘摩诃般若波罗蜜经六祖惠能大师于韶州大梵寺施法坛经》。禅宗六祖惠能说，弟子法海集录。《释门正统》卷八《义天传》有"大辽皇帝诏有司令义学沙门诠晓等再定经录，世所谓《六祖坛经》、《宝林传》等皆被焚"等语，似宋辽时期此书已入经录。现有明清诸藏本、房山石经本及流通本等。1976年日本影印《六祖坛经诸本集成》，汇集各种版本《坛经》十一种。

记载惠能一生得法传宗的事迹和启导门徒的言教，内容丰富，文字通俗，是研究禅宗思想渊源的重要依据。

目录

般若波罗蜜多心经 1

金刚般若波罗蜜经 2

大方广圆觉修多罗了义经 10

楞伽阿跋多罗宝经 27

大佛顶首楞严经 82

维摩诘所说经 157

六祖大师法宝坛经 190

般若波罗蜜多心经

唐三藏法师玄奘译

观自在菩萨,行深般若波罗蜜多时,照见五蕴皆空,渡一切苦厄。

舍利子!色不异空,空不异色;色即是空,空即是色;受想行识,亦复如是。

舍利子!是诸法空相,不生不灭,不垢不净,不增不减。

是故空中无色,无受想行识,无眼耳鼻舌身意,无色声香味触法,无眼界,乃至无意识界。

无无明,亦无无明尽,乃至无老死,亦无老死尽,无苦集灭道。无智亦无得。

以无所得故,菩提萨埵,依般若波罗蜜多故,心无罣碍,无罣碍故,无有恐怖, 远离颠倒梦想,究竟涅槃。

三世诸佛,依般若波罗蜜多故,得阿耨多罗三藐三菩提。

故知般若波罗蜜多,是大神咒,是大明咒,是无上咒,是无等等咒,能除一切苦,真实不虚。

故说般若波罗蜜多咒,即说咒曰:揭谛揭谛,波罗揭谛,波罗僧揭谛,菩提娑婆呵。

金刚般若波罗蜜经

姚秦·三藏法师·鸠摩罗什 译

如是我闻。一时，佛在舍卫国祇树给孤独园，与大比丘众千二百五十人俱。尔时，世尊食时，著衣持钵，入舍卫大城乞食。于其城中，次第乞已，还至本处。饭食讫，收衣钵，洗足已，敷座而坐。

时，长老须菩提在大众中即从座起，偏袒右肩，右膝著地，合掌恭敬而白佛言：希有！世尊！如来善护念诸菩萨，善付嘱诸菩萨。世尊！善男子、善女人，发阿耨多罗三藐三菩提心，云何应住？云何降伏其心？

佛言：善哉，善哉。须菩提！如汝所说：如来善护念诸菩萨，善付嘱诸菩萨，汝今谛听！当为汝说：善男子、善女人，发阿耨多罗三藐三菩提心，应如是住，如是降伏其心。

唯然。世尊！愿乐欲闻。

佛告须菩提：诸菩萨摩诃萨应如是降伏其心！所有一切众生之类：若卵生、若胎生、若湿生、若化生；若有色、若无色；若有想、若无想、若非有想非无想，我皆令入无余涅槃而灭度之。如是灭度无量无数无边众生，实无众生得灭度者。何以故？须菩提！若菩萨有我相、人相、众生相、寿者相，即非菩萨。

复次，须菩提！菩萨于法，应无所住，行于布施，所谓不住色布施，不住声香味触法布施。须菩提！菩萨应如是布施，不住于相。何以故？若菩萨不住相布施，其福德不可思量。

须菩提！于意云何？东方虚空可思量不？

不也，世尊！

须菩提！南西北方四维上下虚空可思量不？

不也，世尊！

须菩提！菩萨无住相布施，福德亦复如是不可思量。须菩提！菩萨但应如所教住。

须菩提！于意云何？可以身相见如来不？

不也，世尊！不可以身相得见如来。何以故？如来所说身相，即非身相。

佛告须菩提：凡所有相，皆是虚妄。若见诸相非相，则见如来。

须菩提白佛言：世尊！颇有众生，得闻如是言说章句，生实信不？

佛告须菩提：莫作是说。如来灭后，后五百岁，有持戒修福者，于此章句能生信心，以此为实，当知是人不于一佛二佛三四五佛而种善根，已于无量千万佛所种诸善根，闻是章句，乃至一念生净信者，须菩提！如来悉知悉见，是诸众生得如是无量福德。何以故？是诸众生无复我相、人相、众生相、寿者相。

无法相，亦无非法相。何以故？是诸众生若心取相，则为著我人众生寿者。

若取法相，即著我人众生寿者。何以故？若取非法相，即著我人众生寿者，是故不应取法，不应取非法。以是义故，如来常说：汝等比丘，知我说法，如筏喻者，法尚应舍，何况非法。

须菩提！于意云何？如来得阿耨多罗三藐三菩提耶？如来有所说法耶？

须菩提言：如我解佛所说义，无有定法名阿耨多罗三藐三菩提，亦无有定法，如来可说。何以故？如来所说法，皆不可取、不可说、非法、非非法。所以者何？一切贤圣，皆以无为法而有差别。

须菩提！于意云何？若人满三千大千世界七宝以用布施，是人所得福德，宁为多不？

须菩提言：甚多，世尊！何以故？是福德即非福德性，是故如来说福德多。

若复有人，于此经中受持，乃至四句偈等，为他人说，其福胜彼。何以故？须菩提！一切诸佛，及诸佛阿耨多罗三藐三菩提法，皆从此经出。须菩提！所谓佛、法者，即非佛、法。

须菩提！于意云何？须陀洹能作是念：我得须陀洹果不？

须菩提言：不也，世尊！何以故？须陀洹名为入流，而无所入，不入色声香味触法，是名须陀洹。

须菩提！于意云何？斯陀含能作是念：我得斯陀含果不？

须菩提言：不也，世尊！何以故？斯陀含名一往来，而实无往来，是名斯陀含。

须菩提！于意云何？阿那含能作是念：我得阿那含果不？

须菩提言：不也，世尊！何以故？阿那含名为不来，而实无不来，是故名阿那含。

须菩提！于意云何？阿罗汉能作是念：我得阿罗汉道不？

须菩提言：不也，世尊！何以故？实无有法名阿罗汉。世尊！若阿罗汉作是念：我得阿罗汉道，即为著我人众生寿者。世尊！佛说我得无诤三昧，人中最为第一，是第一离欲阿罗汉。世尊！我不作是念：我是离欲阿罗汉。世尊！我若作是念：我得阿罗汉道，世尊则不说须菩提是乐阿兰那行者！以须菩提实无所行，而名须菩提是乐阿兰那行。

佛告须菩提：于意云何？如来昔在燃灯佛所，于法有所得不？

不也，世尊！如来在燃灯佛所，于法实无所得。

须菩提！于意云何？菩萨庄严佛土不？

不也，世尊！何以故？庄严佛土者，则非庄严，是名庄严。

是故须菩提，诸菩萨摩诃萨应如是生清净心，不应住色生心，不应住声香味触法生心，应无所住而生其心。

须菩提！譬如有人，身如须弥山王，于意云何？是身为大不？

须菩提言：甚大，世尊！何以故？佛说非身，是名大身。

须菩提！如恒河中所有沙数，如是沙等恒河，于意云何？是诸恒河沙宁为多不？

须菩提言：甚多，世尊！但诸恒河尚多无数，何况其沙！

须菩提！我今实言告汝：若有善男子、善女人，以七宝满尔所恒河沙数三千大千世界，以用布施，得福多不？

须菩提言：甚多，世尊！

佛告须菩提：若善男子、善女人，于此经中，乃至受持四句偈等，为他人说，而此福德胜前福德。复次，须菩提！随说是经，乃至四句偈等，当知此处，一切世间、天、人、阿修罗，皆应供养，如佛塔庙，何况有人尽能受持读诵。须菩提！当知是人成就最上第一希有之法，若是经典所在之处，则为有佛，若尊重弟子。

尔时，须菩提白佛言：世尊！当何名此经？我等云何奉持？

佛告须菩提：是经名为《金刚般若波罗蜜》，以是名字，汝当奉持。所以者何？须菩提！佛说般若波罗蜜，即非般若波罗蜜，是名般若波罗蜜。须菩提！于意云何？如来有所说法不？

须菩提白佛言：世尊！如来无所说。

须菩提！于意云何？三千大千世界所有微尘是为多不？

须菩提言：甚多，世尊！

须菩提！诸微尘，如来说非微尘，是名微尘。如来说：世界，非世界，是名世界。

须菩提！于意云何？可以三十二相见如来不？

不也，世尊！不可以三十二相得见如来。何以故？如来说：三十二相，即是非相，是名三十二相。

须菩提！若有善男子、善女人，以恒河沙等身命布施；若复有人，于此经中，乃至受持四句偈等，为他人说，其福甚多！

尔时，须菩提闻说是经，深解义趣，涕泪悲泣，而白佛言：希有，世尊！佛说如是甚深经典，我从昔来所得慧眼，未曾得闻如是之经。世尊！若复有人得闻是经，信心清净，则生实相，当知是人，成就第一希有功德。世尊！是实相者，则是非相，是故如来说名实相。世尊！我今得闻如是经典，信解受持不足为难，若当来世，后五百岁，其有众生，得闻是经，信解受持，是人则为第一希有。何以故？此人无我相、无人相、无众生相、无寿者相。所以者何？我相即是非相，人相、众生相、寿者相即是非相。何以故？离一切诸相，即名诸佛。

　　佛告须菩提：如是！如是！若复有人，得闻是经，不惊、不怖、不畏，当知是人甚为希有。何以故？须菩提！如来说：第一波罗蜜，即非第一波罗蜜，是名第一波罗蜜。须菩提！忍辱波罗蜜，如来说非忍辱波罗蜜，是名忍辱波罗蜜。何以故？须菩提！如我昔为歌利王割截身体，我于尔时，无我相、无人相、无众生相、无寿者相。何以故？我于往昔节节支解时，若有我相、人相、众生相、寿者相，应生嗔恨。须菩提！又念过去于五百世作忍辱仙人，于尔所世，无我相、无人相、无众生相、无寿者相。是故须菩提！菩萨应离一切相，发阿耨多罗三藐三菩提心，不应住色生心，不应住声香味触法生心，应生无所住心。若心有住，则为非住。

　　是故佛说：菩萨心不应住色布施。须菩提！菩萨为利益一切众生故，应如是布施。如来说：一切诸相，即是非相。又说：一切众生，则非众生。须菩提！如来是真语者、实语者、如语者、不诳语者、不异语者。

　　须菩提！如来所得法，此法无实无虚。须菩提！若菩萨心住于法而行布施，如人入暗，则无所见；若菩萨心不住法而行布施，如人有目，日光明照，见种种色。

　　须菩提！当来之世，若有善男子、善女人，能于此经受持读诵，则为如来以佛智慧，悉知是人，悉见是人，皆得成就无量无边功德。

　　须菩提！若有善男子、善女人，初日分以恒河沙等身布施，中日分复以恒河沙等身布施，后日分亦以恒河沙等身布施，如是无量百千万亿劫以身布施；若复有人，闻此经典，信心不逆，其福胜彼，何况书写、受持、读诵、为人解说。

　　须菩提！以要言之，是经有不可思议、不可称量、无边功德。如来为发大乘者说，为发最上乘者说。若有人能受持读诵，广为人说，如来悉知是人，悉见是人，皆成就不可量、不可称、无有边、不可思议功德，如是人等，则为荷担如来阿耨多罗三藐三菩提。何以故？须菩提！若乐小法者，著我见、人见、众生见、寿者见，则于此经，不能听受读诵、为人解说。

　　须菩提！在在处处，若有此经，一切世间、天、人、阿修罗，所应供养；当知此处，则为是塔，皆应恭敬，作礼围绕，以诸华香而散其处。

　　复次，须菩提！善男子、善女人，受持读诵此经，若为人轻贱，是人先世罪业，应堕恶道，以今世人轻贱故，先世罪业则为消灭，当得阿耨多罗三藐三菩提。

　　须菩提！我念过去无量阿僧祇劫，于燃灯佛前，得值八百四千万亿那由他诸佛，悉皆供养承事，无空过者；若复有人，于后末世，能受持读诵此经，所得功德，于我所供养诸佛功德，百分不及一，千万亿分、乃至算数譬喻所不能及。

须菩提！若善男子、善女人，于后末世，有受持读诵此经，所得功德，我若具说者，或有人闻，心则狂乱，狐疑不信。须菩提！当知是经义不可思议，果报亦不可思议。

尔时，须菩提白佛言：世尊！善男子、善女人，发阿耨多罗三藐三菩提心，云何应住？云何降伏其心？

佛告须菩提：善男子、善女人，发阿耨多罗三藐三菩提心者，当生如是心，我应灭度一切众生。灭度一切众生已，而无有一众生实灭度者。何以故？须菩提，若菩萨有我相、人相、众生相、寿者相，则非菩萨。所以者何？须菩提！实无有法发阿耨多罗三藐三菩提心者。

须菩提！于意云何？如来于燃灯佛所，有法得阿耨多罗三藐三菩提不？

不也，世尊！如我解佛所说义，佛于燃灯佛所，无有法得阿耨多罗三藐三菩提。

佛言：如是，如是。须菩提！实无有法如来得阿耨多罗三藐三菩提。须菩提！若有法如来得阿耨多罗三藐三菩提者，燃灯佛则不与我授记：汝于来世，当得作佛，号释迦牟尼。以实无有法得阿耨多罗三藐三菩提，是故燃灯佛与我授记，作是言：汝于来世，当得作佛，号释迦牟尼。何以故？如来者，即诸法如义。

若有人言：如来得阿耨多罗三藐三菩提。须菩提！实无有法，佛得阿耨多罗三藐三菩提。须菩提！如来所得阿耨多罗三藐三菩提，于是中无实无虚。是故如来说：一切法皆是佛法。须菩提！所言一切法者，即非一切法，是故名一切法。

须菩提！譬如人身长大。

须菩提言：世尊！如来说：人身长大，即为非大身，是名大身。

须菩提！菩萨亦如是。若作是言：我当灭度无量众生，则不名菩萨。何以故？须菩提！实无有法名为菩萨。是故佛说：一切法无我、无人、无众生、无寿者。须菩提！若菩萨作是言：我当庄严佛土，是不名菩萨。何以故？如来说：庄严佛土者，即非庄严，是名庄严。须菩提！若菩萨通达无我、法者，如来说名真是菩萨。

须菩提！于意云何？如来有肉眼不？

如是，世尊！如来有肉眼。

须菩提！于意云何？如来有天眼不？

如是，世尊！如来有天眼。

须菩提！于意云何？如来有慧眼不？

如是，世尊！如来有慧眼。

须菩提！于意云何？如来有法眼不？

如是，世尊！如来有法眼。

须菩提！于意云何？如来有佛眼不？

如是，世尊！如来有佛眼。

须菩提！于意云何？如恒河中所有沙，佛说是沙不？

如是，世尊！如来说是沙。

须菩提！于意云何？如一恒河中所有沙，有如是沙等恒河，是诸恒河所有沙数，佛世界如是，宁为多不？

甚多，世尊！

佛告须菩提：尔所国土中，所有众生，若干种心，如来悉知。何以故？如来说：诸心皆为非心，是名为心。所以者何？须菩提！过去心不可得，现在心不可得，未来心不可得。

须菩提！于意云何？若有人满三千大千世界七宝以用布施，是人以是因缘，得福多不？

如是，世尊！此人以是因缘，得福甚多。

须菩提！若福德有实，如来不说得福德多；以福德无故，如来说得福德多。

须菩提！于意云何？佛可以具足色身见不？

不也，世尊！如来不应以具足色身见。何以故？如来说：具足色身，即非具足色身，是名具足色身。

须菩提！于意云何？如来可以具足诸相见不？

不也，世尊！如来不应以具足诸相见。何以故？如来说：诸相具足，即非具足，是名诸相具足。

须菩提！汝勿谓如来作是念：我当有所说法。莫作是念，何以故？若人言：如来有所说法，即为谤佛，不能解我所说故。须菩提！说法者，无法可说，是名说法。

尔时，慧命须菩提白佛言：世尊！颇有众生，于未来世，闻说是法，生信心不？

佛言：须菩提！彼非众生，非不众生。何以故？须菩提！众生众生者，如来说非众生，是名众生。

须菩提白佛言：世尊！佛得阿耨多罗三藐三菩提，为无所得耶？

佛言：如是，如是。须菩提！我于阿耨多罗三藐三菩提乃至无有少法可得，是名阿耨多罗三藐三菩提。

复次，须菩提！是法平等，无有高下，是名阿耨多罗三藐三菩提；以无我、无人、无众生、无寿者，修一切善法，则得阿耨多罗三藐三菩提。须菩提！所言善法者，如来说非善法，是名善法。

须菩提！若三千大千世界中所有诸须弥山王，如是等七宝聚，有人持用布施；若人以此《般若波罗蜜经》，乃至四句偈等，受持读诵、为他人说，于前福德百分不及一，百千万亿分，乃至算数譬喻所不能及。

须菩提！于意云何？汝等勿谓如来作是念：我当度众生。须菩提！莫作是念。何以故？实无有众生如来度者，若有众生如来度者，如来则有我人众生寿者。须菩提！如来说：有我者，则非有我，而凡夫之人以为有我。须菩提！凡夫者，如来说即非凡夫，是名凡夫。

须菩提！于意云何？可以三十二相观如来不？

须菩提言：如是！如是！以三十二相观如来。

佛言：须菩提！若以三十二相观如来者，转轮圣王则是如来。

须菩提白佛言：世尊！如我解佛所说义，不应以三十二相观如来。

尔时，世尊而说偈言：

若以色见我　以音声求我

是人行邪道　不能见如来

须菩提！汝若作是念：如来不以具足相故，得阿耨多罗三藐三菩提。须菩提！莫作是念：如来不以具足相故，得阿耨多罗三藐三菩提。

须菩提！汝若作是念，发阿耨多罗三藐三菩提心者，说诸法断灭。莫作是念！何以故？发阿耨多罗三藐三菩提心者，于法不说断灭相。

须菩提！若菩萨以满恒河沙等世界七宝，持用布施；若复有人知一切法无我，得成于忍，此菩萨胜前菩萨所得功德。何以故？须菩提！以诸菩萨不受福德故。

须菩提白佛言：世尊！云何菩萨不受福德？

须菩提！菩萨所作福德，不应贪著，是故说不受福德。

须菩提！若有人言：如来若来若去、若坐若卧，是人不解我所说义。何以故？如来者，无所从来，亦无所去，故名如来。

须菩提！若善男子、善女人，以三千大千世界碎为微尘，于意云何？是微尘众宁为多不？

须菩提言：甚多，世尊！何以故？若是微尘众实有者，佛则不说是微尘众，所以者何？佛说：微尘众，则非微尘众，是名微尘众。世尊！如来所说三千大千世界，则非世界，是名世界。何以故？若世界实有者，即是一合相。如来说：一合相，即非一合相，是名一合相。

须菩提！一合相者，即是不可说，但凡夫之人贪著其事。

须菩提！若人言：佛说我见、人见、众生见、寿者见。须菩提！于意云何？是人解我所说义不？

不也！世尊！是人不解如来所说义。何以故？世尊说：我见、人见、众生见、寿者见，即非我见、人见、众生见、寿者见，是名我见、人见、众生见、寿者见。

须菩提！发阿耨多罗三藐三菩提心者，于一切法，应如是知，如是见，如是信解，不生法相。须菩提！所言法相者，如来说即非法相，是名法相。

须菩提！若有人以满无量阿僧祇世界七宝持用布施，若有善男子、善女人，发菩提心者，持于此经，乃至四句偈等，受持读诵，为人演说，其福胜彼。云何为人演说，不取于相，如如不动。何以故？

　　一切有为法　如梦幻泡影
　　如露亦如电　应作如是观

　　佛说是经已，长老须菩提及诸比丘、比丘尼、优婆塞、优婆夷、一切世间、天、人、阿修罗，闻佛所说，皆大欢喜，信受奉行。

大方广圆觉修多罗了义经

唐·罽宾沙门佛陀多罗译

序分

如是我闻，一时婆伽婆，入于神通大光明藏，三昧正受，一切如来光严住持，是诸众生，清净觉地，身心寂灭平等本际，圆满十方，不二随顺，于不二境，现诸净土，与大菩萨摩诃萨十万人俱，其名曰，文殊师利菩萨，普贤菩萨，普眼菩萨，金刚藏菩萨，弥勒菩萨，清净慧菩萨，威德自在菩萨，辩音菩萨，净诸业障菩萨，普觉菩萨，圆觉菩萨，贤善首菩萨等而为上首与诸眷属，皆入三昧，同住如来平等法会。

文殊师利菩萨章

于是文殊师利菩萨在大众中，即从座起，顶礼佛足，右绕三匝，长跪叉手而白佛言：大悲世尊，愿为此会诸来法众，说于如来本起清净，因地法行，及说菩萨于大乘中发清净心，远离诸病，能使未来末世众生求大乘者，不堕邪见。作是语已，五体投地，如是三请，终而复始。

尔时世尊告文殊师利菩萨言：善哉善哉，善男子，汝等乃能为诸菩萨，咨询如来因地法行，及为末世一切众生求大乘者，得正住持，不堕邪见，汝今谛听，当为汝说。时文殊师利菩萨奉教欢喜，及诸大众默然而听。

善男子，无上法王，有大陀罗尼门，名为圆觉，流出一切清净真如，菩提涅槃及波罗密，教授菩萨，一切如来本起因地，皆依圆照清净觉相，永断无明，方成佛道，云何无明。

善男子，一切众生从无始来，种种颠倒，犹如迷人，四方易处，妄认四大为自身相，六尘缘影为自心相，譬彼病目，见空中华及第二月。

善男子，空实无华，病者妄执，由妄执故，非唯惑此虚空自性，亦复迷彼实华生处，由此妄有轮转生死，故名无明。善男子，此无明者，非实有体，如梦中人，梦时非无，及至于醒，了无所得。如众空华，灭于虚空，不可说言有定灭处，何以故，无生处故。一切众生于无生中，妄见生灭，是故说名轮转生死。

善男子，如来因地修圆觉者，知是空华，即无轮转，亦无身心受彼生死，非作故无，本性无故，彼知觉者，犹如虚空，知虚空者，即空华相，亦不可说无知觉性，有无俱遣，是则名为净觉随顺，何以故，虚空性故，常不动故，如来藏中无起灭故，无知见故，如法界性，究竟圆满遍十方故，是则名为因地法行。菩萨因此于大乘中，发清净心，末世众生，依此修行，不堕邪见，尔时世尊欲重宣此义，而说偈言：

　　文殊汝当知，一切诸如来。
　　从于本因地，皆以智慧觉。
　　了达于无明，知彼如空华，
　　即能免流转，又如梦中人，
　　醒时不可得，觉者如虚空。
　　平等不动转，觉遍十方界。
　　即得成佛道，众幻灭无处。
　　成道亦无得，本性圆满故。
　　菩萨于此中，能发菩提心。
　　末世诸众生，修此免邪见。

普贤菩萨章

　　于是普贤菩萨在大众中，即从座起，顶礼佛足，右绕三匝，长跪叉手而白佛言：大悲世尊，愿为此会诸菩萨众，及为末世一切众生，修大乘者，闻此圆觉清净境界，云何修行。

　　世尊，若彼众生知如幻者，身心亦幻，云何以幻还修于幻，若诸幻性一切尽灭，则无有心，谁为修行，云何复说修行如幻。若诸众生，本不修行，于生死中常居幻化，曾不了知如幻境界，令妄想心云何解脱，愿为末世一切众生，作何方便渐次修习，令诸众生永离诸幻。作是语已，五体投地，如是三请，终而复始。

　　尔时世尊告普贤菩萨言：善哉善哉，善男子，汝等乃能为诸菩萨及末世众生，修习菩萨如幻三昧，方便渐次，令诸众生得离诸幻，汝今谛听，当为汝说。

　　时普贤菩萨奉教欢喜，及诸大众默然而听。

　　善男子，一切众生，种种幻化，皆生如来圆觉妙心，犹如空华，从空而有，幻华虽灭，空性不坏，众生幻心，还依幻灭，诸幻尽灭，觉心不动，依幻说觉，亦名为幻，若说有觉，犹未离幻，说无觉者，亦复如是，是故幻灭，名为不动。

　　善男子，一切菩萨，及末世众生，应当远离一切幻化虚妄境界，由坚执持远离心故，心如幻者，亦复远离，远离为幻，亦复远离，离远离幻，亦复远离，得无所离，即除诸幻，譬如钻火，两木相因，火出木尽，灰飞烟灭，以幻修幻，亦复如是，诸幻虽尽，不入断灭。

　　善男子，知幻即离不作方便，离幻即觉，亦无渐次，一切菩萨及末世众生，依此修行，如是乃能永离诸幻，尔时世尊欲重宣此义，而说偈言：

　　普贤汝当知，一切诸众生。

无始幻无明，皆从诸如来。
圆觉心建立，犹如虚空华。
依空而有相，空华若复灭。
虚空本不动，幻从诸觉生。
幻灭觉圆满，觉心不动故。
若彼诸菩萨，及末世众生。
常应远离幻，诸幻悉皆离。
如木中生火，木尽火还灭。
觉则无渐次，方便亦如是。

普眼菩萨章

于是普眼菩萨在大众中，即从座起，顶礼佛足，右绕三匝，长跪叉手而白佛言：大悲世尊，愿为此会诸菩萨众，及为末世一切众生，演说菩萨修行渐次，云何思惟，云何住持，众生未悟，作何方便普令开悟，世尊若彼众生无正方便，及正思惟，闻佛如来说此三昧，心生迷闷，即于圆觉不能悟入，愿与慈悲，为我等辈及末世众生，假说方便。作是语已，五体投地，如是三请，终而复始。

尔时，世尊告普眼菩萨言：善哉善哉，善男子，汝等乃能为诸菩萨及末世众生，问于如来修行渐次，思惟住持，乃至假说种种方便，汝今谛听，当为汝说。时普眼菩萨奉教欢喜，及诸大众默然而听。

善男子，彼新学菩萨，及末世众生，欲求如来净圆觉心，应当正念远离诸幻，先依如来奢摩他行，坚持禁戒，安处徒众，宴坐静室，恒作是念，我今此身，四大和合，所谓发毛爪齿，皮肉筋骨，髓脑垢色，皆归于地，唾涕脓血，津液涎沫，痰泪精气，大小便利，皆归于水，暖气归火，动转归风，四大各离，今者妄身，当在何处，即知此身，毕竟无体，和合为相，实同幻化，四缘假合，妄有六根，六根四大，中外合成，妄有缘气，于中积聚，似有缘相，假名为心。

善男子，此虚妄心，若无六尘，则不能有，四大分解，无尘可得，于中缘尘，各归散灭，毕竟无有缘心可见。

善男子，彼之众生幻身灭故，幻心亦灭，幻心灭故，幻尘亦灭，幻尘灭故，幻灭亦灭，幻灭灭故，非幻不灭，譬如磨镜，垢尽明现。

善男子，当知身心，皆为幻垢，垢相永灭，十方清净。

善男子，譬如清净摩尼宝珠，映于五色，随方各现，诸愚痴者，见彼摩尼，实有五色。

善男子，圆觉净性，现于身心，随类各应，彼愚痴者，说净圆觉，实有如是身心自相，亦复如是，由此不能远于幻化，是故我说身心幻垢，对离幻垢，说名菩萨，垢尽对除，即无对垢及说名者。

善男子，此菩萨及末世众生，证得诸幻灭影像故，尔时便得无方清净，无边虚空觉所显发，觉圆明故，显心清净，心清净故，见尘清净，见清净故，眼根清净，根清净故，眼识清净，识清净故，闻尘清净，闻清净故，耳根清净，根清净故，耳识清净，识清净故，觉尘清净，如是乃至鼻舌身意，亦复如是。

善男子，根清净故，色尘清净，色清净故，声尘清净，香味触法，亦复如是。

善男子，六尘清净故，地大清净，地清净故，水大清净，火大风大，亦复如是。

善男子，四大清净故，十二处十八界，二十五有清净，彼清净故，十力，四无所畏，四无碍智，佛十八不共法，三十七助道品清净，如是乃至八万四千陀罗尼门，一切清净。

善男子，一切实相性清净故，一身清净，一身清净故，多身清净，多身清净故，如是乃至十方众生圆觉清净。

善男子，一世界清净故，多世界清净，多世界清净故，如是乃至尽于虚空，圆裹三世，一切平等清净不动。

善男子，虚空如是平等不动，当知觉性平等不动，四大不动故，当知觉性平等不动，如是乃至八万四千陀罗尼门平等不动，当知觉性平等不动。

善男子，觉性圆满清净不动圆无际故，当知六根遍满法界，根遍满故，当知六尘遍满法界。尘遍满故，当知四大遍满法界，如是乃至陀罗尼门遍满法界。

善男子，由彼妙觉性遍满故，根性尘性无坏无杂，根尘无坏故，如是乃至陀罗尼门无坏无杂，如百千灯光照一室，其光遍满无坏无杂。

善男子，觉成就故，当知菩萨不与法缚，不求法脱，不厌生死，不爱涅槃，不敬持戒，不憎毁禁，不重久习，不轻初学。何以故，一切觉故，譬如眼光晓了前境，其光圆满，得无憎爱。何以故，光体无二，无憎爱故。

善男子，此菩萨及末世众生，修习此心得成就者，于此无修亦无成就，圆觉普照，寂灭无二，于中百千万亿阿僧祇不可说恒河沙诸佛世界，犹如空华，乱起乱灭，不即不离，无缚无脱，始知众生本来成佛，生死涅槃，犹如昨梦。

善男子，如昨梦故，当知生死及与涅槃，无起无灭，无来无去，其所证者，无得无失，无取无舍，其能证者，无作无止，无任无灭，于此证中，无能无所，毕竟无证，亦无证者，一切法性平等不坏。

善男子，彼诸菩萨如是修行，如是渐次，如是思惟，如是住持，如是方便，如是开悟，求如是法，亦不迷闷。

尔时世尊欲重宣此义，而说偈言：
普眼汝当知，一切诸众生。
身心皆如幻，身相属四大。
心性归六尘，四大体各离。

谁为和合者，如是渐修行。
一切悉清净，不动遍法界。
无作止任灭，亦无能证者。
一切佛世界，犹如虚空华。
三世悉平等，毕竟无来去。
初发心菩萨，及末世众生。
欲求入佛道，应如是修习。

金刚藏菩萨章

于是金刚藏菩萨在大众中，即从座起，顶礼佛足，右绕三匝，长跪叉手。而白佛言：大悲世尊，善为一切诸菩萨众，宣扬如来圆觉清净大陀罗尼，因地法行渐次方便，与诸众生，开发蒙昧，在会法众，承佛慈诲，幻翳朗然，慧目清净。世尊，若诸众生本来成佛，何故复有一切无明，若诸无明众生本有，何因缘故，如来复说本来成佛，十方异生本成佛道，后起无明，一切如来，何时复生一切烦恼，唯愿不舍无遮大慈，为诸菩萨开秘密藏，及为末世一切众生，得闻如是修多罗教，了义法门，永断疑悔。作是语已，五体投地，如是三请，终而复始。

尔时世尊告金刚藏菩萨言：善哉善哉，善男子，汝等乃能为诸菩萨及末世众生，问于如来甚深秘密究竟方便，是诸菩萨最上教诲，了义大乘，能使十方修学菩萨，及诸末世一切众生，得决定信，永断疑悔，汝今谛听，当为汝说。时金刚藏菩萨奉教欢喜，及诸大众默然而听。

善男子，一切世界，始终生灭，前后有无，聚散起止，念念相续，循环往复，种种取舍，皆是轮回，未出轮回，而辩圆觉，彼圆觉性即同流转，若免轮回，无有是处，譬如动目，能摇湛水，又如定眼，由回转火，云驶月运，舟行岸移，亦复如是。

善男子，诸旋未息，彼物先住，尚不可得，何况轮转生死垢心，曾未清净，观佛圆觉而不旋复，是故汝等，便生三惑。

善男子，譬如幻翳，妄见空华，幻翳若除，不可说言此翳已灭，何时更起一切诸翳。何以故，翳华二法，非相待故，亦如空华灭于空时，不可说言虚空何时更起空华。何以故，空本无华，非起灭故，生死涅槃，同于起灭，妙觉圆照，离于华翳。

善男子，当知虚空非是暂有，亦非暂无，况复如来圆觉随顺，而为虚空平等本性。

善男子，如销金矿，金非销有，既已成金，不重为矿，经无穷时，金性不坏，不应说言本非成就，如来圆觉，亦复如是。

善男子，一切如来妙圆觉心本无菩提及与涅槃，亦无成佛及不成佛，无妄轮回及非轮回。

善男子，但诸声闻所圆境界，身心语言皆悉断灭，终不能至彼之亲证，所现涅槃，何况能以有思惟心，测度如来圆觉境界，如取萤火烧须弥山终不能著，以轮回心生轮回见，入于如来大寂灭海，终不能至。是故我说一切菩萨及末世众生，先断无始轮回根本。

善男子，有作思惟从有心起，皆是六尘妄想缘气，非实心体，已如空华，用此思惟辩于佛境，犹如空华复结空果，辗转妄相，无有是处。

善男子，虚妄浮心，多诸巧见，不能成就圆觉方便，如是分别，非为正问。

尔时世尊欲重宣此义，而说偈言：
金刚藏当知，如来寂灭性。
未曾有终始，若以轮回心。
思惟即旋复，但至轮回际。
不能入佛海，譬如销金矿。
金非销故有，虽复本来金。
终以销成就，一成真金体。
不复重为矿，生死与涅槃。
凡夫及诸佛，同为空华相。
思惟犹幻化，何况诘虚妄。
若能了此心，然后求圆觉。

弥勒菩萨章

于是弥勒菩萨在大众中，即从座起，顶礼佛足，右绕三匝，长跪叉手，而白佛言：大悲世尊，广为菩萨开秘密藏，令诸大众深悟轮回，分别邪正，能施末世一切众生，无畏道眼于大涅槃，生决定信，无复重随轮转境界，起循环见。

世尊，若诸菩萨及末世众生，欲游如来大寂灭海，云何当断轮回根本，于诸轮回有几种性，修佛菩提，几等差别，回入尘劳，当设几种教化方便，度诸众生，唯愿不舍救世大悲，令诸修行一切菩萨，及末世众生，慧目肃清照曜心镜，圆悟如来无上知见。作是语已，五体投地，如是三请，终而复始。

尔时，世尊告弥勒菩萨言：善哉善哉，善男子，汝等乃能为诸菩萨及末世众生，请问如来深奥秘密微妙之义，令诸菩萨洁清慧目，及令一切末世众生，永断轮回，心悟实相，具无生忍，汝今谛听，当为汝说。时弥勒菩萨奉教欢喜，及诸大众默然而听。

善男子，一切众生从无始际，由有种种恩爱贪欲，故有轮回，若诸世界一切种性，卵生、胎生、湿生、化生，皆因淫欲而正性命，当知轮回，爱为根本，由有诸欲助发爱性，是故能令生死相续，欲因爱生，命因欲有，众生爱命，还依欲本，爱欲为因，爱命为果，由于欲境，起诸违顺，境背爱心而生憎嫉，造种种业，是故复生地狱饿鬼。知欲可厌，爱厌业道，舍恶乐善，复现天人，又知诸爱可厌恶故，弃爱乐舍，还滋爱本，便现有为增上善果，皆轮回故，不成圣道。是故众生欲脱生死，免诸轮回，先断贪欲，及除爱渴。

善男子，菩萨变化示现世间，非爱为本，但以慈悲令彼舍爱，假诸贪欲而入生死，若诸末世一切众生，能舍诸欲及除憎爱，永断轮回，勤求如来圆觉境界，于清净心便得开悟。

善男子，一切众生由本贪欲，发挥无明，显出五性差别不等，依二种障而现深浅。云何二障？一者理障，碍正知见，二者事障，续诸生死；云何五性？

善男子，若此二障未得断灭，名未成佛，若诸众生永舍贪欲，先除事障未断理障，但能悟入声闻缘觉，未能显住菩萨境界。

善男子，若诸末世一切众生，欲泛如来大圆觉海，先当发愿勤断二障，二障已伏，即能悟入菩萨境界，若事理障已永断灭，即入如来微妙圆觉，满足菩提及大涅槃。

善男子，一切众生皆证圆觉，逢善知识，依彼所作因地法行，尔时修习，便有顿渐，若遇如来无上菩提正修行路，根无大小，皆成佛果，若诸众生虽求善友，遇邪见者未得正悟，是则名为外道种性，邪师过谬，非众生咎，是名众生五性差别。

善男子，菩萨唯以大悲方便，入诸世间，开发未悟，乃至示现种种形相，逆顺境界，与其同事，化令成佛，皆依无始清净愿力，若诸末世一切众生，于大圆觉起增上心，当发菩萨清净大愿，应作是言，

愿我今者住佛圆觉，求善知识，莫值外道，及与二乘，依愿修行，渐断诸障，障尽愿满，便登解脱清净法殿，证大圆觉妙庄严域。

尔时世尊欲重宣此义，而说偈言：

弥勒汝当知，一切诸众生。
不得大解脱，皆由贪欲故。
堕落于生死，若能断憎爱。
及与贪嗔痴，不因差别性。
皆得成佛道，二障永销灭。
求师得正悟，随顺菩萨愿。
依止大涅槃，十方诸菩萨。
皆以大悲愿，示现入生死。
现在修行者，及末世众生，
勤断诸爱见，便归大圆觉。

清净慧菩萨章

于是清净慧菩萨在大众中，即从座起，顶礼佛足，右绕三匝，长跪叉手，而白佛言：大悲世尊，为我等辈，广说如是不思议事，本所不见，本所不闻，我等今者蒙佛善诱，身心泰然，得大饶益，愿为诸来一切法众，重宣法王圆满觉性，一切众生及诸菩萨如来世尊，所证所得，云何差别，令末世众生闻此圣教，随顺开悟，渐次能入。作是

语已，五体投地，如是三请，终而复始。

尔时，世尊告清净慧菩萨言：善哉善哉，善男子，汝等乃能为末世众生，请问如来渐次差别，汝今谛听，当为汝说。时清净慧菩萨奉教欢喜，及诸大众默然而听。

善男子，圆觉自性，非性性有，循诸性起，无取无证，于实相中，实无菩萨及诸众生。何以故，菩萨众生皆是幻化，幻化灭故，无取证者，譬如眼根，不自见眼，性自平等，无平等者，众生迷倒，未能除灭一切幻化，于灭未灭，妄功用中，便显差别，若得如来寂灭随顺，实无寂灭及寂灭者。

善男子，一切众生从无始来，由妄想我，及爱我者，曾不自知念念生灭，故起憎爱耽著五欲，若遇善友，教令开悟净圆觉性，发明起灭，即知此生，性自劳虑，若复有人劳虑永断，得法界净，即彼净解为自障碍，故于圆觉而不自在，此名凡夫随顺觉性。

善男子，一切菩萨见解为碍，虽断解碍，犹住见觉，觉碍为碍而不自在，此名菩萨未入地者随顺觉性。

善男子，有照有觉，俱名障碍，是故菩萨常觉不住，照与照者，同时寂灭，譬如有人自断其首，首已断故，无能断者则以碍心自灭诸碍，碍已断灭，无灭碍者。修多罗教，如标月指，若复见月，了知所标毕竟非月，一切如来种种言说开示菩萨，亦复如是，此名菩萨已入地者随顺觉性。

善男子，一切障碍，即究竟觉，得念失念，无非解脱，成法破法，皆名涅槃，智慧愚痴，通为般若，菩萨外道所成就法，同是菩提，无明真如无异境界，诸戒定慧及淫怒痴，俱是梵行。众生国土，同一法性，地狱天宫，皆为净土，有性无性，齐成佛道，一切烦恼，毕竟解脱，法界海慧，照了诸相，犹如虚空，此名如来随顺觉性。

善男子，但诸菩萨及末世众生，居一切时不起妄念，于诸妄心亦不息灭，住妄想境不加了知，于无了知，不辩真实，彼诸众生闻是法门，信解受持不生惊畏，是则名为随顺觉性。

善男子，汝等当知，如是众生已曾供养百千万亿恒河沙诸佛，及大菩萨，植众德本，佛说是人，名为成就一切种智。

尔时世尊欲重宣此义，而说偈言：
清净慧当知，圆满菩提性。
无取亦无证，无菩萨众生。
觉与未觉时，渐次有差别。
众生为解碍，菩萨未离觉。
入地永寂灭，不住一切相。
大觉悉圆满，名为遍随顺。
末世诸众生，心不生虚妄。
佛说如是人，现世即菩萨。

供养恒沙佛，功德已圆满。
虽有多方便，皆名随顺智。

威德自在菩萨章

于是威德自在菩萨在大众中，即从座起，顶礼佛足，右绕三匝，长跪叉手，而白佛言：大悲世尊，广为我等分别如是随顺觉性，令诸菩萨觉心光明，承佛圆音，不因修习而得善利。世尊，譬如大城，外有四门，随方来者非止一路，一切菩萨庄严佛国及成菩提，非一方便，唯愿世尊广为我等，宣说一切方便渐次，并修行人总有几种，令此会菩萨，及末世众生求大乘者，速得开悟，游戏如来大寂灭海。作是语已，五体投地，如是三请，终而复始。

尔时世尊告威德自在菩萨言：善哉善哉，善男子，汝等乃能为诸菩萨及末世众生问于如来知是方便，汝今谛听，当为汝说。时威德自在菩萨奉教欢喜，及诸大众默然而听。

善男子，无上妙觉，遍诸十方，出生如来与一切法，同体平等，于诸修行实无有二，方便随顺其数无量，圆摄所归，循性差别，当有三种。

善男子，若诸菩萨悟净圆觉，以净觉心，取静为行，由澄诸念，觉识烦动，静慧发生，身心客尘从此永灭，便能内发寂静轻安，由寂静故，十方世界诸如来心，于中显现，如镜中像，此方便者，名奢摩他。

善男子，若诸菩萨悟净圆觉，以净觉心，知觉心性及与根尘，皆因幻化，即起诸幻以除幻者，变化诸幻而开幻众，由起幻故，便能内发大悲轻安，一切菩萨从此起行，渐次增进，彼观幻者非同幻故，非同幻观，皆是幻故，幻相永离是诸菩萨所圆妙行，如土长苗，此方便者，名三摩钵提。

善男子，若诸菩萨悟净圆觉，以净觉心，不取幻化及诸静相，了知身心皆为挂碍，无知觉明，不依诸碍，永得超过碍无碍境，受用世界及与身心，相在尘域，如器中锽，声出于外，烦恼涅槃不相留碍，便能内发寂灭轻安，妙觉随顺寂灭境界，自他身心所不能及，众生寿命皆为浮想，此方便者，名为禅那。

善男子，此三法门，皆是圆觉亲近随顺，十方如来因此成佛，十方菩萨种种方便一切同异，皆依如是三种事业，若得圆证，即成圆觉。善男子，假使有人修于圣道，教化成就百千万亿阿罗汉辟支佛果，不如有人闻此圆觉无碍法门，一刹那顷随顺修习。

尔时世尊欲重宣此义，而说偈言：
威德汝当知，无上大觉心。
本际无二相，随顺诸方便。
其数即无量，如来总开示。
便有三种类，寂静奢摩他。

如镜照诸像，如幻三摩提。
　　如苗渐增长，禅那唯寂灭。
　　如彼器中锽，三种妙法门。
　　皆是觉随顺，十方诸如来。
　　及诸大菩萨，因此得成道。
　　三事圆证故，名究竟涅槃。

辩音菩萨章

　　于是辩音菩萨在大众中，即从座起，顶礼佛足，右绕三匝，长跪叉手，而白佛言：大悲世尊，如是法门，甚为希有。世尊，此诸方便，一切菩萨于圆觉门，有几修习，愿为大众及末世众生，方便开示，令悟实相。作是语已，五体投地，如是三请，终而复始。

　　尔时，世尊告辩音菩萨言：善哉善哉，善男子，汝等乃能为诸大众及末世众生，问于如来如是修习，汝今谛听，当为汝说。时辩音菩萨奉教欢喜，及诸大众默然而听。

　　善男子，一切如来圆觉清净，本无修习及修习者，一切菩萨及末世众生，依于未觉幻力修习，尔时便有二十五种清净定轮，

　　若诸菩萨唯取极静，由静力故，永断烦恼，究竟成就，不起于座，便入涅槃，此菩萨者，名单修奢摩他。

　　若诸菩萨唯观如幻，以佛力故，变化世界，种种作用，备行菩萨，清净妙行，于陀罗尼，不失寂念，及诸静慧，此菩萨者，名单修三摩钵提。

　　若诸菩萨唯灭诸幻，不取作用，独断烦恼，烦恼断尽，便证实相，此菩萨者，名单修禅那。

　　若诸菩萨先取至静，以静慧心，照诸幻者，便于是中，起菩萨行，此菩萨者，名先修奢摩他，后修三摩钵提。

　　若诸菩萨以静慧故，证至静性，便断烦恼，永出生死，此菩萨者，名先修奢摩他，后修禅那。

　　若诸菩萨以寂静慧，复现幻力，种种变化，度诸众生，后断烦恼，而入寂灭，此菩萨者，名先修奢摩他，中修三摩钵提，后修禅那。

　　若诸菩萨以至静力，断烦恼已，后起菩萨，清净妙行，度诸众生，此菩萨者，名先修奢摩他，中修禅那，后修三摩钵提。

　　若诸菩萨以至静力，心断烦恼，复度众生，建立世界，此菩萨者，名先修奢摩他，齐修三摩钵提禅那。

　　若诸菩萨以至静力，资发变化，后断烦恼，此菩萨者，名齐修奢摩他，三摩钵提，后修禅那。

　　若诸菩萨以至静力，用资寂灭，后起作用，变化世界，此菩萨者，名齐修奢摩他禅那，后修三摩钵提。

　　若诸菩萨以变化力，种种随顺，而取至静，此菩萨者，名先修三

摩钵提，后修奢摩他。

若诸菩萨以变化力，种种境界，而取寂灭，此菩萨者，名先修三摩钵提，后修禅那。

若诸菩萨以变化力，而作佛事，安住寂静，而断烦恼，此菩萨者，名先修三摩钵提，中修奢摩他，后修禅那。

若诸菩萨以变化力，无碍作用，断烦恼故，安住至静，此菩萨者，名先修三摩钵提，中修禅那，后修奢摩他。

若诸菩萨以变化力，方便作用，至静寂灭，二俱随顺，此菩萨者，名先修三摩钵提，齐修奢摩他禅那。

若诸菩萨以变化力，种种起用，资于至静，后断烦恼，此菩萨者，名齐修三摩钵提奢摩他，后修禅那。

若诸菩萨以变化力，资于寂灭，后住清净，无作静虑，此菩萨者，名齐修三摩钵提禅那，后修奢摩他。

若诸菩萨以寂灭力，而起至静，住于清净，此菩萨者，名先修禅那，后修奢摩他。

若诸菩萨以寂灭力，而起作用，于一切境，寂用随顺，此菩萨者，名先修禅那，后修三摩钵提。

若诸菩萨以寂灭力，种种自性，安于静虑，而起变化，此菩萨者，名先修禅那，中修奢摩他，后修三摩钵提。

若诸菩萨以寂灭力，无作自性，起于作用，清净境界，归于静虑，此菩萨者，名先修禅那，中修三摩钵提，后修奢摩他。

若诸菩萨以寂灭力，种种清净，而住静虑，起于变化，此菩萨者，名先修禅那，齐修奢摩他三摩钵提。

若诸菩萨以寂灭力，资于至静，而起变化，此菩萨者，名齐修禅那奢摩他，后修三摩钵提。

若诸菩萨以寂灭力，资于变化，而起至静，清明境慧，此菩萨者，名齐修禅那三摩钵提，后修奢摩他。

若诸菩萨以圆觉慧，圆合一切，于诸性相，无离觉性，此菩萨者，名为圆修三种自性，清净随顺。

善男子，是名菩萨二十五轮，一切菩萨修行如是，若诸菩萨及末世众生，依此轮者，当持梵行，寂静思惟，求哀忏悔，经三七日，于二十五轮各安标记，至心求哀，随手结取，依结开示，便知顿渐，一念疑悔，即不成就。

尔时世尊欲重宣此义，而说偈言：
辩音汝当知，一切诸菩萨。
无碍清净慧，皆依禅定生。
所谓奢摩他，三摩提禅那。
三法顿渐修，有二十五种。
十方诸如来，三世修行者。

无不因此法，而得成菩提。
唯除顿觉人，并法不随顺。
一切诸菩萨，及末世众生。
常当持此轮，随顺勤修习。
依佛大悲力，不久证涅槃。

净诸业障菩萨章

于是净诸业障菩萨在大众中，即从座起，顶礼佛足，右绕三匝，长跪叉手，而白佛言：

大悲世尊，为我等辈广说如是不思议事，一切如来因地行相，令诸大众得未曾有，睹见调御，历恒沙劫勤苦境界，一切功用，犹如一念，我等菩萨深自庆慰。

世尊，若此觉心本性清净，因何染污，使诸众生迷闷不入，唯愿如来广为我等，开悟法性，令此大众及末世众生，作将来眼。作是语已，五体投地，如是三请，终而复始。

尔时，世尊告净诸业障菩萨言：善哉善哉，善男子，汝等乃能为诸大众及末世众生，咨问如来如是方便，汝今谛听，当为汝说。

时净诸业障菩萨奉教欢喜，及诸大众默然而听。

善男子，一切众生从无始来，妄想执有我人众生，及与寿命，认四颠倒为实我体，由此便生憎爱二境，于虚妄体重执虚妄，二妄相依，生妄业道，有妄业故，妄见流转，厌流转者，妄见涅槃，由此不能入清净觉，非觉违拒诸能入者，有诸能入，非觉入故，是故动念及与息念，皆归迷闷。

何以故，由有无始本起无明，为己主宰，一切众生生无慧目，身心等性，皆是无明，譬如有人不自断命，是故当知，有爱我者，我与随顺，非随顺者，便生憎怨，为憎爱心养无明故，相续求道皆不成就。

善男子，云何我相，谓诸众生心所证者，善男子，譬如有人，百骸调适，忽忘我身，四肢弦缓，摄养乖方，微加针艾，则知有我，是故证取方现我体。

善男子，其心乃至证于如来，毕竟了知清净涅槃皆是我相。

善男子，云何人相，谓诸众生心悟证者。

善男子，悟有我者，不复认我，所悟非我，悟亦如是，悟已超过一切证者，悉为人相。

善男子，其心乃至圆悟涅槃俱是我者，心存少悟备殚证理，皆名人相。

善男子，云何众生相，谓诸众生心自证悟所不及者。

善男子，譬如有人作如是言，我是众生，则知彼人说众生者，非我非彼，云何非我，我是众生，则非是我，云何非彼，我是众生，非彼我故。

善男子，但诸众生了证了悟，皆为我人，而我人相所不及者，存有所了，名众生相。

善男子，云何寿命相，谓诸众生心照清净觉所了者，一切业智所不自见，犹如命根。

善男子，若心照见一切觉者，皆为尘垢，觉所觉者，不离尘故，如汤销冰，无别有冰，知冰销者，存我觉我，亦复如是。

善男子，末世众生不了四相，虽经多劫勤苦修道，但名有为，终不能成一切圣果，是故名为正法末世。

何以故，认一切我为涅槃故，有证有悟名成就故，譬如有人认贼为子，其家财宝终不成就。

何以故，有我爱者亦爱涅槃，伏我爱根为涅槃相，有憎我者亦憎生死，不知爱者真生死故，别憎生死名不解脱，云何当知法不解脱。

善男子，彼末世众生习菩提者，以己微证为自清净，犹未能尽我相根本。

若复有人赞叹彼法，即生欢喜，便欲济度，若复诽谤彼所得者，便生嗔恨，则知我相坚固执持，潜伏藏识游戏诸根，曾不间断。

善男子，彼修道者不除我相，是故不能入清净觉。

善男子，若知我空，无毁我者，有我说法，我未断故，众生寿命，亦复如是。

善男子，末世众生说病为法，是故名为可怜愍者，虽勤精进，增益诸病，是故不能入清净觉。

善男子，末世众生不了四相，以如来解及所行处，为自修行，终不成就。

或有众生未得谓得，未证谓证，见胜进者心生嫉妒，由彼众生未断我爱，是故不能入清净觉。

善男子，末世众生希望成道，无令求悟，唯益多闻，增长我见，但当精勤降伏烦恼，起大勇猛，未得令得，未断令断，贪嗔爱慢，谄曲嫉妒，对境不生，彼我恩爱，一切寂灭，佛说是入渐次成就，求善知识，不堕邪见，若于所求别生憎爱，则不能入清净觉海。

尔时世尊欲重宣此义，而说偈言：
净业汝当知，一切诸众生。
皆由执我爱，无始妄流转。
未除四种相，不得成菩提。
爱憎生于心，谄曲存诸念。
是故多迷闷，不能入觉城。
若能归悟刹，先去贪嗔痴。
法爱不存心，渐次可成就。
我身本不有，憎爱何由生。
此人求善友，终不堕邪见。

所求别生心，究竟非成就。
普觉菩萨章
于是普觉菩萨在大众中，即从座起，顶礼佛足，右绕三匝，长跪叉手，而白佛言：

大悲世尊，快说禅病，令诸大众得未曾有，心意荡然，获大安隐。世尊，末世众生去佛渐远，贤圣隐伏，邪法增炽，使诸众生求何等人，依何等法，行何等行，除去何病，云何发心，令彼群盲不堕邪见。作是语已，五体投地，如是三请，终而复始。

尔时，世尊告普觉菩萨言：善哉善哉，善男子，汝等乃能咨问如来如是修行，能施末世一切众生，无畏道眼，令彼众生得成圣道，汝今谛听，当为汝说。

时普觉菩萨奉教欢喜，及诸大众默然而听。

善男子，末世众生将发大心，求善知识欲修行者，当求一切正知见人，心不住相，不著声闻缘觉境界，虽现尘劳，心恒清净，示有诸过，赞叹梵行，不令众生入不律仪，求如是人，即得成就阿耨多罗三藐三菩提。

末世众生见如是人，应当供养不惜身命，彼善知识四威仪中，常现清净，乃至示现种种过患，心无骄慢，况复抟财妻子眷属，

若善男子，于彼善友不起恶念，即能究竟成就正觉，心华发明，照十方刹。

善男子，彼善知识所证妙法，应离四病。

云何四病，一者作病，若复有人作如是言，我于本心作种种行，欲求圆觉，彼圆觉性非作得故，说名为病；

二者任病，若复有人作如是言，我等今者不断生死，不求涅槃，涅槃生死无起灭念，任彼一切随诸法性，欲求圆觉，彼圆觉性非任有故，说名为病；

三者止病，若复有人作如是言，我今自心永息诸念，得一切性寂然平等，欲求圆觉，彼圆觉性非止合故，说名为病，

四者灭病，若复有人作如是言，我今永断一切烦恼，身心毕竟空无所有，何况根尘虚妄境界，一切永寂，欲求圆觉，彼圆觉性非寂相故，说名为病。

离四病者，则知清净，作是观者，名为正观，若他观者，名为邪观。

善男子，末世众生欲修行者，应当尽命供养善友，事善知识，彼善知识欲来亲近，应断骄慢，若复远离，应断嗔恨，现逆顺境，犹如虚空，了知身心毕竟平等，与诸众生同体无异，如是修行，方入圆觉。

善男子，末世众生不得成道，由有无始自他憎爱，一切种子，故未解脱，若复有人观彼怨家，如己父母，心无有二，即除诸病，于诸

法中自他憎爱，亦复如是。

善男子，末世众生欲求圆觉，应当发心作如是言，尽于虚空一切众生，我皆令入究竟圆觉，于圆觉中无取觉者，除彼我人一切诸相，如是发心，不堕邪见。

尔时世尊欲重宣此义，而说偈言：
普觉汝当知，末世诸众生。
欲求善知识，应当求正见。
心远二乘者，法中除四病。
谓作止任灭，亲近无骄慢。
远离无嗔恨，见种种境界。
心当生希有，还如佛出世。
不犯非律仪，戒根永清净。
度一切众生，究竟入圆觉。
无彼我人相，当依正智慧。
便得超邪见，证觉般涅槃。

圆觉菩萨章

于是圆觉菩萨在大众中，即从座起，顶礼佛足，右绕三匝，长跪叉手，而白佛言：

大悲世尊，为我等辈，广说净觉种种方便，令末世众生有大增益。

世尊，我等今者已得开悟，若佛灭后，末世众生未得悟者，云何安居，修此圆觉清净境界，此圆觉中三种净观，以何为首，唯愿大悲，为诸大众及末世众生施大饶益。作是语已，五体投地，如是三请，终而复始。

尔时世尊告圆觉菩萨言：善哉善哉，善男子，汝等乃能问于如来如是方便，以大饶益施诸众生，汝今谛听，当为汝说。时圆觉菩萨奉教欢喜，及诸大众默然而听。

善男子，一切众生，若佛住世，若佛灭后，若法末时，有诸众生具大乘性，信佛秘密大圆觉心，欲修行者，若在伽蓝安处徒众，有缘事故随分思察，如我已说，若复无有他事因缘，即建道场，当立期限，若立长期，百二十日，中期百日，下期八十日，安置净居，若佛现在，当正思惟，若佛灭后，施设形像，心存目想，生正忆念，还同如来常住之日，悬诸幡华，经三七日，稽首十方诸佛名字，求哀忏悔，遇善境界，得心轻安，过三七日，一向摄念。

若经夏首三月安居，当为清净菩萨止住，心离声闻，不假徒众。

至安居日，即于佛前作如是言：我比丘比丘尼，优婆塞优婆夷某甲，踞菩萨乘，修寂灭行，同入清净实相住持，以大圆觉为我伽蓝，身心安居平等性智，涅槃自性无系属故，今我敬请，不依声闻，当与十方如来，及大菩萨，三月安居，为修菩萨无上妙觉大因缘故，不系徒众。

善男子，此名菩萨示现安居，过三期日，随往无碍。

善男子，若彼末世修行众生，求菩萨道入三期者，非彼所闻一切境界，终不可取。

善男子，若诸众生修奢摩他，先取至静，不起思念，静极便觉，如是初静，从于一身至一世界，觉亦如是。

善男子，若觉遍满一世界者，一世界中有一众生起一念者，皆悉能知，百千世界亦复如是，非彼所闻一切境界，终不可取。

善男子，若诸众生修三摩钵提，先当忆想十方如来十方世界一切菩萨，依种种门，渐次修行勤苦三昧，广发大愿，自薰成种，非彼所闻一切境界，终不可取。

善男子，若诸众生修于禅那，先取数门，心中了知生住灭念，分齐头数，如是周遍四威仪中，分别念数无不了知，渐次增进，乃至得知百千世界一滴之雨，犹如目睹所受用物，非彼所闻一切境界，终不可取，是名三观初首方便。

若诸众生遍修三种，勤行精进，即名如来出现于世，若后末世钝根众生，心欲求道不得成就，由昔业障，当勤忏悔，常起希望，先断憎爱嫉妒谄曲，求胜上心，三种净观随学一事，此观不得，复习彼观，心不放舍，渐次求证。

尔时世尊欲重宣此义，而说偈言：
圆觉汝当知，一切诸众生，
欲求无上道，先当结三期。
忏悔无始业，经于三七日。
然后正思惟，非彼所闻境。
毕竟不可取，奢摩他至静。
三摩正忆持，禅那明数门。
是名三净观，若能勤修习。
是名佛出世，钝根未成者。
常当勤心忏，无始一切罪。
诸障若消灭，佛境便现前。

贤善首菩萨章

于是贤善首菩萨在大众中，即从座起，顶礼佛足，右绕三匝，长跪叉手，而白佛言：大悲世尊，广为我等及末世众生，开悟如是不思议事。

世尊，此大乘教，名字何等，云何奉持，众生修习得何功德，云何使我护持经人，流布此教至于何地。作是语已，五体投地，如是三请，终而复始。

尔时，世尊告贤善首菩萨言：善哉善哉，善男子，汝等乃能为诸菩萨及末世众生，问于如来如是经教，功德名字，汝今谛听，当为汝说。时贤善首菩萨奉教欢喜，及诸大众默然而听。

善男子，是经百千万亿恒河沙诸佛所说，三世如来之所守护，十方菩萨之所皈依，十二部经清净眼目，是经名大方广圆觉陀罗尼，亦名修多罗了义，亦名秘密王三昧，亦名如来决定境界，亦名如来藏自性差别，汝当奉持。

善男子，是经唯显如来境界，唯佛如来能尽宣说，若诸菩萨及末世众生，依此修行，渐次增进，至于佛地。

善男子，是经名为顿教大乘，顿机众生从此开悟，亦摄渐修，一切群品，譬如大海，不让小流，乃至蚊虻及阿修罗，饮其水者，皆得充满。

善男子，假使有人，纯以七宝积满三千大千世界以用布施，不如有人，闻此经名及一句义。

善男子，假使有人，教百千恒河沙众生得阿罗汉果，不如有人，宣说此经分别半偈。

善男子，若复有人，闻此经名信心不惑，当知是人，非于一佛二佛种诸福慧，如是乃至尽恒河沙一切佛所，种诸善根，闻此经教，汝善男子，当护末世是修行者，无令恶魔及诸外道恼其身心，令生退屈。

尔时会中有火首金刚，摧碎金刚，尼蓝婆金刚等，八万金刚，并其眷属，即从座起，顶礼佛足，右绕三匝，而白佛言：世尊，若后末世一切众生，有能持此决定大乘，我当守护如护眼目，乃至道场所修行处，我等金刚自领徒众，晨夕守护，令不退转，其家乃至永无灾障，疫病销灭，财宝丰足，常不乏少。

尔时大梵天王，二十八天王，并须弥山王，护国天王等，即从座起，顶礼佛足，右绕三匝，而白佛言：世尊，我亦守护是持经者，常令安隐，心不退转。

尔时有大力鬼王，名吉槃荼，与十万鬼王，即从座起，顶礼佛足，右绕三匝，而白佛言：世尊，我亦守护是持经人，朝夕侍卫，令不退屈，其人所居一由旬内，若有鬼神侵其境界，我当使其碎如微尘。

佛说此经已，一切菩萨天龙鬼神八部眷属，及诸天王梵王等，一切大众，闻佛所说，皆大欢喜，信受奉行。

楞伽阿跋多罗宝经

求那跋陀罗译

楞伽阿跋多罗宝经卷第一

罗婆那王劝请品第一

自下正释经文义。分为三。谓序正流通也。此品即序分。从问答品。讫广重颂。凡十七品。名正宗分。最后一颂。名流通分。初四卷本。此一品经全阙。独首有六行余文。以为略序。言罗婆那者。未见正译。即夜叉王也。劝请如来入宝山中说自证法。复请大慧菩萨而为启问之首。故言劝请。言品者。义类同者聚在一段。故名品。是经总四千颂。有一十八品。此品建初。故云第一。

如是我闻　举所闻之法体也。谓如是一部经义。我昔亲从佛闻。故佛地论云。传佛教者。言如是之事。我昔曾闻。此总合释信闻也若离释之。如是者。信成就也。智度论云。佛法大海。信为能入。智为能度。经无丰约。非信不阶。故称如是。有云。圣人说法。但为显如。唯如为是。又云。如者当理之言。智者无非之称。今则云。如即真空。是即妙有。既无有外之真故。空而非断。无真外之俗故。有而非常。即对破权宗邪宗。以彰中道。故云如是　我闻者。闻成就也。将欲传之于未闻。若有言而不传。即为虚设。不在能说。贵在能传。故次明我闻也。我即文殊阿难。五蕴假者。云何称我。我有四种。一凡夫遍计。二外道宗计。三诸圣随世假分宾主。四法身真我。今是后二。无前二种凡外计我。我既无我。闻亦无闻。从缘空故。不坏假名。即不闻闻尔。若约此经旨趣。即传法菩萨。以我无我不二之真我。而闻真俗无碍之法门也。

一时佛　言一时者。时成就也。时者亦随世假立时分也。一者拣异余时。如来说经。时有无量。不能备举。一言略周。故云一时。即法王启运嘉会之时也。佛者主成就也。梵音佛陀。此云觉者。谓自他觉满之者。起信论云。所言觉者。谓心体离念。离念相者等虚空界。无所不遍。法界一相。即是如来平等法身。则以无念。名之为觉。然有三义。一自觉。觉知自心本无生灭。二觉他。觉一切法无不是如。三觉满。自他理圆称之为满。故知有念即不名觉。起信云。一切众生不名为觉。以无始来念念相续。未曾离念。又云。若有众生。能觉无念者。即为向佛智故。

　　住大海滨摩罗山顶楞伽城中　此处成就也。真身无在而无不在。故次辨之。言大海滨摩罗山顶者。通举说处也。此山在大海中。高五百由旬。非神足力。皆不能到。楞伽者。别举说场也。此云难往。义见前题。言中者。佛好中道升中天降中国中夜灭。皆表中道也。今处城中。说自证法中道义也。

　　与大比丘众及大菩萨众俱　众成就也。从假入空观。偏破生死。即先列声闻也。从空入假观。偏破涅槃。即后列菩萨也。二边既离。则中道现前。大比丘者。具五义故。一名怖魔。二名乞士。三名破恶。四名净命。五名名字僧。大菩萨者。具云菩提萨埵也。菩提此云觉。即所求佛果。萨埵此云有情。即所化众生。又云此求菩提之有情也。俱者一时一处也。是谓六义圆成。三疑顿息。

　　其诸菩萨摩诃萨悉已通远（至）为其上首　此赞菩萨德也。摩诃大也。言五法三自性八识二无我者。是四妙门。摄世出世一切诸法。下正宗分。备明此义也。悉已通达者。言诸菩萨悉已究竟通达此法无碍也　善知境界自心现义者。谓三界依正迷悟生死境界。唯是自心现义。诸菩萨善能如实了知。不从外得也　游戏无量自在三昧神通诸力者。谓游戏自心所现无量自在解脱。三昧正受。六通十力。曰游戏者何也。谓已得无量自在。既神且通。忘已任物。彼此无滞。则处处有乐。故曰游戏也　随众生心现种种形方便调伏者。谓随众生心。即是自心现境界中。众生既殊。心色亦异。随类示现。方便调伏也　一切诸佛手灌其顶者。是皆行穷十地。蒙灌顶加。言位尊也。皆从种种诸佛国土而来此会。大慧菩萨为其上首者。谓有大神德。从异方来。上首菩萨具大智慧。故云大慧。上通明证信序竟。

　　尔时世尊于海龙王宫说法（至）开示此法　从此至品终。别明发起序也。言世尊者。谓具上如来等九号。为世所尊也。梵谓色界梵王。释即帝释。为欲界主。护世谓四天王。诸天龙等者。即天龙八部也。如来即诸法如义。应正等觉者。谓正觉即自心如理智。妙观真谛也。等觉即自心如量智。遍观俗谛也。是谓佛佛祖祖。唯以自一念心。照真达俗。成无上觉。故云昔诸如来应正等觉也。余义如文可知。

　　尔时罗婆那夜叉王（至）于长夜中得大饶益　言夜叉王承佛神力。见海波浪不能现像。观其众会。如来藏识真如性海。亦复如是。为于无明境界风动。转识浪生。不能发现无边德用。即起欢喜心。当诣请佛入此城中发扬是事。令诸众生无明风息识浪不生。心海澄清无德不现也。

　　作是语已即与眷属（至）于中说偈而赞佛曰心自性法藏无我离见垢（至）一心愿听法　大青因陀罗宝。含诸物像。对即变应。是夜叉等所持乐器。皆是此宝。而又间错以琉璃等宝。缠裹以无价上衣。音声美妙节奏相和。中说三偈而赞于佛。初一偈上三句正赞所证真心自性。

是诸法藏。从本已来。具足无量性功德故。无二我执。离五见垢。唯佛与佛乃能证知。第二一偈赞请佛入城。上三句如次赞三身。第四一句正请。第三一偈叙昔佛菩萨皆曾住此城。世尊亦应尔。我等愿听法

尔时罗婆那楞伽王(至)复以歌声而说颂言世尊于七日住摩竭海中(至)唯愿哀纳受　时罗婆那王。上以乐音赞请佛。此复以歌声说偈请佛者。表情无情同也。对佛称已名。我是罗刹王十首罗婆那者。谓罗刹王。表诸众生根本无明郎主也。十首表利钝十使由无明生。是一切尘劳烦恼之首也。愿佛摄受我所有诸众生。我宫殿彩女。乃至身给侍。唯愿哀纳受等。如经自明。大意即表能达无明实性即是佛性。内外尘劳。一切烦恼。自然随顺正遍知觉。故云给侍纳受也。言以都咤迦音及喻娑剌那者。未见正译。摩诃衍者。此云大乘。

尔时世尊闻是语已(至)作是语已默然而住　佛语夜叉王。许受彼请。故默然而住。

时罗婆那王即以所乘妙花宫殿(至)甚深之法　言佛及诸菩萨。受供养已。各为略说甚深法要。

时罗婆那王并其眷属(至)而劝请言我今请大士奉问于世尊(至)一切诸过失　彼王复供养大慧菩萨。请为我等及诸菩萨。奉问如来自证智法。离诸过失。入佛智地。

尔时世尊以神通力(至)皆于空中隐而不现　言如来以神通力。复于彼山。化现如上依正重重无尽境界。乃至空中隐而不现。一如华严会中。弥勒弹指。楼阁门开。善财入已。见彼庄严大楼阁中。而有无尽百千楼阁。广大庄严。亦复如是。彼无尽百千楼阁中。一一各有无尽百千楼阁。一一楼阁前。各有弥勒菩萨。一一弥勒菩萨前。各有善财童子。一一善财童子。皆悉合掌在弥勒前。乃至从三昧起。忽然不见。此二皆表超情离见。广大自在。无障碍法界也。即诸佛与众生交彻。净土与秽土融通。法法皆更互庄严。尘尘悉遍含法界。相入相即。无尽重重。令其悟修圆明证入矣。

罗婆那王唯自见身(至)为如烟焰旋火轮耶　诸法既隐。楞伽王唯见自身。住本宫中。此明不离当处也。作是思惟。即起寻伺观也。谛观诸法。谁说谁听。为是何物。觅诸法相。了不可得。

复更思惟一切诸法(至)不起分别是则能见　复更思惟。正念观察。得如实观。了诸法性。无能无所。无见无闻。是名真实见也。

时楞伽王寻即开悟(至)入如来藏趣于佛地　此明夜叉王。由如实观。寻即开悟。证唯自心。住无分别智也。所谓得如实见。不随他悟者。言迷悟多歧。亦无别法。迷时迷境为物。悟时了境即心。悟即觉迷。非别有一悟而从外来。故云不随他悟也。能以自智。善巧观察。永离臆度邪解者。谓理则顿悟乘悟并消。若作胜解即堕群邪。唯以善巧智观察。即无胜解之心耳。善达方便巧知诸地上增进相者。谓既如实悟。复达善巧方便。则诸地始终。永无委曲相也。故乐远离心识妄

见。直趣佛地。三相续义。如下广明。

　　闻虚空中及宫殿内(至)应如是见一切诸法　言夜叉王既开悟。虚空宫殿。为之赞可。言应如是学应如是见。如是者。随顺如实之辞也。许其此学此见皆如实故。诸佛如来见一切法。亦同如是见也。前来既以化境为说法。此复以宫殿为赞可何也。岂非发真归源。虚空宫殿。自然消殒。色空依正。同一法界。讵能尔也。

　　若异见者则是断见(至)亦不应住六定等中　此明种种劝其离异见。若异见者。则是断见。谓若异此如实之见。则为断灭见也。汝应永离心意意识。应勤观察一切诸法者。言自证法。非心意识境界。故当远离之。勤观察者。当如理观察一切法性也。应修内行者。当潜行密用也。莫着外见者。即下所谓二乘外道句义境界也。围陀诸见者。即外道婆罗门。遵奉梵天所说四围陀书。可十万偈。咸口相传。不书皮贝。亦不应住六定等中者。即外道异计。欣厌六行伏惑等定也。如一种外道。计第四禅无想一天为涅槃。而于欲界。修无想定。厌下三禅及于欲界为苦粗障。欣上无想天是净妙离。故得下三禅及欲界惑伏而不行。命终即生无想异熟。经五百劫。还即堕落流转生死。如是等六行伏惑邪定。皆不应住耳。

　　若能如是即是如实(至)于性空中乱想分别　言若不着二乘外道诸见。方能如实修行。摧破他论恶见。及舍我执等。能以妙慧转所依识者。即四智转八识也。入如来自证地者。言与诸佛同得同证也。善修三昧三摩钵底者。三昧此云正定。亦云正受。为正定不乱。能受诸法。净持简择故。又以无境可动。名为正定。无物可受名为正受。三摩钵底。此云等至。为正定能发生正慧等持诸法至胜位故。此法宜善修也。外道执我见有我相及实。求那取著者。求那此云功能。谓外道执有我相。及四大蕴界处。有实功能。取着色声香味触法。及二乘见有十二缘。不了性空。于中乱想分别。故劝于此莫生外道取着。及二乘妄想也。

　　楞伽王此法殊胜(至)如是思惟乃是见佛　所谓此法者何法。为自心住无分别法也。殊胜非昧劣法。方能成就自证圣智也。于诸有中受上妙生者。谓能证此殊胜法。必能于诸有中。上品受生。不趣下劣也。所谓破无明翳。灭识波浪者。无明能障蔽慧目。业识波浪。能鼓动心源。此大乘行能破灭之。识性二义者。为外道既执着我见。于异论中。不能演说离见识性法非法义也。汝先见佛如是思惟者。言夜叉王。汝先见佛。能如实思惟此义。乃是真见佛之见也。

　　尔时罗婆那王复作是念(至)如是等事悉无有别　言夜叉王复念愿得重见如来。佛即知含当悟深法。复现其身。令所化事如本不异。彼遍一切。无尽重重。时十首王。自见其身。遍诸佛前。悉有大慧。夜叉围绕。说自觉圣智所证之法。亦见一切佛刹。如是等事。与前无别。

尔时世尊普观众会(至)楞伽山顶欣然大笑　此明如来普观众会。欲为说法。言慧眼非以肉眼者。为肉眼碍而非通故。不能普观。故以慧眼观之。于其眉间髀胁腰颈及以肩臂德字之中。一一毛孔皆放光明者。如来凡放光必表法。非苟然也。今此会。眉间七处俱放光明。岂非表圆明中道。离遍计依他。成就众德乎。时虚空中释梵诸天。遥见如来坐如妙高楞伽山顶。欣然大笑。笑非无所以也。

尔时诸菩萨及诸天众(至)观罗婆那念如实法　是时菩萨及诸天众。咸念如来何因缘故。欣然而笑。身放光明。入三昧乐。周旋回顾。观夜叉王。疑必有以也。

尔时大慧菩萨摩诃萨(至)及诸外道皆不能测　言大慧知菩萨众会之心。及观未来一切众生迷惑执取。为断彼疑。而问于佛。佛叹善哉。为利自他。能起是问。谓夜叉王。曾问过去诸佛是二种义。今亦欲问。未来亦尔。二乘外道。所不能测。既已曾问。今复欲问。未来亦尔。于是二义。果诚不知耶。

尔时如来知楞伽王(至)梵释天等所未曾见　明是时如来知楞伽王欲请问。告其速问。欲解释满其愿。言善知诸地者。即知初地乃至不动善慧法云及佛地也。修习对治证真实义者。即于诸地加功用行。治所治障不遭邪路也。于大宝莲花宫中。三昧水灌其顶者。谓行与佛同。为法王子入灌顶住也。佛复教其起一平等行。及无量差别行。定当得如上所说境界。唯汝楞伽王亲证所能得之。非二乘外道释梵所能见也。

尔时楞伽王蒙佛许已(至)汝应问我当为汝说　言楞伽王蒙听许。即化妆严供具。所谓种种华香幢幡幰盖璎珞。即庄严诸具。幰即帐属也。又化欲界所有。及过天龙等世间诸佛国土。所有乐器。以为供养。表其敬法也。复于虚空中。雨诸供养。从空而下。表其请法谦下恭敬也。言过去如来已为我说者。明三世如来同一法也。世尊。变化如来所说二义。非根本佛说者。谓报化非真佛。亦非说法者。故欲世尊根本佛为说也。世尊告言。当为说二义也。

时夜叉王更着种种(至)法性如是云何可舍　此正问如来法与非法二义。云何可舍也。前以庄严具供养。此复以庄严具。严身何也。此表进问威仪不敢轻易。余义经文自明。

尔时佛告楞伽王言(至)无量差别外法如是　此正答前问。如来先举瓶等无常。及焰火性种子生芽三喻以明法与非法差别之相。使其易明。

内法亦然谓无为缘(至)当知悉是相分别故　此举三内法合前喻。以无明为缘。合前瓶喻。以诸识。合火性喻。以修观行。合种子喻。然瓶以造作为义。由无明缘。能造根身器界种种不同。火以熏变为义。由诸识。能熏变一切染净诸法差别。种子以发生为义。由修观行。自智发生。亦复见有差别之相。如是法喻。各有以也。是三法总明二义。悉是相分别故。

楞伽王何者是法(至)汝先所问我已说竟　上正答法与非法二义。如经自明。金刚经无著释论即云。法尚应舍者。实相生故。何况非法者。理不应故。亦皆破其有无情见令自证入。如大香象摆坏缰锁自在而去耳。言毗钵舍那者。此云观。举观必同修止。止者梵音奢摩他。偏圆诸教。释义不同。大意谓一念称理。摄散归寂曰止。寂而常照曰观。起信论以此二行。合为一门。共相助成。不相舍离。若止观不俱。则无能入菩提之道。深密经云。众生被相缚。及为粗重缚。要勤修止观。乃尔得解脱。故天台以止观慈悲。导身口意业及誓愿。为安乐行。是皆以止观为能修。万善为所修也。深密楞严涅槃等经。瑜伽起信止观等论。广明其义。

楞伽王汝言我于过去(至)以如来藏而为境界　此言如来复为夜叉王征破种种妄分别见。使其离念寂灭发生正见。言楞伽王。汝言我于过去诸如来所。已问是义。彼诸如来已为我说。汝言过去但是分别。未来亦然。我亦同彼。彼诸佛法皆离分别。乃至为令众生得安乐故者。此明过现未来三无差别也。如来以智为身。不可以我人众生相分别乃至离能所分别者。谓心佛众生三无差别也。譬如壁上画众生无有觉知。世间众生亦如是。无业无报。诸法亦然无闻无说。此先举喻。次以法合也。又言譬如有人于水镜中自见其像。于月灯中见影。于山谷中闻响。此皆喻众生以自心取自心。于无色像中起色像执。法与非法分别亦尔。若了虚妄寂灭一缘。生自证智。出是非是。则合如来藏妙净明心以为境界。信哉。此品虽目为正宗之发起。即便能了根本无明。入佛知见矣。

一切佛语心品之一

如是我闻。一时佛住南海滨楞伽山顶。种种宝华以为庄严。与大比丘僧及大菩萨众俱。从彼种种异佛刹来。是诸菩萨摩诃萨无量三昧自在之力。神通游戏。大慧菩萨摩诃萨而为上首。一切诸佛手灌其顶。自心现境界。善解其义。种种众生。种种心色。无量度门。随类普现。于五法、自性、识、二种无我究竟通达。尔时大慧菩萨与摩地菩萨。俱游一切诸佛刹土。承佛神力。从座而起。偏袒右肩。右膝著地。合掌恭敬以偈赞佛。

世间离生灭	犹如虚空华	智不得有无	而兴大悲心
一切法如幻	远离于心识	智不得有无	而兴大悲心
远离于断常	世间恒如梦	智不得有无	而兴大悲心
知人法无我	烦恼及尔焰	常清净无相	而兴大悲心
一切无涅槃	无有涅槃佛	无有佛涅槃	远离觉所觉
若有若无有	是二悉俱离	牟尼寂静观	是则远离生
是名为不取	今世后世净		

尔时大慧菩萨偈赞佛已。自说姓名。

我名为大慧	通达于大乘	今以百八义	仰谘尊中上
世间解之士	闻彼所说偈	观察一切众	告诸佛子言
汝等诸佛子	今皆恣所问	我当为汝说	自觉之境界

尔时大慧菩萨摩诃萨承佛所听。顶礼佛足。合掌恭敬。以偈问曰。

云何净其念	云何念增长	云何见痴惑	云何惑增长
何故刹土化	相及诸外道	云何无受次	何故名无受
何故名佛子	解脱至何所	谁缚谁解脱	何等禅境界
云何有三乘	唯愿为解说	缘起何所生	云何作所作
云何俱异说	云何为增长	云何无色定	及与灭正受
云何为想灭	何因从定觉	云何所作生	进去及持身
云何现分别	云何生诸地	破三有者谁	何处身云何
往生何所至	云何最胜子	何因得神通	及自在三昧
云何三昧心	最胜为我说	云何名为藏	云何意及识
云何生与灭	云何见已还	云何为种姓	非种及心量
云何建立相	及与非我义	云何无众生	云何世俗说
云何为断见	及常见不生	云何佛外道	其相不相违
云何当来世	种种诸异部	云何空何因	云何刹那坏
云何胎藏生	云何世不动	何因如幻梦	及揵闼婆城
世间热时焰	及与水月光	何因说觉支	及与菩提分
云何国土乱	云何作有见	云何不生灭	世如虚空华
云何觉世间	云何说离字	离妄想者谁	云何虚空譬
如实有几种	几波罗密心	何因度诸地	谁至无所受
何等二无我	云何尔焰净	诸智有几种	几戒众生性
谁生诸宝性	摩尼真珠等	谁生诸语言	众生种种性
明处及伎术	谁之所显示	伽陀有几种	长颂及短句
成为有几种	云何名为论	云何生饮食	及生诸爱欲
云何名为王	转轮及小王	云何守护国	诸天有几种
云何名为地	星宿及日月	解脱修行者	是各有几种
弟子有几种	云何阿阇黎	佛复有几种	复有几种生
魔及诸异学	彼各有几种	自性及与心	彼复各几种
云何施设量	唯愿最胜说	云何空风云	云何念聪明
云何为林树	云何为蔓草	云何象马鹿	云何而捕取
云何为卑陋	何因而卑陋	云何六节摄	云何一阐提
男女及不男	斯皆云何生	云何修行退	云何修行生
禅师以何法	建立何等人	众生生诸趣	何相何像类
云何为财富	何因致财富	云何为释种	何因有释种
云何甘蔗种	无上尊愿说	云何长苦仙	彼云何教授
如来云何于	一切时刹现	种种名色类	最胜子围绕

云何不食肉　云何制断肉　食肉诸种类　何因故食肉
云何日月形　须弥及莲华　师子胜相刹　侧住覆世界
如因陀罗网　或悉诸珍宝　箜篌细腰鼓　状种种诸华
或离日月光　如是等无量　云何为化佛　云何报生佛
云何如如佛　云何智慧佛　云何于欲界　不成等正觉
何故色究竟　离欲得菩提　善逝般涅槃　谁当持正法
天师住久如　正法几时住　悉檀及与见　各复有几种
毗尼比丘分　云何何因缘　彼诸最胜子　缘觉及声闻
何因百变易　云何百无受　云何世俗通　云何出世间
云何为七地　唯愿为演说　僧伽有几种　云何为坏僧
云何医方论　是复何因缘　何故大牟尼　唱说如是言
迦叶拘留孙　拘那含是我　何故说断常　及与我无我
何不一切时　演说真实义　而复为众生　分别说心量
何因男女林　诃梨阿摩勒　鸡罗及铁围　金刚等诸山
无量宝庄严　仙闼婆充满　无上世间解　闻彼所说偈
大乘诸度门　诸佛心第一　善哉善哉问　大慧善谛听
我今当次第　如汝所问说　生及与不生　涅槃空刹那
趣至无自性　佛诸波罗蜜　佛子与声闻　缘觉诸外道
及与无色行　如是种种事　须弥巨海山　洲诸刹土地
星宿及日月　外道天修罗　解脱自在通　力禅三摩提
灭及如意足　觉支及道品　诸禅定无量　诸阴身往来
正受灭尽定　三昧起心说　心意及与识　无我法有五
自性想所想　及与现二见　乘及诸种性　金银摩尼等
一阐提大种　荒乱及一佛　智尔焰得向　众生有无有
象马诸禽兽　云何而捕取　譬因成悉檀　及与作所作
丛林迷惑通　心量不现有　诸地不相至　百变百无受
医方工巧论　伎术诸明处　诸山须弥地　巨海日月量
下中上众生　身各几微尘　一一刹几尘　弓弓数有几
肘步拘楼舍　半由延由延　兔毫窗尘虮　羊毛[麥广]麦尘
钵他几[麥广]麦　阿罗[麥广]麦几　独笼那佉梨　勒叉及举利
乃至频婆罗　是各有几数　为有几阿刍　名舍梨沙婆
几舍梨沙婆　名为一赖提　几赖提摩沙　几摩沙陀那
复几陀那罗　为迦梨沙那　几迦梨沙那　为成一波罗
此等积聚相　几波罗弥楼　是等所应请　何须问余事
声闻辟支佛　佛及最胜子　身各有几数　何故不问此
火焰几阿刍　风阿刍复几　根根几阿刍　毛孔眉毛几
护财自在王　转轮圣帝王　云何王守护　云何为解脱
广说及句说　如汝之所问　众生种种欲　种种诸饮食
云何男女林　金刚坚固山　云何如梦幻　野鹿渴爱譬

34

云何山天仙	揵闼婆庄严	解脱至何所	谁缚谁解脱
云何禅境界	变化及外道	云何无因作	云何有因作
有因无因作	及非有无因	云何现已灭	云何净诸觉
云何诸觉转	及转诸所作	云何断诸想	云何三昧起
破三有者谁	何处为何身	云何无众生	而说有吾我
云何世俗说	唯愿广分别	所问相云何	及所问非我
云何为胎藏	及种种异身	云何断常见	云何心得定
言说及诸智	戒种性佛子	云何成及论	云何师弟子
种种诸众生	斯等复云何	云何为饮食	聪明魔施设
云何树葛藤	最胜子所问	云何种种刹	仙人长苦行
云何为族姓	从何师受学	云何为丑陋	云何人修行
欲界何不觉	阿迦腻吒成	云何俗神通	云何为比丘
云何为化佛	云何为报佛	云何如如佛	平等智慧佛
云何为众僧	佛子如是问	箜篌腰鼓华	刹土离光明
心地者有七	所问皆如实	此及余众多	佛子所应问
一一相相应	远离诸见过	悉檀离言说	我今当显示
次第建立句	佛子善谛听	此上百八句	如诸佛所说

不生句生句。常句无常句。相句无相句。住异句非住异句。刹那句非刹那句。自性句离自性句。空句不空句。断句不断句。边句非边句。中句非中句。常句非常句。（凡有三常。此常梵音与上常音异也）缘句非缘句。因句非因句。烦恼句非烦恼句。爱句非爱句。方便句非方便句。巧句非巧句。净句非净句。成句非成句。譬句非譬句。弟子句非弟子句。师句非师句。种性句非种性句。三乘句非三乘句。所有句非所有句。愿句非愿句。三轮句非三轮句。相句非相句。有品句非有品句。俱句非俱句。缘自圣智现法乐句非现法乐句。刹土句非刹土句。阿瓮句非阿瓮句。水句非水句。弓句非弓句。实句非实句。数句非数句。明句非明句。虚空句非虚空句。云句非云句。工巧伎术明处句非工巧伎术明处句。风句非风句。地句非地句。心句非心句。施设句非施设句。自性句非自性句。阴句非阴句。众生句非众生句。慧句非慧句。涅槃句非涅槃句。尔焰句非尔焰句。外道句非外道句。荒乱句非荒乱句。幻句非幻句。梦句非梦句。焰句非焰句。像句非像句。轮句非轮句。揵闼婆句非揵闼婆句。天句非天句。饮食句非饮食句。淫欲句非淫欲句。见句非见句。波罗密句非波罗密句。戒句非戒句。日月星宿句非日月星宿句。谛句非谛句。果句非果句。灭起句非灭起句。治句非治句。相句非相句。支句非支句。巧明处句非巧明处句。禅句非禅句。迷句非迷句。现句非现句。护句非护句。族句非族句。仙句非仙句。王句非王句。摄受句非摄受句。宝句非宝句。记句非记句。一阐提句非一阐提句。女男不男句非女男不男句。味句非味句。事句非事句。身句非身句。觉句非觉句。动句非动句。根句非根

句。有为句非有为句。无为句非无为句。因果句非因果句。色究竟句非色究竟句。节句非节句。丛树葛藤句非丛树葛藤句。杂句非杂句。说句非说句。毗尼句非毗尼句。比丘句非比丘句。处句非处句。字句非字句。大慧。是百八句。先佛所说。汝及诸菩萨摩诃萨。应当修学。

尔时大慧菩萨摩诃萨复白佛言。世尊。诸识有几种生住灭。佛告大慧。诸识有二种生住灭。非思量所知。诸识有二种生。谓流注生。及相生。有二种住。谓流注住。及相住。有二种灭。谓流注灭。及相灭。

大慧。诸识有三种相。谓转相、业相、真相。大慧。略说有三种识。广说有八相。何等为三。谓真识、现识、及分别事识。大慧。譬如明镜。持诸色像。现识处现。亦复如是。大慧。现识。及分别事识。此二坏不坏。相展转因。大慧。不思议薰。及不思议变。是现识因。大慧。取种种尘。及无始妄想薰。是分别事识因。

大慧。若覆彼真识。种种不实诸虚妄灭。则一切根识灭。是名相灭。大慧。相续灭者。相续所因灭。则相续灭。所从灭。及所缘灭。则相续灭。大慧。所以者何。是其所依故。依者。谓无识妄想薰。缘者。谓自心见等识境妄想。大慧。譬如泥团微尘。非异非不异。金庄严具亦复如是。大慧。若泥团微尘异者。非彼所成。而实彼成。是故不异。若不异者。则泥团微尘。应无分别。如是大慧。转识藏识真相若异者。藏识非因。若不异者。转识灭。藏识亦应灭。而自真相实不灭。是故大慧。非自真相识灭。但业相灭。若自真相识灭者。藏识则灭。大慧。藏识灭者。不异外道断见论议。

大慧。彼诸外道作如是论。谓摄受境界灭。识流注亦灭。若识流注灭者。无始流注应断。大慧。外道说流注生因。非眼识色明集会而生。更有异因。大慧。彼因者。说言若胜妙、若士夫、若自在、若时、若微尘。

复次大慧。有七种性自性。所谓集性自性、性自性、相性自性、大种性自性、因性自性、缘性自性、成性自性。复次大慧。有七种第一义。所谓心境界、慧境界、智境界、见境界、超二见境界、超子地境界、如来自到境界。大慧。此是过去未来现在诸如来应供等正觉。性自性第一义心。（此心梵音肝栗大。肝栗大宋言心。谓如树木心。非念虑心。念虑心梵音云质多也）以性自性第一义心。成就如来世间、出世间、出世间上上法。圣慧眼。入自共相建立。如所建立。不与外道论恶见共。大慧。云何外道论恶见共。所谓自境界妄想见。不觉识自心所现。分齐不通。大慧。愚痴凡夫性。无性自性第一义。作二见论。

复次大慧。妄想三有苦灭。无知爱业缘灭。自心所现幻境随见。今当说。大慧。若有沙门、婆罗门。欲令无种有种因果现。及事时住。缘阴界入生住。或言生已灭。大慧。彼若相续、若事、若生、若有、若涅槃、若道、若业、若果、若谛。破坏断灭论。所以者何。以此现前不可得。及见始非分故。大慧。譬如破瓶。不作瓶事。亦如焦种。不作芽事。如是大慧。若阴界入性。已灭今灭当灭。自心妄想见。无因故。彼无次第生。

大慧。若复说无种有种识。三缘合生者。龟应生毛。沙应出油。汝宗则坏。违决定义。有种无种说。有如是过。所作事业。悉空无义。大慧。彼诸外道说有三缘合生者。所作方便因果自相。过去未来现在。有种无种相。从本已来成事。相承觉想地转。自见过习气。作如是说。如是大慧。愚痴凡夫。恶见所噬。邪曲迷醉无智。妄称一切智说。

大慧。若复诸余沙门、婆罗门。见离自性。浮云火轮、揵闼婆城。无生。幻焰水月及梦。内外心现。妄想无始虚伪。不离自心。妄想因缘灭尽。离妄想。说所说、观所观、受用。建立身之藏识。于识境界。摄受。及摄受者。不相应。无所有境界。离生住灭。自心起。随入分别。大慧。彼菩萨不久当得生死涅槃平等。大悲巧方便。无开发方便。大慧。彼于一切众生界。皆悉如幻。不勤因缘。远离内外境界。心外无所见。次第随入无相处。次第随入从地至地三昧境界。解三界如幻。分别观察。当得如幻三昧。度自心现。无所有。得住般若波罗密。舍离彼生所作方便。金刚喻三摩提。随入如来身。随入如如化。神通自在。慈悲方便。具足庄严。等入一切佛刹。外道入处。离心意意识。是菩萨渐次转身。得如来身。

大慧。是故欲得如来随入身者。当远离阴界入心。因缘所作方便。生住灭妄想虚伪。唯心直进。观察无始虚伪过。妄想习气因。三有。思惟无所有。佛地无生。到自觉圣趣。自心自在。到无开发行。如随众色摩尼。随入众生微细之心。而以化身随心量度。诸地渐次。相续建立。是故大慧。自悉檀善。应当修学。

尔时大慧菩萨复白佛言。世尊。所说心、意、意识、五法自性相。一切诸佛菩萨所行。自心见等所缘境界。不和合。显示一切说。成真实相。一切佛语心。为楞伽国摩罗耶山。海中住处诸大菩萨。说如来所叹。海浪藏识境界法身。

尔时世尊告大慧菩萨言。四因缘故。眼识转。何等为四。谓自心现摄受不觉。无始虚伪过色习气。计著识性自性。欲见种种色相。大慧。是名四种因缘。水流处。藏识转识浪生。

大慧。如眼识。一切诸根微尘毛孔俱生。随次境界生。亦复如是。譬如明镜。现众色像。大慧。犹如猛风。吹大海水。外境界风。飘荡心海。识浪不断。因所作相。异不异。合业生相。深入计著。不能了知色等自性。故五识身转。大慧。即彼五识身俱。因差别分段相知。当知是意识因。彼身转。彼不作是念。我展转相因。自心现。妄想计著转。而彼各各坏相俱转。分别境界。分段差别。谓彼转。如修行者入禅三昧。微细习气转而不觉知。而作是念。识灭然后入禅正受。实不识灭而入正受。以习气种子不灭。故不灭。以境界转。摄受不具。故灭。

大慧。如是微细藏识究竟边际。除诸如来。及住地菩萨。诸声闻缘觉外道修行。所得三昧智慧之力。一切不能测量决了。余地相智慧。巧便分别。决断句义。最胜无边。善根成熟。离自心现妄想虚伪。宴坐山林。下中上修。能见自心妄想流注。无量刹土。诸佛灌顶。得自在力。神通三昧。诸善知识。佛子眷属。彼心意意识。自心所现自性境界。虚妄之想。生死有海。业爱无知。如是等因。悉以超度。是故大慧。诸修行者。应当亲近最胜知识。

尔时世尊欲重宣此义。而说偈言。

譬如巨海浪	斯由猛风起	洪波鼓冥壑	无有断绝时
藏识海常住	境界风所动	种种诸识浪	腾跃而转生
青赤种种色	珂乳及石蜜	淡味众华果	日月与光明
非异非不异	海水起波浪	七识亦如是	心俱和合生
譬如海水变	种种波浪转	七识亦如是	心俱和合生
谓彼藏识处	种种诸识转	谓以彼意识	思惟诸相义
不坏相有八	无相亦无相	譬如海波浪	是则无差别
诸识心如是	异亦不可得	心名采集业	意名广采集
诸识识所识	现等境说五		

尔时大慧菩萨.以偈问曰。

| 青赤诸色像 | 众生发诸识 | 如浪种种法 | 云何唯愿说 |

尔时世尊.以偈答曰。

青赤诸杂色	波浪悉无有	采集业说心	开悟诸凡夫
彼业悉无有	自心所摄离	所摄无所摄	与彼波浪同
受用建立身	是众生现识	于彼现诸业	譬如水波浪

尔时大慧菩萨.复说偈言。

| 大海波浪性 | 鼓跃可分别 | 藏与业如是 | 何故不觉知 |

尔时世尊.以偈答曰。

| 凡夫无智慧 | 藏识如巨海 | 业相犹波浪 | 依彼譬类通 |

尔时大慧菩萨.复说偈言。

| 日出光等照 | 下中上众生 | 如来照世间 | 为愚说真实 |
| 已分部诸法 | 何故不说实 | | |

尔时世尊.以偈答曰。

若说真实者	彼心无真实	譬如海波浪	镜中像及梦
一切俱时现	心境界亦然	境界不具故	次第业转生
识者识所识	意者意谓然	五则以显现	无有定次第
譬如工画师	及与画弟子	布彩图众形	我说亦如是

彩色本无文	非笔亦非素	为悦众生故	绮错绘众像
言说别施行	真实离名字	分别应初业	修行示真实
真实自悟处	觉想所觉离	此为佛子说	愚者广分别
种种皆如幻	虽现无真实	如是种种说	随事别施设
所说非所应	于彼为非说	彼彼诸病人	良医随处方
如来为众生	随心应量说	妄想非境界	声闻亦非分
哀愍者所说	自觉之境界		

复次大慧。若菩萨摩诃萨.欲知自心现量。摄受及摄受者。妄想境界。当离群聚习俗睡眠。初中后夜。常自觉悟修行方便。当离恶见经论言说。及诸声闻缘觉乘相。当通达自心现妄想之相。

复次大慧。菩萨摩诃萨.建立智慧相住已。于上圣智三相.当勤修学。何等为圣智三相当勤修学。所谓无所有相。一切诸佛自愿处相。自觉圣智究竟之相。修行得此已。能舍跛驴心智慧相。得最胜子第八之地。则于彼上三相修生。大慧。无所有相者。谓声闻缘觉.及外道相。彼修习生。大慧。自愿处相者。谓诸先佛自愿处修生。大慧。自觉圣智究竟相者。一切法相无所计著。得如幻三昧身。诸佛地处进趣行生。大慧。是名圣智三相。若成就此圣智三相者。能到自觉圣智究竟境界。是故大慧。圣智三相。当勤修学。

尔时大慧菩萨摩诃萨。知大菩萨众心之所念。名圣智事分别自性经。承一切佛威神之力而白佛言。世尊。唯愿为说圣智事分别自性经。百八句分别所依。如来应供等正觉。依此分别说菩萨摩诃萨。入自相共相妄想自性。以分别说妄想自性故。则能善知周遍观察人法无我。净除妄想。照明诸地。超越一切声闻缘觉。及诸外道诸禅定乐。观察如来不可思议所行境界。毕定舍离五法自性。诸佛如来法身智慧。善自庄严。超幻境界。升一切佛刹兜率天宫。乃至色究竟天宫。逮得如来常住法身。

佛告大慧。有一种外道。作无所有妄想计著。觉知因尽。兔无角想。如兔无角。一切法亦复如是。大慧。复有余外道。见种求那极微陀罗骠形处。横法各各差别。见已计著。无兔角横法。作牛有角想。大慧。彼堕二见。不解心量。自心境界妄想增长。身受用建立妄想根量。大慧。一切法性。亦复如是。离有无不应作想。大慧。若复离有无而作兔无角想。是名邪想。彼因待观。故兔无角。不应作想。乃至微尘分别自性。悉不可得。大慧。圣境界离。不应作牛有角想。

尔时大慧菩萨摩诃萨白佛言。世尊。得无妄想者。见不生相已。随比思量观察不生妄想。言无耶。佛告大慧。非观察不生妄想言无。所以者何。妄想者。因彼生故。依彼角生妄想。以依角生妄想。是故言依因故。离异不异。故非观察不生妄想言无角。大慧。若复妄想异角者。则不因角生。若不异者。则因彼故。乃至微尘分析推求。悉不可得。不异角故。彼亦非性。二俱无性者。何法何故而言无耶。大慧。若无故无角。观有故言兔无角者。不应作想。大慧。不正因故。而说有无。二俱不成。

　　大慧。复有余外道。见计著色空事。形处横法。不能善知虚空分齐。言色离虚空。起分齐见妄想。大慧。虚空是色。随入色种。大慧。色是虚空。持所持处所建立。性色空事。分别当知。大慧。四大种生时。自相各别。亦不住虚空。非彼无虚空。如是大慧。观牛有角。故兔无角。大慧。又牛角者。析为微尘。又分别微尘。刹那不住。彼何所观故而言无耶。若言观余物者。彼法亦然。尔时世尊告大慧菩萨摩诃萨言。当离兔角牛角。虚空形色。异见妄想。汝等诸菩萨摩诃萨。当思惟自心现妄想。随入为一切刹土最胜子。以自心现方便而教授之。

　　尔时世尊欲重宣此义。而说偈言。
　　色等及心无　　色等长养心　　身受用安立　　识藏现众生
　　心意及与识　　自性法有五　　无我二种净　　广说者所说
　　长短有无等　　展转互相生　　以无故成有　　以有故成无
　　微尘分别事　　不起色妄想　　心量安立处　　恶见所不乐
　　觉想非境界　　声闻亦复然　　救世之所说　　自觉之境界

　　尔时大慧菩萨。为净除自心现流故。复请如来。白佛言。世尊。云何净除一切众生自心现流。为顿为渐耶。佛告大慧。渐净非顿。如庵罗果。渐熟非顿。如来净除一切众生自心现流。亦复如是。渐净非顿。譬如陶家造作诸器。渐成非顿。如来净除一切众生自心现流。亦复如是。渐净非顿。譬如大地渐生万物。非顿生也。如来净除一切众生自心现流。亦复如是。渐净非顿。譬如人学音乐书画种种伎术。渐成非顿。如来净除一切众生自心现流。亦复如是。渐净非顿。譬如明镜。顿现一切无相色像。如来净除一切众生自心现流。亦复如是。顿现无相。无有所有清净境界。如日月轮。顿照显示一切色像。如来为离自心现习气过患众生。亦复如是。顿为显示不思议智最胜境界。譬如藏识。顿分别知自心现。及身安立受用境界。彼诸依佛。亦复如是。（依者胡本云津腻。谓化佛是真佛气分也）顿熟众生所处境界。以修行者。安处于彼色究竟天。譬如法佛。所作依佛。光明照曜。自觉圣趣。亦复如是。彼于法相有性无性恶见妄想。照令除灭。

　　大慧。法依佛。说一切法。入自相共相自心现习气因。相续妄自性计著因。种种不实如幻。种种计著。不可得。

　　复次大慧。计著缘起自性。生妄想自性相。大慧。如工幻师。依草木瓦石作种种幻。起一切众生若干形色。起种种妄想。彼诸妄想。亦无真实。如是大慧。依缘起自性。起妄想自性。种种妄想心。种种相行事妄想相。计著习气妄想。是为妄想自性相生。大慧。是名依佛说法。大慧。法佛者。离心自性相。自觉圣所缘境界。建立施作。大慧。化佛者。说施戒忍精进禅定。及心智慧。离阴界入解脱识相分别。观察建立。超外道见。无色见。大慧。又法佛者。离攀缘。攀缘离。一切所作根量相灭。非诸凡夫声闻缘觉外道。计着我相所著境界。自觉圣究竟差别相建立。是故大慧。自觉圣究竟差别相。当勤修学。自心现见应当除灭。

复次大慧。有二种声闻乘通分别相。谓得自觉圣差别相。及性妄想自性计著相。云何得自觉圣差别相声闻。谓无常。苦。空。无我。境界。真谛。离欲寂灭。息阴界入自共相。外不坏相如实知。心得寂止。心寂止已。禅定解脱。三昧道果。正受解脱。不离习气。不思议变易死。得自觉圣乐住声闻。是名得自觉圣差别相声闻。大慧。得自觉圣差别乐住菩萨摩诃萨。非灭门乐正受乐。顾悯众生及本愿。不作证。大慧。是名声闻得自觉圣差别相乐。菩萨摩诃萨。于彼得自觉圣差别相乐。不应修学。

大慧。云何性妄想自性计着相声闻。所谓大种。青、黄、赤、白、坚、湿、暖、动。非作生。自相共相。先胜善说。见已。于彼起自性妄想。菩萨摩诃萨。于彼应知应舍。随入法无我相。灭人无我相见。渐次诸地。相续建立。是名诸声闻性妄想自性计着相。

尔时大慧菩萨摩诃萨白佛言。世尊。世尊所说常。不思议。自觉圣趣境界。及第一义境界。世尊。非诸外道所说常不思议因缘耶。佛告大慧。非诸外道因缘。得常不思议。所以者何。诸外道常不思议。不因自相成。若常不思议不因自相成者。何因显现常不思议。复次大慧。不思议若因自相成者。彼则应常。由作者因相故。常不思议不成。大慧。我第一义常不思议。第一义因相成。离性非性得。自觉性故有相。第一义智因故有因。离性非性故。譬如无作虚空。涅槃灭尽。故常。如是大慧。不同外道常不思议论。如是大慧。此常不思议。诸如来自觉圣智。所得如是。故常不思议自觉圣智所得。应得修学。

复次大慧。外道常不思议。无常性。异相因故。非自作因相力故常。复次大慧。诸外道常不思议。于所作。性非性无常。见已。思量计常。大慧。我亦以如是因缘。所作者。性非性无常。见已。自觉圣境界。说彼常无因。大慧。若复诸外道因相。成常不思议。因自相性非性。同于兔角。此常不思议。但言说妄想。诸外道辈. 有如是过。所以者何。谓但言说妄想。同于兔角。自因相非分。大慧。我常不思议。因自觉得相故。离所作性非性。故常。非外性非性无常。思量计常。大慧。若复外性非性无常。思量计常。不思议常。而彼不知常不思议自因之相。去得自觉圣智境界相远。彼不应说。

复次大慧。诸声闻畏生死妄想苦. 而求涅槃。不知生死涅槃差别一切. 妄想非性。未来诸根境界休息. 作涅槃想。非自觉圣智趣. 藏识转。是故凡愚说有三乘。说心量趣无所有。是故大慧。彼不知过去未来现在诸如来自心现境界。计著外心现境界。生死轮常转。

复次大慧。一切法不生。是过去未来现在诸如来所说。所以者何。谓自心现。性非性。离有非有生故。大慧。一切性不生。一切法如兔马等角。是愚痴凡夫不实妄想。自性妄想故。大慧。一切法不生。自觉圣智趣境界者。一切性自性相不生。非彼愚夫妄想二境界。自性身财建立趣自性相。大慧。藏识摄所摄相转。愚夫堕生住灭二见。希望一切性生。有非有妄想生。非圣贤也。大慧。于彼应当修学。

复次大慧。有五无间种性。云何为五。谓声闻乘无间种性、缘觉乘无间种性、如来乘无间种性、不定种性、各别种性。云何知声闻乘无间种性。若闻说得阴界入自共相断知时。举身毛孔。熙怡欣悦。及乐修相智。不修缘起发悟之相。是名声闻乘无间种性。声闻无间。见第八地。起烦恼断。习烦恼不断。不度不思议变易死。度分段死。正师子吼。我生已尽。梵行已立。不受后有。如实知。修习人无我。乃至得般涅槃觉。大慧。各别无间者。我人。众生。寿命。长养。士夫。彼诸众生作如是觉。求般涅槃。复有异外道说。悉由作者。见一切性已。言此是般涅槃。作如是觉。法无我见非分。彼无解脱。大慧。此诸声闻乘无间外道种性。不出出觉。为转彼恶见故。应当修学。大慧。缘觉乘无间种性者。若闻说各别缘无间。举身毛竖。悲泣流泪。不相近缘。所有不著。种种自身。种种神通。若离若合。种种变化。闻说是时。其心随入。若知彼缘觉乘无间种性已。随顺为说缘觉之乘。是名缘觉乘无间种性相。大慧。彼如来乘无间种性。有四种。谓自性法无间种性、离自性法无间种性、得自觉圣无间种性、外刹殊胜无间种性。大慧。若闻此四事一一说时。及说自心现身财建立不思议境界时。心不惊怖者。是名如来乘无间种性相。大慧。不定种性者。谓说彼三种时。随说而入。随彼而成。大慧。此是初治地者。谓种性建立。为超入无所有地故。作是建立。彼自觉藏者。自烦恼习净。见法无我。得三昧乐住声闻。当得如来最胜之身。

尔时世尊欲重宣此义。而说偈言。

须陀槃那果　往来及不还　逮得阿罗汉　是等心惑乱
三乘与一乘　非乘我所说　愚夫少智慧　诸圣远离寂
第一义法门　远离于二教　住于无所有　何建立三乘
诸禅无量等　无色三摩提　受想悉寂灭　亦无有心量

大慧。彼一阐提。非一阐提。世间解脱谁转。大慧。一阐提有二种。一者舍一切善根。及于无始众生发愿。云何舍一切善根。谓谤菩萨藏。及作恶言。此非随顺修多罗、毗尼、解脱之说。舍一切善根故。不般涅槃。二者菩萨本自愿方便故。非不般涅槃一切众生。而般涅槃。大慧。彼般涅槃。是名不般涅槃法相。此亦到一阐提趣。大慧白佛言。世尊。此中云何毕竟不般涅槃。佛告大慧。菩萨一阐提者。知一切法本来般涅槃已。毕竟不般涅槃。而非舍一切善根一阐提也。

大慧。舍一切善根一阐提者。复以如来神力故。或时善根生。所以者何。谓如来不舍一切众生故。以是故。菩萨一阐提。不般涅槃。

复次大慧。菩萨摩诃萨。当善三自性。云何三自性。谓妄想自性、缘起自性、成自性。大慧。妄想自性。从相生。大慧白佛言。世尊。云何妄想自性从相生。佛告大慧。缘起自性事相相。行显现事相相。计著有二种妄想自性。如来应供等正觉之所建立。谓名相计著相。及事相计著相。名相计著相者。谓内外法计著。事相计著相者。谓即彼如是内外自共相计著。是名二种妄想自性相。若依若缘生。是名缘起。云何成自性。谓离名相。事相妄想。圣智所得。及自觉圣智趣所行境界。是名成自性。如来藏心。

尔时世尊欲重宣此义。而说偈言。

名相觉想　自性二相　正智如如　是则成相

大慧。是名观察五法自性相经。自觉圣智趣所行境界。汝等诸菩萨摩诃萨。应当修学。

复次大慧。菩萨摩诃萨。善观二种无我相。云何二种无我相。谓人无我。及法无我。云何人无我。谓离我我所。阴界入聚。无知业爱生。眼色等摄受。计著生识。一切诸根。自心现器身藏。自妄想相。施设显示。如河流、如种子、如灯、如风、如云。刹那展转坏。躁动如猿猴。乐不净处如飞蝇。无厌足如风火。无始虚伪习气因。如汲水轮。生死趣有轮。种种身色。如幻术神咒。机发像起。善彼相知。是名人无我智。云何法无我智。谓觉阴界入妄想相自性。如阴界入离我我所。阴界入积聚。因业爱绳缚。展转相缘生。无动摇。诸法亦尔。离自共相。不实妄想相、妄想力。是凡夫生。非圣贤也。心意识五法。自性离故。大慧。菩萨摩诃萨。当善分别一切法无我。善法无我菩萨摩诃萨。不久当得初地菩萨。无所有观地相。观察开觉欢喜。次第渐进。超九地相。得法云地。于彼建立无量宝庄严。大宝莲华王像。大宝宫殿。幻自性境界修习生。于彼而坐。同一像类。诸最胜子眷属围绕。从一切佛刹来。佛手灌顶。如转轮圣王太子灌顶。超佛子地。到自觉圣法趣。当得如来自在法身。见法无我故。是名法无我相。汝等诸菩萨摩诃萨。应当修学。

尔时大慧菩萨摩诃萨复白佛言。世尊。建立、诽谤相唯愿说之。令我及诸菩萨摩诃萨。离建立、诽谤二边恶见。疾得阿耨多罗三藐三菩提。觉已。离常建立。断诽谤见。不谤正法。

尔时世尊受大慧菩萨请已。而说偈言。

建立及诽谤　无有彼心量　身受用建立　及心不能知

愚痴无智慧　建立及诽谤

尔时世尊于此偈义。复重显示。告大慧言。有四种非有有建立。云何为四。谓非有相建立、非有见建立、非有因建立、非有性建立。是名四种建立。又诽谤者。谓于彼所立无所得。观察非分而起诽谤。

是名建立诽谤相。复次大慧。云何非有相建立相。谓阴界入。非有自共相。而起计着。此如是。此不异。是名非有相建立相。此非有相建立妄想。无始虚伪过。种种习气计著生。大慧。非有见建立相者。若彼如是阴界入。我人。众生。寿命。长养。士夫见建立。是名非有见建立相。大慧。非有因建立相者。谓初识无因生。后不实如幻。本不生。眼色明界念。前生生已实已还坏。是名非有因建立相。大慧。非有性建立相者。谓虚空、灭、般涅槃、非作、计著性建立。此离性非性。一切法如兔马等角。如垂发现。离有非有。是名非有性建立相。建立及诽谤。愚夫妄想。不善观察自心现量。非贤圣也。是故离建立诽谤恶见。应当修学。

复次大慧。菩萨摩诃萨。善知心、意、意识、五法、自性、二无我相。趣究竟。为安众生故。作种种类像。如妄想自性处。依于缘起。譬如众色。如意宝珠。普现一切诸佛刹土。一切如来大众集会。悉于其中听受佛法。所谓一切法。如幻如梦。光影水月。于一切法。离生灭断常。及离声闻缘觉之法。得百千三昧。乃至百千亿那由他三昧。得三昧已。游诸佛刹。供养诸佛。生诸天宫。宣扬三宝。示现佛身。声闻菩萨大众围绕。以自心现量度脱众生。分别演说外性无性。悉令远离有无等见。

尔时世尊欲重宣此义。而说偈言。

心量世间　佛子观察　种类之身　离所作行
得力神通　自在成就

尔时大慧菩萨摩诃萨复请佛言。惟愿世尊。为我等说。一切法空。无生无二。离自性相。我等及余诸菩萨众。觉悟是空。无生无二。离自性相已。离有无妄想。疾得阿耨多罗三藐三菩提。尔时世尊告大慧菩萨摩诃萨言。谛听。谛听。善思念之。今当为汝广分别说。大慧白佛言。善哉世尊。唯然受教。

佛告大慧。空空者。即是妄想自性处。大慧。妄想自性计着者。说空无生无二。离自性相。大慧。彼略说七种空。谓相空、性自性空、行空、无行空、一切法离言说空、第一义圣智大空、彼彼空。

云何相空。谓一切性自共相空。观展转积聚故。分别无性自共相不生。自他俱性无性。故相不住。是故说一切性相空。是名相空。云何性自性空。谓自己性自性不生。是名一切法性自性空。是故性自性空。云何行空。谓阴离我我所。因所成所作业方便生。是名行空。大慧。即此如是行空。展转缘起。自性无性。是名无行空。云何一切法离言说空。谓妄想自性无言说。故一切法离言说。是名一切法离言说空。云何一切法第一义圣智大空。谓得自觉圣智。一切见过习气空。是名一切法第一义圣智大空。云何彼彼空。谓于彼无彼空。是名彼彼空。大慧。譬如鹿子母舍。无象马牛羊等。非无比丘众。而说彼空。非舍舍性空。亦非比丘比丘性空。非余处无象马。是名一切法自相。彼于彼无彼。是名彼彼空。是名七种空。彼彼空者。是空最粗。汝当远离。

大慧。不自生。非不生。除住三昧。是名无生。离自性即是无生。离自性刹那相续流注。及异性现。一切性离自性。是故一切性离自性。

云何无二。谓一切法。如阴热、如长短、如黑白。大慧。一切法无二。非於涅槃彼生死。非于生死彼涅槃。异相因有性故。是名无二。如涅槃生死。一切法亦如是。是故空、无生、无二、离自性相。应当修学。

尔时世尊欲重宣此义。而说偈言。
我常说空法　远离于断常　生死如幻梦　而彼业不坏
虚空及涅槃　灭二亦如是　愚夫作妄想　诸圣离有无

尔时世尊复告大慧菩萨摩诃萨言。大慧。空、无生、无二、离自性相。普入诸佛一切修多罗。凡所有经。悉说此义。诸修多罗。悉随众生希望心故。为分别说显示其义。而非真实在于言说。如鹿渴想。诳惑群鹿。鹿于彼相计著水性。而彼水无。如是一切修多罗所说诸法。为令愚夫发欢喜故。非实圣智在于言说。是故当依于义。莫著言说。

楞伽阿跋多罗宝经卷第二

一切佛语心品之二

尔时大慧菩萨摩诃萨白佛言。世尊。世尊修多罗说。如来藏自性清净。转三十二相入于一切众生身中。如大价宝。垢衣所缠。如来之藏常住不变。亦复如是。而阴界入垢衣所缠。贪欲恚痴不实妄想尘劳所污。一切诸佛之所演说。云何世尊同外道说我。言有如来藏耶。世尊。外道亦说有常作者。离于求那。周遍不灭。世尊。彼说有我。佛告大慧。我说如来藏。不同外道所说之我。大慧。有时说空。无相。无愿。如实际。法性。法身。涅槃。离自性。不生不灭。本来寂静。自性涅槃。如是等句。说如来藏已。如来应供等正觉。为断愚夫畏无我句。故说离妄想无所有境界如来藏门。大慧。未来现在菩萨摩诃萨。不应作我见计著。譬如陶家于一泥聚。以人工水木轮绳方便。作种种器。如来亦复如是。于法无我。离一切妄想相。以种种智慧善巧方便。或说如来藏。或说无我。以是因缘故。说如来藏。不同外道所说之我。是名说如来藏。开引计我诸外道故。说如来藏。令离不实我见妄想。入三解脱门境界。希望疾得阿耨多罗三藐三菩提。是故如来应供等正觉。作如是说。如来之藏。若不如是。则同外道。是故大慧。为离外道见故。当依无我如来之藏。尔时世尊欲重宣此义。而说偈言。

人相续阴　缘与微尘　胜自在作　心量妄想

尔时大慧菩萨摩诃萨.观未来众生。复请世尊。惟愿为说修行无间。如诸菩萨摩诃萨。修行者大方便。佛告大慧。菩萨摩诃萨成就四法。得修行者大方便。云何为四。谓善分别自心现、观外性非性、离生住灭见、得自觉圣智善乐。是名菩萨摩诃萨成就四法。得修行者大方便。云何菩萨摩诃萨善分别自心现。谓如是观三界唯心分齐。离我我所。无动摇。离去来。无始虚伪习气所熏。三界种种色行系缚。身财建立。妄想随入现。是名菩萨摩诃萨善分别自心现。

云何菩萨摩诃萨善观外性非性。谓焰梦等一切性。无始虚伪妄想习因。观一切性自性。菩萨摩诃萨作如是善观外性非性。是名菩萨摩诃萨善观外性非性。云何菩萨摩诃萨善离生住灭见。谓如幻梦一切性。自他俱性不生。随入自心分齐故。见外性非性。见识不生。及缘不积聚。见妄想缘。生于三界。内外一切法不可得。见离自性。生见悉灭。知如幻等诸法自性。得无生法忍。得无生法忍已。离生住灭见。是名菩萨摩诃萨善分别离生住灭见。云何菩萨摩诃萨得自觉圣智善乐。谓得无生法忍。住第八菩萨地。得离心意意识。五法自性。二无我相。得意生身。世尊。意生身者何因缘。佛告大慧。意生者。譬如意去。迅疾无碍。故名意生。譬如意去。石壁无碍。于彼异方无量由延。因先所见。忆念不忘。自心流注不绝。于身无障碍生。大慧。如是意生身。得一时俱。菩萨摩诃萨意生身。如幻三昧力。自在神通。妙相庄严。圣种类身。一时俱生。犹如意生。无有障碍。随所忆念本愿境界。为成就众生。得自觉圣智善乐。如是菩萨摩诃萨。得无生法忍。住第八菩萨地。转舍心意识。五法自性。二无我相身。及得意生身。得自觉圣智善乐。是名菩萨摩诃萨。成就四法。得修行者大方便。当如是学。

尔时大慧菩萨摩诃萨。复请世尊。惟愿为说一切诸法缘因之相。以觉缘因相故。我及诸菩萨。离一切性有无妄见。无妄想见。渐次俱生。佛告大慧。一切法二种缘相。谓外及内。外缘者。谓泥团。柱轮绳水木人工诸方便缘。有瓶生。如泥瓶。缕叠。草席。种芽。酪酥等。方便缘生。亦复如是。是名外缘前后转生。云何内缘。谓无明爱业等法。得缘名。从彼生阴界入法。得缘所起名。彼无差别。而愚夫妄想。是名内缘法。大慧。彼因者。有六种。谓当有因、相续因、相因、作因、显示因、待因。当有因者。作因已。内外法生。相续因者。作攀缘已。内外法生阴种子等。相因者。作无间相。相续生。作因者。作增上事。如转轮王。显示因者。妄想事生已。相现作所作。如灯照色等。待因者。灭时作相续断。不妄想性生。大慧。彼自妄想相。愚夫。不渐次生。不俱生。所以者何。若复俱生者。作所作。无分别。不得因相故。若渐次生者。不得相我故。渐次生不生。如不生子。无父名。大慧。渐次生相续方便。不然。但妄想耳。因攀缘。次第增上缘等。生所生故。大慧。渐次生不生。妄想自性计著相故。渐次俱不生。自心现受用故。自相共相。外性非性。大慧。渐次俱不生。除自心现。不觉妄想。故相生。是故因缘作事方便相。当离渐次俱见。尔时世尊欲重宣此义。而说偈言。

  一切都无生　亦无因缘灭　于彼生灭中　而起因缘想
  非遮灭复生　相续因缘起　唯为断凡愚　痴惑妄想缘
  有无缘起法　是悉无有生　习气所迷转　从是三有现
  真实无生缘　亦复无有灭　观一切有为　犹如虚空华
  摄受及所摄　舍离惑乱见　非已生当生　亦复无因缘
  一切无所有　斯皆是言说

  尔时大慧菩萨摩诃萨。复白佛言。世尊。惟愿为说言说妄想相心经（此同上佛语心也）。世尊。我及余菩萨摩诃萨。若善知言说妄想相心经。则能通达言说所说二种义。疾得阿耨多罗三藐三菩提。以言说所说二种趣。净一切众生。佛告大慧。谛听谛听。善思念之。当为汝说。大慧白佛言。善哉世尊。唯然受教。佛告大慧。有四种言说妄想相。谓相言说、梦言说、过妄想计著言说、无始妄想言说。相言说者。从自妄想色相计著生。梦言说者。先所经境界。随忆念生。从觉已境界无性生。过妄想计著言说者。先怨所作业。随忆念生。无始妄想言说者。无始虚伪计著过。自种习气生。是名四种言说妄想相。

  尔时大慧菩萨摩诃萨。复以此义。劝请世尊。惟愿更说言说妄想所现境界。世尊。何处何故。云何何因。众生妄想言说生。佛告大慧。头胸喉鼻。唇舌龈齿。和合出音声。大慧白佛言。世尊。言说妄想。为异为不异。佛告大慧。言说妄想。非异非不异。所以者何。谓彼因生相故。大慧。若言说妄想异者。妄想不应是因。若不异者。语不显义。而有显示。是故非异非不异。大慧复白佛言。世尊。为言说即是第一义。为所说者是第一义。佛告大慧。非言说是第一义。亦非所说是第一义。所以者何。谓第一义圣乐。言说所入。是第一义。非言说是第一义。第一义者。圣智自觉所得。非言说妄想觉境界。是故言说妄想。不显示第一义言说者。生灭动摇展转因缘起。若展转因缘起者。彼不显示第一义。大慧。自他相无性故。言说相不显示第一义。复次大慧。随入自心现量故。种种相。外性非性。言说妄想。不显示第一义。是故大慧。当离言说诸妄想相。尔时世尊欲重宣此义。而说偈言。

  诸性无自性　亦复无言说　甚深空空义　愚夫不能了
  一切性自性　言说法如影　自觉圣智子　实际我所说

  尔时大慧菩萨摩诃萨。复白佛言。世尊。惟愿为说。离一异俱不俱。有无非有非无。常无常。一切外道所不行。自觉圣智所行。离妄想自相共相。入于第一真实之义。诸地相续渐次。上上增进清净之相。随入如来地相。无开发本愿。譬如众色摩尼境界。无边相行。自心现趣部分之相。一切诸法。我及余菩萨摩诃萨。离如是等妄想自性。自共相见。疾得阿耨多罗三藐三菩提。令一切众生。一切安乐。具足充满。佛告大慧。善哉善哉。汝能问我如是之义。多所安乐。多所饶益。哀愍一切诸天世人。佛告大慧。谛听谛听。善思念之。吾当为汝分别解说。大慧白佛言。善哉世尊。唯然受教。佛告大慧。不知心量愚痴凡夫。取内外性。依于一异俱不俱。有、无。非有非无。常、无常。自性习因。计著妄想。譬如群鹿。为渴所逼。见春时焰。而作水想。迷乱驰趣。不知非水。如是愚夫。无始虚伪妄想所熏习。三毒烧心。乐色境界。见生住灭。取内外性。堕于一、异。俱、不俱。有、无。非有、非无。常、无常想。妄见摄受。如揵闼婆城。凡愚无智。而起城想。无始习气计著相现。彼非有城、非无城。如是外道。无始虚伪习气计著。依于一、异。俱、不俱。有、无。非有、非无。常、无常见。不能了知自心现量。譬如有人梦见男女、象马、车步、城邑、园林、山河、浴池。种种庄严。自身入中。觉已忆念。大慧。于意云何。如是士夫。于前所梦。忆念不舍。为黠慧不。大慧白佛言。不也。世尊。佛告大慧。如是凡夫。恶见所噬。外道智慧。不知如梦。自心现性。依于一、异。俱、不俱。有、无。非有、非无。常、无常见。譬如画像。不高不下。而彼凡愚作高下想。如是未来外道。恶见习气充满。依一、异。俱、不俱。有、无。非有、非无。常、无常见。自坏坏他。余离有无。无生之论。亦说言无。谤因果见。拔善根本。坏清净因。胜求者。当远离去。作如是说。彼堕自他俱见。有无妄想已。堕建立诽谤。以是恶见。当堕地狱。譬如翳目。见有垂发。谓众人言。汝等观此。而是垂发。毕竟非性、非无性。见、不见故。如是外道。妄见希望。依于一、异。俱、不俱。有、无、非有、非无。常、无常见。诽谤正法。自陷陷他。譬如火轮非轮。愚夫轮想。非有智者。如是外道。恶见希望。依于一、异。俱、不俱。有、无。非有、非无。常、无常想。一切性生。譬如水泡。似摩尼珠。愚小无智。作摩尼想。计著追逐。而彼水泡。非摩尼。非非摩尼。取不取故。如是外道。恶见妄想习气所熏。于无所有。说有生。缘有者言灭。

　　复次大慧。有三种量。五分论。各建立已。得圣智自觉。离二自性事。而作有性妄想计著。大慧。心意意识。身心转变。自心现摄所摄。诸妄想断。如来地自觉圣智修行者。不于彼作性非性想。若复修行者。如是境界。性非性摄取相生者。彼即取长养。及取我人。大慧。若说彼性自性。自共相。一切皆是化佛所说。非法佛说。又诸言说。悉由愚夫希望见生。不为别建立趣自性法。得圣智自觉三昧乐住者。分别显示。譬如水中有树影现。彼非影、非非影。非树形、非非树形。如是外道。见习所熏。妄想计著。依于一、异。俱、不俱。

有、无。非有、非无。常、无常想。而不能知自心现量。譬如明镜。随缘显现一切色像。而无妄想。彼非像、非非像。而见像非像。妄想愚夫。而作像想。如是外道恶见。自心像现。妄想计著。依于一、异。俱、不俱。有、无。非有、非无。常、无常见。譬如风水。和合出声。彼非性非非性。如是外道。恶见妄想。依于一、异。俱、不俱。有、无。非有、非无。常、无常见。譬如大地。无草木处。热焰川流。洪浪云涌。彼非性非非性。贪无贪故。如是愚夫。无始虚伪习气所熏。妄想计著。依生、住、灭。一、异。俱、不俱。有、无。非有、非无。常、无常缘。自住事门。亦复如彼热焰波浪。譬如有人。咒术机发。以非众生数。毗舍阇鬼。方便合成。动摇云为。凡愚妄想计著。往来如是。外道恶见希望。依于一、异。俱、不俱。有、无。非有、非无。常、无常见。戏论计著。不实建立。大慧。是故欲得自觉圣智事。当离生、住、灭。一、异。俱、不俱。有、无。非有、非无。常、无常等恶见妄想。尔时世尊欲重宣此义。而说偈言。

　　幻梦水树影　　垂发热时焰　　如是观三有　　究竟得解脱
　　譬如鹿渴想　　动转迷乱心　　鹿想谓为水　　而实无水事
　　如是识种子　　动转见境界　　愚夫妄想生　　如为翳所翳
　　于无始生死　　计著摄受性　　如逆楔出楔　　舍离贪摄受
　　如幻咒机发　　浮云梦电光　　观是得解脱　　永断三相续
　　于彼无有作　　犹为焰虚空　　如是知诸法　　则为无所知
　　言教唯假名　　彼亦无有相　　于彼起妄想　　阴行如垂发
　　如画垂发幻　　梦揵闼婆城　　火轮热时焰　　无而现众生
　　常无常一异　　俱不俱亦然　　无始过相续　　愚夫痴妄想
　　明镜水净眼　　摩尼妙宝珠　　于中现众色　　而实无所有
　　一切性显现　　如画热时焰　　种种众色现　　如梦无所有

复次大慧。如来说法。离如是四句。谓一、异。俱、不俱。有、无。非有、非无。常、无常。离于有无。建立诽谤。分别结集。真谛缘起。道灭解脱。如来说法。以是为首。非性。非自在。非无因。非微尘。非时。非自性相续。而为说法。复次大慧。为净烦恼尔焰障故。譬如商主。次第建立百八句。无所有。善分别诸乘。及诸地相。复次大慧。有四种禅。云何为四。谓愚夫所行禅、观察义禅、攀缘如禅、如来禅。云何愚夫所行禅。谓声闻缘觉外道修行者。观人无我性。自相共相。骨锁无常。苦不净相。计著为首。如是相不异观。前后转进。想不除灭。是名愚夫所行禅。云何观察义禅。谓人无我。自相共相。外道自他俱无性已。观法无我。彼地相义。渐次增进。是名观察义禅。云何攀缘如禅。谓妄想。二无我妄想。如实处不生妄想。是名攀缘如禅。云何如来禅。谓入如来地。得自觉圣智相三种乐住。成办众生不思议事。是名如来禅。

　　尔时世尊欲重宣此义。而说偈言。

凡夫所行禅	观察相义禅	攀缘如实禅	如来清净禅
譬如日月形	钵头摩深险	如虚空火尽	修行者观察
如是种种相	外道道通禅	亦复堕声闻	及缘觉境界
舍离彼一切	则是无所有	一切刹诸佛	以不思议手
一时摩其顶	随顺入如相		

尔时大慧菩萨摩诃萨。复白佛言。世尊。般涅槃者。说何等法。谓为涅槃。佛告大慧。一切自性习气。藏意意识。见习转变。名为涅槃。诸佛及我。涅槃自性。空事境界。复次大慧。涅槃者。圣智自觉境界。离断常妄想性非性。云何非常。谓自相共相妄想断。故非常。云何非断。谓一切圣去来现在得自觉。故非断。大慧。涅槃不坏不死。若涅槃死者。复应受生相续。若坏者。应堕有为相。是故涅槃离坏离死。是故修行者之所归依。复次大慧。涅槃非舍、非得、非断、非常、非一义非种种义。是名涅槃。复次大慧。声闻缘觉涅槃者。觉自相共相。不习近境界。不颠倒见。妄想不生。彼等于彼。作涅槃觉。复次大慧。二种自性相。云何为二。谓言说自性相计著、事自性相计著。言说自性相计著者。从无始言说虚伪习气计著。事自性相计著者。从不觉自心现分齐生。复次大慧。如来以二种神力建立。菩萨摩诃萨顶礼诸佛。听受问义。云何二种神力建立。谓三昧正受。为现一切身面言说神力。及手灌顶神力。大慧。菩萨摩诃萨初菩萨地。住佛神力。所谓入菩萨大乘照明三昧。入是三昧已。十方世界一切诸佛。以神通力。为现一切身面言说。如金刚藏菩萨摩诃萨。及余如是相功德成就菩萨摩诃萨。大慧。是名初菩萨地。菩萨摩诃萨得菩萨三昧正受神力。于百千劫积习善根之所成就。次第诸地对治所治相。通达究竟。至法云地。住大莲华微妙宫殿。坐大莲华宝师子座。同类菩萨摩诃萨眷属围绕。众宝璎珞庄严其身。如黄金薝蔔。日月光明。诸最胜子。从十方来。就大莲华宫殿坐上。而灌其顶。譬如自在转轮圣王。及天帝释太子灌顶。是名菩萨手灌顶神力。大慧。是名菩萨摩诃萨二种神力。若菩萨摩诃萨住二种神力。而见诸佛如来。若不如是。则不能见。复次大慧。菩萨摩诃萨。凡所分别三昧神足诸法之行。是等一切。悉住如来二种神力。大慧。若菩萨摩诃萨。离佛神力。能辩说者。一切凡夫亦应能说。所以者何。谓不住神力故。大慧。山石树木。及诸乐器。城郭宫殿。以如来入城威神力故。皆自然出音乐之声。何况有心者。聋盲喑哑。无量众苦。皆得解脱。如来有如是等无量神力。利安众生。大慧菩萨复白佛言。世尊。以何因缘。如来应供等正觉。菩萨摩诃萨住三昧正受时。及胜进地灌顶时。加其神力。佛告大慧。为离魔业烦恼故。及不堕声闻地禅故。为得如来自觉地故。及增进所得法故。是故如来应供等正觉。咸以神力建立诸菩萨摩诃萨。若不以神力建立者。则堕外道恶见妄想。及诸声闻。众魔希望。不得阿耨多罗三藐三菩提。以是故。诸佛如来。咸以神力摄受诸菩萨

摩诃萨。尔时世尊欲重宣此义而说偈言。

　　神力人中尊　大愿悉清净　三摩提灌顶　初地及十地

　　尔时大慧菩萨摩诃萨。复白佛言。世尊。佛说缘起。即是说因缘。不自说道。世尊。外道亦说因缘。谓胜自在时微尘生。如是诸性生。然世尊所谓因缘生诸性言说。有间悉檀。无间悉檀。（悉檀者释义或言宋或言成或言嘿）世尊。外道亦说有无有生。世尊亦说无有生。生已灭。如世尊所说。无明缘行。乃至老死。此是世尊无因说。非有因说。世尊建立作如是说。此有故彼有。非建立渐生。观外道说胜。非如来也。所以者何。世尊。外道说因。不从缘生。而有所生。世尊说。观因有事。观事有因。如是因缘杂乱。如是展转无穷。佛告大慧。我非无因说。及因缘杂乱说。此有故彼有者。摄所摄非性。觉自心现量。大慧。若摄所摄计著。不觉自心现量。外境界性非性。彼有如是过。非我说缘起。我常说言。因缘和合而生诸法。非无因生。大慧复白佛言。世尊。非言说有性有一切性耶。世尊。若无性者。言说不生。是故言说有性。有一切性。佛告大慧。无性而作言说。谓兔角龟毛等。世间现言说。大慧。非性。非非性。但言说耳。如汝所说。言说自性有一切性者。汝论则坏。大慧。非一切刹土有言说。言说者。是作耳。或有佛刹瞻视显法。或有作相。或有扬眉。或有动睛。或笑。或欠。或謦欬。或念刹土。或动摇。大慧。如瞻视。及香积世界。普贤如来国土。但以瞻视。令诸菩萨得无生法忍。及殊胜三昧。是故非言说有性。有一切性。大慧。见此世界。蚊蚋虫蚁是等众生。无有言说。而各办事。尔时世尊欲重宣此义。而说偈言。

　　如虚空兔角　及与槃大子　无而有言说　如是性妄想
　　因缘和合法　凡愚起妄想　不能如实知　转回三有宅

　　尔时大慧菩萨摩诃萨。复白佛言。世尊。常声者。何事说。佛告大慧。为惑乱。以彼惑乱。诸圣亦现。而非颠倒。大慧。如春时焰、火轮、垂发、揵闼婆城、幻梦镜像。世间颠倒。非明智也。然非不现。大慧。彼惑乱者。有种种现。非惑乱作无常。所以者何。谓离性非性故。大慧。云何离性非性惑乱。谓一切愚夫种种境界故。如彼恒河。饿鬼见不见故。无惑乱性。于余现故。非无性。如是惑乱。诸圣离颠倒不颠倒。是故惑乱常。谓相相不坏故。大慧。非惑乱种种相。妄想相坏。是故惑乱常。大慧。云何惑乱真实。若复因缘。诸圣于此惑乱。不起颠倒觉。非不颠倒觉。大慧。除诸圣于此惑乱。有少分想。非圣智事相。大慧。凡有者。愚夫妄说。非圣言说。彼惑乱者。倒不倒妄想。起二种种性。谓圣种性。及愚夫种性。圣种性者。三种分别。谓声闻、缘觉乘、佛乘。云何愚夫妄想。起声闻乘种性。谓自共相计著。起声闻乘种性。是名妄想起声闻乘种性。大慧。即彼惑乱妄想。起缘觉乘种性。谓即彼惑乱自共相。不亲计著。起缘觉乘种性。云何智者。即彼惑乱。起佛乘种性。谓觉自心现量。外性非性。

不妄想相。起佛乘种性。是名即彼惑乱。起佛乘种性。又种种事性。凡夫惑想。起愚夫种性。彼非有事非无事。是名种性义。大慧。即彼惑乱不妄想。诸圣心意意识。过习气自性法。转变性。是名为如是。故说如离心。我说此句。显示离想。即说离一切想。大慧白佛言。世尊。惑乱为有。为无。佛告大慧。如幻无计著相。若惑乱有计著相者。计著性不可灭。缘起应如外道。说因缘生法。大慧白佛言。世尊。若惑乱如幻者。复当与余惑作因。佛告大慧。非幻惑因。不起过故。大慧。幻不起过。无有妄想。大慧。幻者。从他明处生。非自妄想过习气处生。是故不起过。大慧。此是愚夫心惑计著。非圣贤也。尔时世尊欲重宣此义。而说偈言。

　　圣不见惑乱　中间亦无实　中间若真实　惑乱即真实
　　舍离一切惑　若有相生者　是亦为惑乱　不净犹如翳

　　复次大慧。非幻无有相似。见一切法如幻。大慧白佛言。世尊。为种种幻相计著。言一切法如幻。为异相计著。若种种幻相计著。言一切性如幻者。世尊。有性不如幻者。所以者何。谓色种种相非因。世尊。无有因色种种相现如幻。世尊。是故无种种幻相计著相似。性如幻。佛告大慧。非种种幻相计著相似。一切法如幻。大慧。然不实一切法。速灭如电。是则如幻。大慧。譬如电光。刹那顷现。现已既灭。非愚夫现。如是一切性。自妄想。自共相。观察无性。非现色相计著。尔时世尊欲重宣此义。而说偈言。

　　非幻无有譬　说法性如幻　不实速如电　是故说如幻

　　大慧复白佛言。如世尊所说。一切性无生。及如幻。将无世尊前后所说。自相违耶。说无生性如幻。佛告大慧。非我说无生性如幻前后相违过。所以者何。谓生无生。觉自心现量。有非有。外性非性。无生现。大慧。非我前后说相违过。然坏外道因生故。我说一切性无生。大慧。外道痴聚。欲令有无有生。非自妄想种种计著缘。大慧。我非有无有生。是故我以无生说而说。大慧。说性者。为摄受生死故。坏无见断见故。为我弟子。摄受种种业受生处故。以声性说摄受生死。大慧。说幻性自性相。为离性自性相故。堕愚夫恶见相希望。不知自心现量。坏因所作生。缘自性相计著。说幻梦自性相一切法。不令愚夫恶见希望计著。自及他一切法。如实处见作不正论。大慧。如实处见一切法者。谓超自心现量。尔时世尊欲重宣此义。而说偈言。

　　无生作非性　有性摄生死　观察如幻等　于相不妄想

　　复次大慧。当说名句形身相。善观名句形身。菩萨摩诃萨随入义句形身。疾得阿耨多罗三藐三菩提。如是觉已。觉一切众生。大慧。名身者。谓若依事立名。是名名身。句身者。谓句有义身。自性决定究竟。是名句身。形身者。谓显示名句。是名形身。又形身者。名谓长短高下。又句身者。谓径迹。如象马人兽等所行径迹。得句身名。

大慧。名及形者。谓以名说无色四阴。故说名。自相现。故说形。是名名句形身。说名句形身相分齐。应当修学。尔时世尊欲重宣此义。而说偈言。

　　名身与句身　　及形身差别　　凡夫愚计著　　如象溺深泥

复次大慧。未来世智者。以离一、异。俱、不俱见相。我所通义。问无智者。彼即答言。此非正问。谓色等常无常。为异不异。如是涅槃诸行。相所相。求那所求那。造所造。见所见。尘及微尘。修与修者。如是比展转相。如是等问。而言佛说无记止论。非彼痴人之所能知。谓闻慧不具故。如来应供等正觉。令彼离恐怖句故。说言无记。不为记说。又止外道见论故。而不为说。大慧。外道作如是说。谓命即是身。如是等无记论。大慧。彼诸外道愚痴。于因作无记论。非我所说。大慧。我所说者。离摄所摄。妄想不生。云何止彼。大慧。若摄所摄计著者。不知自心现量。故止彼。大慧。如来应供等正觉。以四种记论为众生说法。大慧。止记论者。我时时说。为根未熟。不为熟者。复次大慧。一切法。离所作因缘。不生。无作者故。一切法不生。大慧。何故一切性离自性。以自觉观时。自共性相不可得故。说一切法不生。何故一切法。不可持来。不可持去。以自共相。欲持来无所来。欲持去无所去。是故一切法。离持来去。大慧。何故一切诸法不灭。谓性自性相无故。一切法不可得故。一切法不灭。大慧。何故一切法无常。谓相起无常性。是故说一切法无常。大慧。何故一切法常。谓相起无生性。无常常。故一切法常。尔时世尊欲重宣此义。而说偈言。

　　记论有四种　　一向反诘问　　分别及止论　　以制诸外道
　　有及非有生　　僧佉毗舍师　　一切悉无记　　彼知是显示
　　正觉所分别　　自性不可得　　以离于言说　　故说离自性

尔时大慧菩萨摩诃萨。复白佛言。世尊。唯愿为说诸须陀洹。须陀洹趣。差别通相。若菩萨摩诃萨。善解须陀洹趣差别通相。及斯陀含。阿那含。阿罗汉。方便相。分别知已。如是如是。为众生说法。谓二无我相。及二障净。度诸地相。究竟通达。得诸如来不思议究竟境界。如众色摩尼。善能饶益一切众生。以一切法境界无尽身财。摄养一切。佛告大慧。谛听谛听。善思念之。今为汝说。大慧白佛言。善哉世尊。唯然听受。佛告大慧。有三种须陀洹。须陀洹果差别。云何为三。谓下中上。下者极七有生。中者三五有生而般涅槃。上者即彼生而般涅槃。此三种有三结。下中上。云何三结。谓身见、疑、戒取。是三结差别。上上升进。得阿罗汉。大慧。身见有二种。谓俱生及妄想。如缘起妄想。自性妄想。譬如依缘起自性。种种妄想自性计著生。以彼非有、非无、非有无。无实妄想相故。愚夫妄想。种种妄想。自性相计著。如热时焰。鹿渴水想。是须陀洹妄想身见。彼以人无我。摄受无性。断除久远无知计著。大慧。俱生者。须陀洹身见。

自他身等。四阴无色相故。色生。造及所造故。展转相因相故。大种及色不集故。须陀洹观有无品不现。身见则断。如是身见断。贪则不生。是名身见相。大慧。疑相者。谓得法善见相故。及先二种身见妄想断故。疑法不生。不于余处起大师见。为净不净。是名疑相。须陀洹断。大慧。戒取者云何。须陀洹不取戒。谓善见受生处苦相故。是故不取。大慧。取者谓愚夫。决定受习苦行。为众具乐。故求受生。彼则不取。除回向自觉胜。离妄想。无漏法相行方便。受持戒支。是名须陀洹取戒相断。须陀洹断三结。贪痴不生。若须陀洹作是念。此诸结我不成就者。应有二过。堕身见。及诸结不断。大慧白佛言。世尊。世尊说众多贪欲。彼何者贪断。佛告大慧。爱乐女人。缠绵贪著种种方便。身口恶业。受现在乐。种未来苦。彼则不生。所以者何。得三昧正受乐故。是故彼断。非趣涅槃贪断。大慧。云何斯陀含相。谓顿照色相妄想。生相见相不生。善见禅趣相故。顿来此世。尽苦际。得涅槃。是故名斯陀含。大慧。云何阿那含。谓过去未来现在色相。性非性。生见过患。使妄想不生故。及结断。故名阿那含。大慧。阿罗汉者。谓诸禅三昧解脱力。明烦恼苦。妄想非性。故名阿罗汉。大慧白佛言。世尊。世尊说三种阿罗汉。此说何等阿罗汉。世尊。为得寂静一乘道。为菩萨摩诃萨方便示现阿罗汉。为佛化化。佛告大慧。得寂静一乘道声闻。非余。余者。行菩萨行。及佛化化。巧方便。本愿故。于大众示现受生。为庄严佛眷属故。大慧。于妄想处。种种说法。谓得果得禅。禅者入禅。悉远离故。示现得自心现量。得果相。说名得果。复次大慧。欲超禅无量无色界者。当离自心现量相。大慧。受想正受。超自心现量者。不然。何以故。有心量故。尔时世尊欲重宣此义。而说偈言。

　　诸禅四无量　无色三摩提　一切受想灭　心量彼无有
　　须陀槃那果　往来及不还　及与阿罗汉　斯等心惑乱
　　禅者禅及缘　断知见真谛　此则妄想量　若觉得解脱

复次大慧。有二种觉。谓观察觉。及妄想相摄受计著建立觉。大慧。观察觉者。谓若觉性自性相。选择离四句不可得。是名观察觉。大慧。彼四句者。谓离一、异。俱、不俱。有、无。非有、非无。常、无常。是名四句。大慧。此四句离。是名一切法。大慧。此四句观察一切法。应当修学。大慧。云何妄想相摄受计著建立觉。谓妄想相摄受计著。坚湿暖动。不实妄想相。四大种。宗因想譬喻计著。不实建立而建立。是名妄想相摄受计著建立觉。是名二种觉相。若菩萨摩诃萨。成就此二觉相。人法无我相究竟。善知方便。无所有觉。观察行地。得初地。入百三昧。得差别三昧。见百佛及百菩萨。知前后际各百劫事。光照百刹土。知上上地相。大愿殊胜神力自在。法云灌顶。当得如来自觉地。善系心十无尽句。成熟众生。种种变化。光明庄严。得自觉圣乐三昧正受故。复次大慧。菩萨摩诃萨。当善四大造色。云何菩萨善四大造色。大慧。菩萨摩诃萨作是觉。彼真谛者。四大不生。于彼四大不生作如是观察。观察已。觉名相妄想分齐。自心现分齐。外性非性。是名心现妄想分齐。谓三界。观彼四大造色性离。四句通净。离我我所。如实相。自相分段住。无生自相成。大慧。彼四大种。云何生造色。谓津润妄想大种。生内外水界。堪能妄想大种。生内外火界。飘动妄想大种。生内外风界。断截色妄想大种。生内外地界。色及虚空俱。计著邪谛。五阴集聚。四大造色生。大慧。识者因乐种种迹境界故。余趣相续。大慧。地等四大及造色等。有四大缘。非彼四大缘。所以者何。谓性形相处。所作方便。无性。大种不生。大慧。性形相处所作方便。和合生。非无形。是故四大造色相。外道妄想。非我。复次大慧。当说诸阴自性相。云何诸阴自性相。谓五阴。云何五。谓色受想行识。彼四阴非色。谓受想行识。大慧。色者。四大及造色。各各异相。大慧。非无色。有四数。如虚空。譬如虚空。过数相。离于数。而妄想言一虚空。大慧。如是阴过数相。离于数。离性非性。离四句。数相者。愚夫言说。非圣贤也。大慧。圣者如幻。种种色像。离异不异施设。又如梦影士夫身。离异不异故。大慧。圣智趣。同阴妄想现。是名诸阴自性相。汝当除灭。灭已。说寂静法。断一切佛刹诸外道见。大慧。说寂静时。法无我见净。及入不动地。入不动地已。无量三昧自在。及得意生身。得如幻三昧。通达究竟力明自在。救摄饶益一切众生。犹如大地载育众生。菩萨摩诃萨普济众生。亦复如是。复次大慧。诸外道有四种涅槃。云何为四。谓性自性非性涅槃、种种相性非性涅槃、自相自性非性觉涅槃、诸阴自共相相续流注断涅槃。是名诸外道四种涅槃。非我所说法。大慧。我所说者。妄想识灭名为涅槃。大慧白佛言。世尊。不建立八识耶。佛言建立。大慧白佛言。若建立者。云何离意识非七识。佛告大慧。彼因及彼攀缘故。七识不生。意识者。境界分段计著生。习气长养藏识意俱。我我所计著。思惟因缘生。不坏身相。藏识因攀缘。自心现境界。计著心聚生。展转相因。譬如海浪。自心现境界风吹。若生若灭亦如是。是故意识灭。七识亦灭。尔时世尊欲重宣此义。而说偈言。

　　我不涅槃性　所作及与相　妄想尔焰识　此灭我涅槃
　　彼因彼攀缘　意趣等成身　与因者是心　为识之所依
　　如水大流尽　波浪则不起　如是意识灭　种种识不生

复次大慧。今当说妄想自性分别通相。若妄想自性分别通相善分别。汝及余菩萨摩诃萨。离妄想。到自觉圣。外道通趣善见。觉摄所摄妄想。断缘起种种相。妄想自性行。不复妄想。大慧。云何妄想自性分别通相。谓言说妄想、所说事妄想、相妄想、利妄想、自性妄想、因妄想、见妄想、成妄想、生妄想、不生妄想、相续妄想、缚不缚妄想。是名妄想自性分别通相。大慧。云何言说妄想。谓种种妙音歌咏之声。美乐计著。是名言说妄想。大慧。云何所说事妄想。谓有所说事自性。圣智所知。依彼而生言说妄想。是名所说事妄想。大慧。云何相妄想。谓即彼所说事。如鹿渴想。种种计著而计著。谓坚湿暖动相。一切性妄想。是名相妄想。大慧。云何利妄想。谓乐种种金银珍宝。是名利妄想。大慧。云何自性妄想。谓自性持此。如是不异恶见妄想。是名自性妄想。大慧。云何因妄想。谓若因若缘。有无分别。因相生。是名因妄想。大慧。云何见妄想。谓有、无。一、异。俱、不俱。恶见。外道妄想计著妄想。是名见妄想。大慧。云何成妄想。谓我我所想。成决定论。是名成妄想。大慧。云何生妄想。谓缘有、无性。生计著。是名生妄想。大慧。云何不生妄想、谓一切性本无生。无种因缘。生无因身。是名不生妄想。大慧。云何相续妄想。谓彼俱相续如金缕。是名相续妄想。大慧。云何缚不缚妄想。谓缚不缚因缘计著。如士夫方便。若缚若解。是名缚不缚妄想。于此妄想。自性分别通相。一切愚夫计著有无。大慧。计著缘起而计著者。种种妄想计著自性。如幻示现种种之身。凡夫妄想见种种异幻。大慧。幻与种种。非异非不异。若异者。幻非种种因。若不异者。幻与种种无差别。而见差别。是故非异非不异。是故大慧。汝及余菩萨摩诃萨。如幻缘起妄想自性。异、不异。有、无。莫计著。尔时世尊欲重宣此义。而说偈言。

心缚于境界	觉想智随转	无所有及胜	平等智慧生
妄想自性有	于缘起则无	妄想或摄受	缘起非妄想
种种支分生	如幻则不成	彼相有种种	妄想则不成
彼相则是过	皆从心缚生	妄想无所知	于缘起妄想
此诸妄想性	即是彼缘起	妄想有种种	于缘起妄想
世谛第一义	第三无因生	妄想说世谛	断则圣境界
譬如修行事	于一种种现	于彼无种种	妄想相如是
譬如种种翳	妄想众色现	翳无色非色	缘起不觉然
譬如炼真金	远离诸垢秽	虚空无云翳	妄想净亦然
无有妄想性	及有彼缘起	建立及诽谤	悉由妄想坏
妄想若无性	而有缘起性	无性而有性	有性无性生
依因于妄想	而得彼缘起	相名常相随	而生诸妄想
究竟不成就	则度诸妄想	然后智清净	是名第一义
妄想有十二	缘起有六种	自觉知尔焰	彼无有差别
五法为真实	自性有三种	修行分别此	不越于如如
众相及缘起	彼名起妄想	彼诸妄想相	从彼缘起生
觉慧善观察	无缘无妄想	成已无有性	云何妄想觉
彼妄想自性	建立二自性	妄想种种现	清净圣境界
妄想如画色	缘起计妄想	若异妄想者	即依外道论
妄想说所想	因见和合生	离二妄想者	如是则为成

大慧菩萨摩诃萨复白佛言。世尊。惟愿为说自觉圣智相及一乘。若说自觉圣智相及一乘。我及余菩萨。善自觉圣智相及一乘。不由于他。通达佛法。佛告大慧。谛听谛听。善思念之。当为汝说。大慧白佛言。唯然受教。佛告大慧。前圣所知。转相传授。妄想无性。菩萨摩诃萨独一静处。自觉观察不由于他。离见妄想。上上升进。入如来地。是名自觉圣智相。大慧。云何一乘相。谓得一乘道觉。我说一乘。云何得一乘道觉。谓摄所摄妄想。如实处不生妄想。是名一乘觉。大慧。一乘觉者。非余外道声闻缘觉梵天王等之所能得。唯除如来。以是故。说名一乘。大慧白佛言。世尊。何故说三乘而不说一乘。佛告大慧。不自般涅槃法故。不说一切声闻觉缘一乘。以一切声闻缘觉。如来调伏。授寂静方便。而得解脱。非自在力。是故不说一乘。复次大慧。烦恼障业习气不断故。不说一切声闻缘觉一乘不觉法无我。不离分段死。故说三乘。大慧。彼诸一切起烦恼过习气断。及觉法无我。彼一切起烦恼过习气断。三昧乐味著非性。无漏界觉。觉已复入。出世间上。上无漏界。满足众具。当得如来不思议自在法身。尔时世尊欲重宣此义。而说偈言。

诸天及梵乘	声闻缘觉乘	诸佛如来乘	我说此诸乘
乃至有心转	诸乘非究竟	若彼心灭尽	无乘及乘者
无有乘建立	我说为一乘	引导众生故	分别说诸乘
解脱有三种	及与法无我	烦恼智慧等	解脱则远离
譬如海浮木	常随波浪转	声闻愚亦然	相风所飘荡
彼起烦恼灭	余习烦恼愚	味著三昧乐	安住无漏界
无有究竟趣	亦复不退还	得诸三昧身	乃至劫不觉
譬如昏醉人	酒消然后觉	彼觉法亦然	得佛无上身

楞伽阿跋多罗宝经卷第三

一切佛语心品之三

尔时世尊告大慧菩萨摩诃摩言。意生身分别通相。我今当说。谛听谛听。善思念之。大慧白佛言。善哉世尊。唯然受教。佛告大慧。有三种意生身。云何为三。所谓三昧乐正受意生身、觉法自性性意生身、种类俱生无行作意生身。修行者了知。初地上增进相。得三种身。大慧。云何三昧乐正受意生身。谓第三第四第五地。三昧乐正受故。种种自心寂静。安住心海。起浪识相不生。知自心现境界。性非性。是名三昧乐正受意生身。大慧。云何觉法自性性意生身。谓第八地。观察觉了。如幻等法。悉无所有。身心转变。得如幻三昧。及余三昧门。无量相力自在明。如妙华庄严。迅疾如意。犹如幻梦水月镜像。非造非所造。如造所造。一切色种种支分。具足庄严。随入一切佛刹大众。通达自性法故。是名觉法自性性意生身。大慧。云何种类俱生无行作意生身。所谓觉一切佛法。缘自得乐相。是名种类俱生无行作意生身。大慧。于彼三种身相。观察觉了。应当修学。尔时世尊欲重宣此义。而说偈言。

　　非我乘大乘　　非说亦非字　　非谛非解脱　　非无有境界
　　然乘摩诃衍　　三摩提自在　　种种意生身　　自在华庄严

尔时大慧菩萨摩诃萨白佛言。世尊。如世尊说。若男子女人行五无间业。不入无择地狱。世尊。云何男子女人行五无间业。不入无择地狱。佛告大慧。谛听谛听。善思念之。当为汝说。大慧白佛言。善哉世尊。唯然受教。佛告大慧。云何五无间业。所谓杀父母。及害罗汉。破坏众僧。恶心出佛身血。大慧。云何众生母。谓爱。更受生。贪喜俱。如缘母立。无明为父。生入处聚落。断二根本。名害父母。彼诸使不现。如鼠毒发。诸法究竟断彼。名害罗汉。云何破僧。谓异相诸阴。和合积聚。究竟断彼。名为破僧。大慧。不觉外自共相。自心现量七识身。以三解脱无漏恶想。究竟断彼七种识佛。名为恶心出佛身血。若男子女人行此无间事者。名五无间。亦名无间等。复次大慧。有外无间。今当演说。汝及余菩萨摩诃萨闻是义已。于未来世不堕愚痴。云何五无间。谓先所说无间。若行此者。于三解脱一一不得无间等法。除此已。余化神力。现无间等。谓声闻化神力。菩萨化神力。如来化神力。为余作无间罪者。除疑悔过。为劝发。故神力变化现无间等。无有一向作无间事不得无间等。除觉自心现量。离身财妄想。离我我所摄受。或时遇善知识。解脱余趣相续妄想。尔时世尊欲重宣此义。而说偈言。

　　贪爱名为母　　无明则为父　　觉境识为佛　　诸使为罗汉
　　阴集名为僧　　无间次第断　　谓是五无间　　不入无择狱

尔时大慧菩萨复白佛言。世尊。惟愿为说佛之知觉。世尊。何等是佛之知觉。佛告大慧。觉人法无我。了知二障。离二种死。断二烦恼。是名佛之知觉。声闻缘觉。得此法者亦名为佛以是因缘故。我说一乘。尔时世尊欲重宣此义。而说偈言。

　　善知二无我　　二障烦恼断　　永离二种死　　是名佛知觉

尔时大慧菩萨白佛言。世尊。何故世尊于大众中。唱如是言。我是过去一切佛及种种受生。我尔时作曼陀转轮圣王。六牙大象。及鹦鹉鸟。释提桓因。善眼仙人。如是等百千生经说。佛告大慧。以四等故。如来应供等正觉于大众中唱如是言。我尔时作拘留孙。拘那含牟尼。迦叶佛。云何四等。谓字等、语等、法等、身等。是名四等。以四种等故。如来应供等正觉。于大众中唱如是言。云何字等。若字称我为佛。彼字亦称一切诸佛。彼字自性无有差别。是名字等。云何语等。谓我六十四种梵音言语相生。彼诸如来应供等正觉。亦如是六十四种梵音言语相生。无增无减。无有差别。迦陵频伽梵音声性。云何身等。谓我与诸佛法身及色身相好无有差别。除为调伏彼彼诸趣差别众生故。示现种种差别色身。是名身等。云何法等。谓我及彼佛得三十七菩提分法。略说佛法无障碍智。是名四等。是故如来应供等正觉。于大众中唱如是言。尔时世尊欲重宣此义。而说偈言。

　　迦叶拘留孙　拘那含是我　以此四种等　我为佛子说

　　大慧复白佛言。如世尊所说。我从某夜得最正觉。乃至某夜入般涅槃。于其中间乃至不说一字。亦不已说当说。不说是佛说。世尊。如来应供等正觉。何因说言不说是佛说。佛告大慧。我因二法故。作如是说。云何二法。谓缘自得法。及本住法。是名二法。因此二法故。我如是说。云何缘自得法。若彼如来所得我亦得之。无增无减。缘自得法究竟境界。离言说妄想。离字二趣。云何本住法。谓古先圣道。如金银等性。法界常住。若如来出世。若不出世。法界常住。如趣彼成道。譬如士夫行旷野中。见向古城。平坦正道。即随入城受如意乐。大慧。于意云何。彼作是道。及城中种种乐耶。答言不也。佛告大慧。我及过去一切诸佛。法界常住。亦复如是。是故说言。我从某夜得最正觉。乃至某夜入般涅槃。于其中间不说一字。亦不已说当说。尔时世尊欲重宣此义。而说偈言。

　　我某夜成道　至某夜涅槃　于此二中间　我都无所说
　　缘自得法住　故我作是说　彼佛及与我　悉无有差别

　　尔时大慧菩萨。复请世尊。惟愿为说一切法有、无有相。令我及余菩萨摩诃萨。离有、无有相。疾得阿耨多罗三藐三菩提。佛告大慧。谛听谛听。善思念之。当为汝说。大慧白佛言。善哉世尊。唯然受教。佛告大慧。此世间依有二种。谓依有及无。堕性非性。欲见不离离相。大慧。云何世间依有。谓有世间因缘生。非不有。从有生。非无有生。大慧。彼如是说者。是说世间无因。大慧。云何世间依无。谓受贪恚痴性已。然后妄想计著。贪恚痴性非性。大慧。若不取有性者。性相寂静故。谓如来声闻缘觉。不取贪恚痴性。为有为无。大慧。此中何等为坏者。大慧白佛言。世尊。若彼取贪恚痴性。后不复取。佛告大慧。善哉善哉。汝如是解。大慧。非但贪恚痴性非性为坏者。于声闻缘觉及佛亦是坏者。所以者何。谓内外不可得故。烦恼性异不异故。大慧。贪恚痴若内若外不可得。贪恚痴性无身故。无取故。非佛声闻缘觉是坏者。佛声闻缘觉自性解脱故。缚与缚因非性故。大慧。若有缚者。应有缚是缚因故。大慧。如是说坏者。是名无所有相。大慧。因是故我说。宁取人见。如须弥山。不起无所有增上慢空见。大慧。无所有增上慢者。是名为坏。堕自共相见希望。不知自心现量。见外性无常。刹那展转坏。阴界入相续。流注变灭离。文字相妄想。是名为坏者。尔时世尊欲重宣此义。而说偈言。

　　有无是二边　乃至心境界　净除彼境界　平等心寂灭
　　无取境界性　灭非无所有　有事悉如如　如贤圣境界

无种而有生　　生已而复灭　　因缘有非有　　不住我教法
　　非外道非佛　　非我亦非余　　因缘所集起　　云何而得无
　　谁集因缘有　　而复说言无　　邪见论生法　　妄想计有无
　　若知无所生　　亦复无所灭　　观此悉空寂　　有无二俱离
　尔时大慧菩萨复白佛言。世尊。惟愿为我及诸菩萨。说宗通相。若善分别宗通相者。我及诸菩萨通达是相。通达是相已。速成阿耨多罗三藐三菩提。不随觉想及众魔外道。佛告大慧。谛听谛听。善思念之。当为汝说。大慧白佛言。唯然受教。佛告大慧。一切声闻缘觉菩萨有二种通相。谓宗通及说通。大慧。宗通者。谓缘自得胜进相。远离言说文字妄想趣无漏界自觉地自相。远离一切虚妄觉想。降伏一切外道众魔。缘自觉趣光明辉发。是名宗通相。云何说通相。谓说九部种种教法。离异不异有无等相。以巧方便随顺众生。如应说法令得度脱。是名说通相。大慧。汝及余菩萨应当修学。尔时世尊欲重宣此义。而说偈言。
　　宗及说通相　　缘自与教法　　善见善分别　　不随诸觉想
　　云何起欲想　　非有真实性　　如愚夫妄想　　非性为解脱
　　观察诸有为　　生灭等相续　　增长于二见　　颠倒无所知
　　一是为真谛　　无罪为涅槃　　观察世妄想　　如幻梦芭蕉
　　虽有贪恚痴　　而实无有人　　从爱生诸阴　　有皆如幻梦
　尔时大慧菩萨白佛言。世尊。惟愿为说不实妄想相。不实妄想。云何而生。说何等法。名不实妄想。于何等法中。不实妄想。佛告大慧。善哉善哉。能问如来如是之义。多所饶益。多所安乐。哀愍世间一切天人。谛听谛听。善思念之。当为汝说。大慧白佛言。善哉世尊。唯然受教。佛告大慧。种种义。种种不实。妄想计著。妄想生。大慧。摄所摄计著。不知自心现量。及堕有无见。增长外道见。妄想习气。计著外种种义。心心数妄想计著。我我所生。大慧白佛言。世尊。若种种义。种种不实妄想计著。妄想生。摄所摄计著。不知自心现量。及堕有无见。增长外道见。妄想习气计著外种种义。心心数妄想我。我所计著生。世尊。若如是外种种义相。堕有无相。离性非性。离见相。世尊。第一义亦如是。离量根分譬因相。世尊。何故一处妄想不实义。种种性计著妄想生。非计著第一义处相妄想生。将无世尊说邪因论耶。说一生一不生。佛告大慧。非妄想一生一不生。所以者何。谓有无妄想不生故。外现性非性。觉自心现量。妄想不生。大慧。我说余愚夫自心种种妄想相故。事业在前。种种妄想性。相计著生。云何愚夫得离我我所计著见。离作所作因缘过。觉自妄想心量。身心转变。究竟明解一切地如来自觉境界。离五法自性事见妄想。以是因缘故。我说妄想从种种不实义计著生。知如实义。得解脱自心种种妄想。尔时世尊欲重宣此义。而说偈言。
　　诸因及与缘　　从此生世间　　妄想著四句　　不知我所通

世间非有生	亦复非无生	不从有无生	亦非非有无
诸因及与缘	云何愚妄想	非有亦非无	亦复非有无
如是观世间	心转得无我	一切性不生	以从缘生故
一切缘所作	所作非自有	事不自生事	有二事过故
无二事过故	非有性可得	观诸有为法	离攀缘所缘
无心之心量	我说为心量	量者自性处	缘性二俱离
性究竟妙净	我说名心量	施设世谛我	彼则无实事
诸阴阴施设	无事亦复然	有四种平等	相及因性生
第三无我等	第四修修者	妄想习气转	有种种心生
境界于外现	是世俗心量	外现而非有	心见彼种种
建立于身财	我说为心量	离一切诸见	及离想所想
无得亦无生	我说为心量	非性非非性	性非性悉离
谓彼心解脱	我说为心量	如如与空际	涅槃及法界
种种意生身	我说为心量		

尔时大慧菩萨白佛言。世尊。如世尊所说。菩萨摩诃萨当善语义。云何为菩萨善语义。云何为语。云何为义。佛告大慧。谛听谛听。善思念之。当为汝说。大慧白佛言。善哉世尊。唯然受教。佛告大慧。云何为语。谓言字妄想和合。依咽喉 唇舌 齿龈 颊辅。因彼我言说。妄想习气计著生。是名为语。大慧。云何为义。谓离一切妄想相。言说相。是名为义。大慧。菩萨摩诃萨于如是义。独一静处闻思修慧。缘自觉了。向涅槃城。习气身转变已。自觉境界。观地地中间。胜进义相。是名菩萨摩诃萨善义。复次大慧。善语义菩萨摩诃萨。观语与义。非异非不异。观义与语亦复如是。若语异义者。则不因语辩义。而以语入义。如灯照色。复次大慧。不生不灭。自性涅槃。三乘一乘。心自性等。如缘言说义计著。堕建立及诽谤见。异建立。异妄想。如幻种种妄想现。譬如种种幻。凡愚众生作异妄想。非圣贤也。尔时世尊欲重宣此义。而说偈言。

彼言说妄想	建立于诸法	以彼建立故	死堕泥犁中
阴中无有我	阴非即是我	不如彼妄想	亦复非无我
一切悉有性	如凡愚妄想	若如彼所见	一切应见谛
一切法无性	净秽悉无有	不实如彼见	亦非无所有

复次大慧。智识相。今当说。若善分别智识相者。汝及诸菩萨则能通达智识之相。疾成阿耨多罗三藐三菩提。大慧。彼智有三种。谓世间、出世间、出世间上上智。云何世间智。谓一切外道凡夫计著有无。云何出世间智。谓一切声闻缘觉堕自共相希望计著。云何出世间上上智。谓诸佛菩萨观无所有法。见不生不灭。离有无品。入如来地。人法无我。缘自得生。大慧。彼生灭者是识。不生不灭者是智。复次堕相无相。及堕有无种种相因是识。超有无相是智。复次长养相是识。非长养相是智。复次有三种智。谓知生灭、知自共相、知不生

不灭。复次无碍相是智。境界种种碍相是识。复次。三事和合生方便相是识。无事方便自性相是智。复次得相是识。不得相是智。自得圣智境界。不出不入故。如水中月。尔时世尊欲重宣此义。而说偈言。

　　采集业为识　　不采集为智　　观察一切法　　通达无所有
　　逮得自在力　　是则名为慧　　缚境界为心　　觉想生为智
　　无所有及胜　　慧则从是生　　心意及与识　　远离思惟想
　　得无思想法　　佛子非声闻　　寂静胜进忍　　如来清净智
　　生于善胜义　　所行悉远离　　我有三种智　　圣开发真实
　　于彼想思惟　　悉摄受诸性　　二乘不相应　　智离诸所有
　　计著于自性　　从诸声闻生　　超度诸心量　　如来智清净

　　复次大慧。外道有九种转变论。外道转变见生。所谓形处转变、相转变、因转变、成转变、见转变、性转变、缘分明转变、所作分明转变、事转变。大慧。是名九种转变见。一切外道。因是起有无。生转变论。云何形处转变。谓形处异见。譬如金变作诸器物。则有种种形处显现。非金性变。一切性变。亦复如是。或有外道作如是妄想。乃至事转变妄想。彼非如非异妄想故。如是一切性转变。当知如乳酪酒果等熟。外道转变妄想。彼亦无有转变。若有若无。自心现。外性非性。大慧。如是凡愚众生。自妄想修习生。大慧。无有法若生若灭。如见幻梦色生。尔时世尊欲重宣此义。而说偈言。

　　形处时转变　　四大种诸根　　中阴渐次生　　妄想非明智
　　最胜于缘起　　非如彼妄想　　然世间缘起　　如揵闼婆城

　　尔时大慧菩萨复白佛言。世尊。惟愿为说一切法相续义、解脱义。若善分别一切法。相续不相续相。我及诸菩萨。善解一切相续巧方便。不堕如所说义计著相续。善于一切诸法。相续不相续相。及离言说文字妄想觉。游行一切诸佛刹土。无量大众力。自在神通。总持之印。种种变化。光明照耀觉慧。善入十无尽句。无方便行。犹如日月摩尼四大。于一切地离自妄想相见。见一切法如幻梦等。入佛地身。于一切众生界。随其所应而为说法。而引导之。悉令安住。一切诸法如幻梦等。离有无品。及生灭妄想。异言说义。其身转胜。佛告大慧。善哉善哉。谛听谛听。善思念之。当为汝说。大慧白佛言。唯然受教。佛告大慧。无量一切诸法。如所说义。计著相续。所谓相计著相续、缘计著相续、性非性计著相续、生不生妄想计著相续、灭不灭妄想计著相续、乘非乘妄想计著相续、有为无为妄想计著相续、地地自相妄想计著相续、自妄想无间妄想计著相续、有无品外道依妄想计著相续、三乘一乘无间妄想计著相续。复次大慧。此及余凡愚众生。自妄想相续。以此相续故。凡愚妄想如蚕作茧。以妄想丝自缠缠他。有无有相续相计著。复次大慧。彼中亦无相续及不相续相。见一切法寂静。妄想不生故。菩萨摩诃萨见一切法寂静。复次大慧。觉外性非性。自心现相无所有。随顺观察自心现量。有无一切性无相。见相续寂静故。于一切法无相续不相续相。复次大慧。彼中无有若缚若解。余堕不如实觉知。有缚有解。所以者何。谓於一切法有无有。无众生可得故。复次大慧。愚夫有三相续。谓贪恚痴。及爱未来。有喜爱俱。以此相续。故有趣相续。彼相续者续五趣。大慧。相续断者。无有相续不相续相。复次大慧。三和合缘。作方便计著。识相续无间生。方便计著。则有相续。三和合缘识断。见三解脱。一切相续不生。尔时世尊欲重宣此义。而说偈言。

　　不真实妄想　是说相续相　若知彼真实　相续网则断
　　于诸性无知　随言说摄受　譬如彼蚕茧　结网而自缠
　　愚夫妄想缚　相续不观察

大慧复白佛言。如世尊所说。以彼彼妄想。妄想彼彼性。非有彼自性。但妄想自性耳。世尊。若但妄想自性。非性自性相待者。非为世尊如是说烦恼清净无性过耶。一切法妄想自性非性故。佛告大慧。如是如是。如汝所说。大慧。非如愚夫性自性妄想真实。此妄想自性。非有性自性相然。大慧。如圣智有性自性。圣知、圣见、圣慧眼。如是性自性知。大慧白佛言。若使如圣。以圣知、圣见、圣慧眼。非天眼。非肉眼。性自性如是知。非如愚夫妄想。世尊。云何愚夫。离是妄想。不觉圣性事故。世尊。彼亦非颠倒。非不颠倒。所以者何。谓不觉圣事性自性故。不见离有无相故。世尊。圣亦不如是见。如是妄想。不以自相境界为境界故。世尊。彼亦性自性相。妄想自性如是现。不说因无因故。谓堕性相见故。异境界。非如彼等。如是无穷过。世尊。不觉性自性相故。世尊。亦非妄想自性。因性自性相。彼云何妄想非妄想。如实知妄想。世尊。妄想异。自性相异。世尊。不相似因。妄想自性相。彼云何各各不妄想。而愚夫不如实知。然为众生离妄想故。说如妄想相不如实有。世尊。何故遮众生有无见。事自性计著。圣智所行境界计著。堕有见。说空法非性。而说圣智自性事。佛告大慧。非我说空法非性。亦不堕有见。说圣智自性事。然为令众生离恐怖句故。众生无始以来。计著性自性相。圣智事自性。计著相见。说空法。大慧。我不说性自性相。大慧。但我住自得如实空法。离惑乱相见。离自心现性非性见。得三解脱。如实印所印于性自性。得缘自觉观察住。离有无事见相。复次大慧。一切法不生者。菩萨摩诃萨不应立是宗。所以者何。谓宗一切性非性故。及彼因生相故。说一切法不生宗。彼宗则坏。彼宗一切法不生。彼宗坏者。以宗有待而生故。又彼宗不生入一切法故。不坏相不生故。立一切法不生宗者。彼说则坏。大慧。有无不生宗。彼宗入一切性。有无相不可得。大慧。若使彼宗不生。一切性不生而立宗。如是彼宗坏。以有无性相不生故。不应立宗。五分论多过故。展转因异相故。及为作故。不应立宗分。谓一切法不生。如是一切法空。如是一切法无自性。不应立宗。大慧。然菩萨摩诃萨说一切法如幻梦。现不现相故。

及见觉过故。当说一切法如幻梦。除为愚夫离恐怖句故。大慧。愚夫堕有无见。莫令彼恐怖。远离摩诃衍。尔时世尊欲重宣此义。而说偈言。

无自性无说	无事无相续	彼愚夫妄想	如死尸恶觉
一切法不生	非彼外道宗	至竟无所生	性缘所成就
一切法不生	慧者不作想	彼宗因生故	觉者悉除灭
譬如翳目视	妄见垂发相	计著性亦然	愚夫邪妄想
施设于三有	无有事自性	施设事自性	思惟起妄想
相事设言教	意乱极震掉	佛子能超出	远离诸妄想
非水水想受	斯从渴爱生	愚夫如是惑	圣见则不然
圣人见清净	三脱三昧生	远离于生死	游行无所有
修行无所有	亦无性非性	性非性平等	从是生圣果
云何性非性	云何为平等	调彼心不知	内外极漂动
若能坏彼者	心则平等见		

尔时大慧菩萨复白佛言。世尊。如世尊所说。如攀缘事。智慧不得。是施设量。建立施设。所摄受非性。摄受亦非性。以无摄故。智则不生。唯施设名耳。云何世尊。为不觉性自相共相。异不异故。智不得耶。为自相共相。种种性自性相隐蔽故。智不得耶。为山岩石壁地水火风障故。智不得耶。为极远极近故。智不得耶。为老小盲冥诸根不具故。智不得耶。世尊。若不觉自共相异不异。智不得者。不应说智。应说无智。以有事不可得故。若复种种自共相性自性相隐蔽故。智不得者。彼亦无智。非是智。世尊。有尔焰故。智生。非无性会尔焰。故名为智。若山岩石壁地水火风。极远极近。老小盲冥诸根不具。智不得者。此亦非智。应是无智。以有事不可得故。佛告大慧。不如是。无智应是智。非非智。我不如是隐覆说攀缘事。智慧不得。是施设量建立。觉自心现量。有无有。外性非性。知而事不得。不得故。智于尔焰不生。顺三解脱。智亦不得。非妄想者。无始性非性。虚伪习智。作如是知。是知彼不知。故于外事处所。相性无性。妄想不断。自心现量。建立。说我我所相。摄受计著。不觉自心现量。于智尔焰而起妄想。妄想故。外性非性。观察不得。依于断见。尔时世尊欲重宣此义。而说偈言。

有诸攀缘事	智慧不观察	此无智非智	是妄想者说
于不异相性	智慧不观察	障碍及远近	是名为邪智
老小诸根冥	而智慧不生	而实有尔焰	是亦说邪智

复次大慧。愚痴凡夫无始虚伪。恶邪妄想之所回转。回转时。自宗通及说通。不善了知。著自心现外性相故。著方便说。于自宗四句。清净通相。不善分别。大慧白佛言。诚如尊教。惟愿世尊。为我分别说通及宗通。我及余菩萨摩诃萨。善于二通。来世凡夫声闻缘觉不得其短。佛告大慧。善哉善哉。谛听谛听。善思念之。当为汝说。

大慧白佛言。唯然受教。佛告大慧。三世如来有二种法通。谓说通及自宗通。说通者。谓随众生心之所应。为说种种众具契经。是名说通。自宗通者。谓修行者离自心现。种种妄想。谓不堕一、异。俱、不俱品。超度一切心、意、意识、自觉圣境界。离因成见相。一切外道、声闻、缘觉、堕二边者。所不能知。我说是名自宗通法。大慧。是名自宗通及说通相。汝及余菩萨摩诃萨应当修学。尔时世尊欲重宣此义。而说偈言。

　　我谓二种通　宗通及言说　说者授童蒙　宗为修行者

　　尔时大慧菩萨白佛言。世尊。如世尊一时说言。世间诸论。种种辩说。慎勿习近。若习近者。摄受贪欲。不摄受法。世尊。何故作如是说。佛告大慧。世间言论。种种句味、因缘、譬喻、采集、庄严。诱引诳惑愚痴凡夫。不入真实自通。不觉一切法。妄想颠倒。堕于二边。凡愚痴惑而自破坏诸趣相续。不得解脱。不能觉知自心现量。不离外性自性妄想计著。是故世间言论种种辩说。不脱生老病死、忧悲苦恼、诳惑迷乱。大慧。释提桓因广解众论。自造声论。彼世论者有一弟子。持龙形像诣释天宫。建立论宗。要坏帝释千辐之轮。随我不如。断一一头以谢所屈。作是要已。即以释法。摧伏帝释。释堕负处。即坏其轮。还来人间。如是大慧。世间言论因譬庄严乃至畜生。亦能以种种句味惑彼诸天及阿修罗。著生灭见。而况于人。是故大慧。世间言论。应当远离。以能招致苦生因故。慎勿习近。大慧。世论者。惟说身觉境界而已。大慧。彼世论者。乃有百千。但于后时后五百年。当破坏结集。恶觉因见盛故。恶弟子受如是。大慧。世论破坏结集。种种句味因譬庄严。说外道事。著自因缘。无有自通。大慧。彼诸外道。无自通论。于余世论。广说无量百千事门。无有自通。亦不自知。愚痴世论。尔时大慧白佛言。世尊。若外道世论。种种句、味、因譬、庄严、无有自通、自事计著者。世尊。亦说世论。为种种异方诸来会众。天人阿修罗。广说无量种种句味。亦非自通耶。亦入一切外道智慧言说数耶。佛告大慧。我不说世论。亦无来去。唯说不来不去。大慧。来者趣聚会生。去者散坏。不来不去者。是不生不灭。我所说义。不堕世论妄想数中。所以者何。谓不计著外性非性。自心现处二边妄想所不能转。相境非性。觉自心现。则自心现。妄想不生。妄想不生者。空无相无作。入三脱门。名为解脱。大慧。我念一时。于一处住。有世论婆罗门。来诣我所。不请空闲。便问我言。瞿昙一切所作耶。我时答言。婆罗门一切所作。是初世论。彼复问言。一切非所作耶。我复报言。一切非所作是第二世论。彼复问言。一切常耶。一切无常耶。一切生耶。一切不生耶。我时报言。是六世论。大慧。彼复问我言。一切一耶。一切异耶。一切俱耶。一切不俱耶。一切因种种受生现耶。我时报言。是十一世论。大慧。彼复问言。一切无记耶。一切有记耶。有我耶。无我耶。有此世耶。无此世耶。有他世耶。无他世耶。有解脱耶。无解脱耶。一切刹那耶。一切不刹那耶。虚空耶。非数灭耶。涅槃耶。瞿昙作耶。非作耶。有中阴耶。无中阴耶。大慧。我时报言。婆罗门如是说者。悉是世论。非我所说。是汝世论。我唯说无始虚伪。妄想习气种种诸恶。三有之因。不能觉知自心现量。而生妄想攀缘外性。如外道法。我诸根义。三合知生。我不如是。婆罗门我不说因。不说无因。唯说妄想摄所摄性。施设缘起。非汝及余。堕受我相续者。所能觉知。大慧。涅槃虚空灭。非有三种。但数有三耳。复次大慧。尔时世论婆罗门复问我言。痴爱业因故。有三有耶。为无因耶。我时报言。此二者亦是世论耳。彼复问言。一切性皆入自共相耶。我复报言。此亦世论。婆罗门乃至意流妄计外尘。皆是世论。复次大慧。尔时世论婆罗门复问我言。颇有非世论者不。我是一切外道之宗。说种种句味、因缘、譬喻、庄严。我复报言。婆罗门。有、非汝有者、非为、非宗、非说、非不说。种种句味。非不因、譬、庄、严。婆罗门言。何等为非世论、非非宗、非非说。我时报言。婆罗门有非世论。汝诸外道所不能知。以于外性不实妄想。虚伪计著故。谓妄想不生。觉了有无自心现量。妄想不生。不受外尘。妄想永息。是名非世论。此是我法。非汝有也。婆罗门。略说彼识。若来、若去、若死、若生、若乐、若苦、若溺、若见、若触、若著种种相、若和合相续、若爱、若因计著。婆罗门。如是比者。皆是汝等世论。非是我有。大慧。世论婆罗门作如是问。我如是答。彼即默然。不辞而退。思自通处。作是念言。沙门释子出于通外。说无生、无相、无因。觉自妄想现相。妄想不生。大慧。此即是汝向所问我。何故说习近世论。种种辩说。摄受贪欲不摄受法。大慧白佛言。世尊。摄受贪欲及法。有何句义。佛告大慧。善哉善哉。汝乃能为未来众生。思惟谘问如是句义。谛听谛听。善思念之。当为汝说。大慧白佛言。唯然受教。佛告大慧。所谓贪者。若取、若舍、若触、若味。系著外尘。堕二边见。复生苦阴。生老病死忧悲苦恼。如是诸患皆从爱起。斯由习近世论。及世论者。我及诸佛。说名为贪。是名摄受贪欲不摄受法。大慧。云何摄受法。谓善觉知自心现量。见人无我。及法无我相。妄想不生。善知上上地。离心、意、意识。一切诸佛智慧灌顶具足。摄受十无尽句。于一切法无开发自在。是名为法。所谓不堕一切见、一切虚伪、一切妄想、一切性、一切二边。大慧。多有外道痴人。堕于二边。若常若断。非黠慧者。受无因论则起常见。外因坏。因缘非性。则起断见。大慧。我不见生住灭故。说名为法。大慧。是名贪欲及法。汝及余菩萨摩诃萨。应当修学。尔时世尊欲重宣此义。而说偈言。

  一切世间论 外道虚妄说 妄见作所作 彼则无自宗
  惟我一自宗 离于作所作 为诸弟子说 远离诸世论
  心量不可见 不观察二心 摄所摄非性 断常二俱离

乃至心流转　是则为世论　妄想不转者　是人见自心
　　来者谓事生　去者事不现　明了知去来　妄想不复生
　　有常及无常　所作无所作　此世他世等　斯皆世论通
　尔时大慧菩萨复白佛言。世尊。所言涅槃者。说何等法。名为涅槃。而诸外道各起妄想。佛告大慧。谛听谛听。善思念之。当为汝说。如诸外道妄想涅槃。非彼妄想随顺涅槃。大慧白佛言。唯然受教。佛告大慧。或有外道。阴界入灭。境界离欲。见法无常。心心法品不生。不念去来现在境界。诸受阴尽。如灯火灭。如种子坏。妄想不生。斯等于此作涅槃想。大慧。非以见坏名为涅槃。大慧。或以从方至方名为解脱。境界想灭。犹如风止。或复以觉所觉见坏。名为解脱。或见常无常。作解脱想。或见种种相想。招致苦生因。思惟是已。不善觉知自心现量。怖畏于相。而见无相。深生爱乐。作涅槃想。或有觉知内外诸法。自相共相。去来现在。有性不坏。作涅槃想。或谓我人众生寿命一切法坏。作涅槃想。或以外道恶烧智慧。见自性及士夫。彼二有间。士夫所出。名为自性。如冥初比。求那转变。求那是作者。作涅槃想。或谓福非福尽。或谓诸烦恼尽。或谓智慧。或见自在。是真实作生死者。作涅槃想。或谓展转相生。生死更无余因。如是即是计著因。而彼愚痴不能觉知。以不知故。作涅槃想。或有外道言得真谛道。作涅槃想。或见功德。功德所起。和合一异俱不俱。作涅槃想。或见自性所起。孔雀文彩。种种杂宝。及利刺等性。见已作涅槃想。大慧。或有觉二十五真实。或王守护国。受六德论。作涅槃想。或见时是作者。时节世间。如是觉者。作涅槃想。或谓性。或谓非性。或谓知性非性。或见有觉与涅槃差别。作涅槃想。有如是比。种种妄想。外道所说。不成所说。智者所弃。大慧。如是一切。悉堕二边。作涅槃想。如是等外道涅槃妄想。彼中都无。若生若灭。大慧。彼一一外道涅槃。彼等自论。智慧观察。都无所立。如彼妄想。心意来去。漂驰流动。一切无有得涅槃者。大慧。如我所说。涅盘者。谓善觉知自心现量（量有四种一现见二比知三譬喻四先胜相传彼外道于四度量悉皆不成也）。不著外性。离于四句。见如实处不随自心现。妄想二边。摄所摄不可得。一切度量。不见所成。愚于真实。不应摄受。弃舍彼已。得自觉圣法。知二无我。离二烦恼。净除二障。永离二死。上上地。如来地。如影幻等诸深三昧。离心意意识。说名涅槃。大慧。汝等及余菩萨摩诃萨。应当修学。当疾远离一切外道诸涅槃见。尔时世尊欲重宣此义。而说偈言。
　　外道涅槃见　各各起妄想　斯从心想生　无解脱方便
　　愚于缚缚者　远离善方便　外道解脱想　解脱终不生
　　众智各异趣　外道所见通　彼悉无解脱　愚痴妄想故
　　一切痴外道　妄见作所作　有无有品论　彼悉无解脱
　　凡愚乐妄想　不闻真实慧　言语三苦本　真实灭苦因

譬如镜中像	虽现而非有	于妄想心镜	愚夫见有二
不识心及缘	则起二妄想	了心及境界	妄想则不生
心者即种种	远离相所相	事现而无现	如彼愚妄想
三有惟妄想	外义悉无有	妄想种种现	凡愚不能了
经经说妄想	终不出于名	若离于言语	亦无有所说

楞伽阿跋多罗宝经卷第四

一切佛语心品之四

尔时大慧菩萨白佛言。世尊。惟愿为说三藐三佛陀。我及余菩萨摩诃萨。善于如来自性。自觉觉他。佛告大慧。恣所欲问。我当为汝随所问说。大慧白佛言。世尊。如来应供等正觉。为作耶。为不作耶。为事耶。为因耶。为相耶。为所相耶。为说耶。为所说耶。为觉耶。为所觉耶。如是等辞句。为异为不异。佛告大慧。如来应供等正觉。于如是等辞句。非事非因。所以者何。俱有过故。大慧。若如来是事者。或作或无常。无常故。一切事应是如来。我及诸佛。皆所不欲。若非所作者。无所得故。方便则空。同于兔角。槃大之子。以无所有故。大慧。若无事无因者。则非有非无。若非有非无。则出于四句。四句者。是世间言说。若出四句者。则不堕四句。不堕四句故。智者所取一切如来句义亦如是。慧者当知。如我所说。一切法无我。当知此义无我性。是无我。一切法有自性。无他性。如牛马。大慧。譬如非牛马性。非马牛性。其实非有非无。彼非无自性。如是大慧。一切诸法。非无自相。有自相。但非无我。愚夫之所能知。以妄想故。如是一切法空。无生无自性。当如是知。如是如来。与阴非异非不异。若不异阴者。应是无常。若异者。方便则空。若二者。应有异。如牛马相似故。不异长短差别。故有异。一切法亦如是。大慧。如牛右角异左角。左角异右角。如是长短种种色各各异。大慧。如来于阴界入。非异非不异。如是如来解脱。非异非不异。如是如来。以解脱名说。若如来异解脱者。应色相成。色相成故。应无常。若不异者。修行者得相应无分别。而修行者见分别。是故非异非不异。如是智及尔焰。非异非不异。大慧。智及尔焰。非异非不异者。非常非无常。非作非所作。非有为非无为。非觉非所觉。非相非所相。非阴非异阴。非说非所说。非一非异。非俱非不俱。非一非异。非俱非不俱故。悉离一切量（见闻觉识识名为量）。离一切量。则无言说。无言说。则无生。无生。则无灭。无灭则寂灭。寂灭则自性涅槃。自性涅槃。则无事无因。无事无因则无攀缘。无攀缘则出过一切虚伪。出过一切虚伪。则是如来。如来则是三藐三佛陀。大慧。是名三藐三佛陀。大慧。三藐三佛陀佛陀者。离一切根量。尔时世尊欲重宣此义。

而说偈言。

　　悉离诸根量　　无事亦无因　　已离觉所觉　　亦离相所相
　　阴缘等正觉　　一异莫能见　　若无有见者　　云何而分别
　　非作非不作　　非事亦非因　　非阴不在阴　　亦非有余杂
　　亦非有诸性　　如彼妄想见　　当知亦非无　　此法法亦尔
　　以有故有无　　以无故有有　　若无不应受　　若有不应想
　　或于我非我　　言说量留连　　沈溺于二边　　自坏坏世间
　　解脱一切过　　正观察我通　　是名为正观　　不毁大导师

尔时大慧菩萨复白佛言。世尊。如世尊说。修多罗摄受不生不灭。又世尊。说不生不灭。是如来异名。云何世尊。为无性故。说不生不灭。为是如来异名。佛告大慧。我说一切法。不生不灭。有无品不现。大慧白佛言。世尊。若一切法不生者。则摄受法不可得。一切法不生故。若名字中有法者。惟愿为说。佛告大慧。善哉善哉。谛听谛听。善思念之。吾当为汝分别解说。大慧白佛言。唯然受教。佛告大慧。我说如来非无性。亦非不生不灭。摄一切法亦不待缘故。不生不灭亦非无义。大慧。我说意生、法身、如来名号。彼不生者。一切外道、声闻、缘觉、七住菩萨非其境界。大慧。彼不生。即如来异名。大慧。譬如因陀罗、释迦、不兰陀罗。如是等诸物。一一各有多名。亦非多名而有多性。亦非无自性。如是大慧。我于此娑呵世界有三阿僧祇百千名号。愚夫悉闻。各说我名。而不解我如来异名。大慧。或有众生。知我如来者。有知一切智者。有知佛者。有知救世者。有知自觉者。有知导师者。有知广导者。有知一切导者。有知仙人者。有知梵者。有知毗纽者。有知自在者。有知胜者。有知迦毗罗者。有知真实边者。有知月者。有知日者。有知生者。有知无生者。有知无灭者。有知空者。有知如如者。有知谛者。有知实际者。有知法性者。有知涅槃者。有知常者。有知平等者。有知不二者。有知无相者。有知解脱者。有知道者。有知意生者。大慧。如是等三阿僧祇百千名号不增不减。此及余世界皆悉知我如水中月。不出不入。彼诸愚夫不能知我。堕二边故。然悉恭敬供养于我。而不善解知辞句义趣。不分别名。不解自通。计著种种言说章句。于不生不灭作无性想。不知如来名号差别。如因陀罗、释迦、不兰陀罗。不解自通。会归终极。于一切法。随说计著。大慧。彼诸痴人作如是言。义如言说。义、说无异。所以者何。谓义无身故。言说之外。更无余义。惟止言说。大慧。彼恶烧智。不知言说自性。不知言说生灭。义不生灭。大慧。一切言说堕于文字义则不堕。离性非性故。无受生。亦无身。大慧。如来不说堕文字法。文字有无不可得故。除不堕文字。大慧。若有说言。如来说堕文字法者。此则妄说。法离文字故。是故大慧。我等诸佛及诸菩萨。不说一字。不答一字。所以者何。法离文字故。非不饶益义说。言说者。众生妄想故。大慧。若不说一切法者。

教法则坏。教法坏者。则无诸佛菩萨缘觉声闻。若无者谁说为谁。是故大慧。菩萨摩诃萨莫著言说。随宜方便广说经法。以众生希望烦恼不一故。我及诸佛为彼种种异解众生。而说诸法。令离心意意识故。不为得自觉圣智处。大慧。于一切法。无所有觉。自心现量。离二妄想。诸菩萨摩诃萨。依于义不依文字。若善男子善女人依文字者。自坏第一义。亦不能觉他。堕恶见相续。而为众说。不善了知一切法。一切地。一切相。亦不知章句。若善一切法。一切地。一切相。通达章句。具足性义。彼则能以正无相乐。而自娱乐。平等大乘。建立众生。大慧。摄受大乘者。则摄受诸佛菩萨缘觉声闻。摄受诸佛菩萨缘觉声闻者。则摄受一切众生。摄受一切众生者。则摄受正法。摄受正法者。则佛种不断。佛种不断者。则能了知得殊胜入处知。得殊胜入处。菩萨摩诃萨常得化生。建立大乘十自在力。现众色像。通达众生形类。希望烦恼诸相。如实说法。如实者。不异。如实者。不来不去相。一切虚伪息。是名如实。大慧。善男子善女人。不应摄受。随说计著。真实者离文字故。大慧。如为愚夫。以指指物。愚夫观指。不得实义。如是愚夫。随言说指。摄受计著。至竟不舍。终不能得离言说指第一实义。大慧。譬如婴儿。应食熟食。不应食生。若食生者。则令发狂。不知次第方便熟故。大慧。如是不生不灭。不方便修。则为不善。是故应当善修方便。莫随言说。如视指端。是故大慧。于真实义。当方便修真实义者。微妙寂静。是涅槃因。言说者。妄想合妄想者。集生死。大慧。真实义者。从多闻者得。大慧。多闻者。谓善于义。非善言说善义者。不随一切外道经论。身自不随。亦不令他随。是则名曰大德。多闻是故。欲求义者。当亲近多闻。所谓善义。与此相违。计著言说应当远离。

尔时大慧菩萨。复承佛威神而白佛言。世尊。世尊显示不生不灭。无有奇特。所以者何。一切外道因。亦不生不灭。世尊亦说虚空。非数缘灭。及涅槃界。不生不灭。世尊。外道说因。生诸世间。世尊亦说无明爱业妄想为缘。生诸世间。彼因此缘。名差别耳。外物因缘。亦如是。世尊与外道论无有差别。微尘胜妙。自在众生主等。如是九物。不生不灭。世尊亦说一切性不生不灭。有无不可得。外道亦说四大不坏自性。不生不灭。四大常。是四大。乃至周流诸趣。不舍自性。世尊所说亦复如是。是故我言。无有奇特。惟愿世尊为说差别。所以奇特胜诸外道。若无差别者。一切外道皆亦是佛。以不生不灭故。而世尊说。一世界中多佛出世者。无有是处。如向所说。一世界中应有多佛。无差别故。

佛告大慧。我说不生不灭。不同外道不生不灭。所以者何。彼诸外道有性自性。得不生不变相。我不如是堕有无品。大慧。我者离有无品。离生、灭、非性、非无性。如种种幻梦现故。非无性。云何无性。谓色无自性相摄受。现不现故。摄不摄故。以是故。一切性无性非无性。但觉自心现量。妄想不生。安隐快乐。世事永息。愚痴凡夫。妄想作事。非诸贤圣。不实妄想。如揵闼婆城及幻化人。大慧。如揵闼婆城及幻化人。种种众生。商贾出入。愚夫妄想。谓真出入。而实无有出者入者。但彼妄想故。如是大慧。愚痴凡夫起不生不灭惑。彼亦无有有为无为。如幻人生。其实无有若生若灭。性无性。无所有故。一切法亦如是。离于生灭。愚痴凡夫。堕不如实。起生灭妄想。非诸圣贤不如实者。不尔如性。自性妄想。亦不异。若异妄想者。计著一切性自性。不见寂静。不见寂静者。终不离妄想。是故大慧。无相见胜。非相见。相见者。受生因故。不胜。大慧。无相者。妄想不生不起不灭。我说涅槃。大慧。涅槃者。如真实义见。离先妄想。心心数法。逮得如来自觉圣智。我说是涅槃。

尔时世尊欲重宣此义。而说偈言。

灭除彼生论	建立不生义	我说如是法	愚夫不能知
一切法不生	无性无所有	揵闼婆幻梦	有性者无因
不生无自性	何因空当说	以离于和合	觉知性不现
是故空不生	我说无自性	谓一一和合	性现而非有
分析无和合	非如外道见	梦幻及垂发	野马揵闼婆
世间种种事	无因而相现	折伏有因论	申畅无生义
申畅无生者	法流永不断	炽然无因论	恐怖诸外道

尔时大慧以偈问曰。

| 云何何所因 | 彼以何故生 | 于何处和合 | 而作无因论 |

尔时世尊复以偈答。

| 观察有为法 | 非无因有因 | 彼生灭论者 | 所见从是灭 |

尔时大慧说偈问曰。

| 云何为无生 | 为是无性耶 | 为顾视诸缘 | 有法名无生 |
| 名不应无义 | 惟为分别说 | | |

尔时世尊复以偈答。

非无性无生	亦非顾诸缘	非有性而名	名亦非无义
一切诸外道	声闻及缘觉	七住非境界	是名无生相
远离诸因缘	亦离一切事	唯有微心住	想所想俱离
其身随转变	我说是无生	无外性无性	亦无心摄受
断除一切见	我说是无生	如是无自性	空等应分别
非空故说空	无生故说空	因缘数和合	则有生有灭
离诸因缘数	无别有生灭	舍离因缘数	更无有异性
若言一异者	是外道妄想	有无性不生	非有亦非无
除其数转变	是悉不可得	有无性不生	非有亦非无
离彼因缘锁	生义不可得	生无性不起	离诸外道过
但说缘钩锁	凡愚不能了	若离缘钩锁	别有生性者
是则无因论	破坏钩锁义	如灯显众像	钩锁现若然

是则离钩锁	别更有诸性	无性无有生	如虚空自性
若离于钩锁	慧无所分别	复有余无生	贤圣所得法
彼生无生者	是则无生忍	若使诸世间	观察钩锁者
一切离钩锁	从是得三昧	痴爱诸业等	是则内钩锁
钻燧泥团轮	种子等名外	若使有他性	而从因缘生
彼非钩锁义	是则不成就	若生无自性	彼为谁钩锁
展转相生故	当知因缘义	坚湿暖动法	凡愚生妄想
离数无异法	是则说无性	如医疗众病	无有若干论
以病差别故	为设种种治	我为彼众生	破坏诸烦恼
知其根优劣	为彼说度门	非烦恼根异	而有种种法
唯说一乘法	是则为大乘		

尔时大慧菩萨摩诃萨。复白佛言。世尊。一切外道皆起无常妄想。世尊亦说一切行无常。是生灭法。此义云何。为邪、为正、为有几种无常。佛告大慧。一切外道。有七种无常。非我法也。何等为七。彼有说言。作已而舍。是名无常。有说形处坏。是名无常。有说即色是无常。有说色转变中间。是名无常。无间自之散坏。如乳酪等转变。中间不可见。无常毁坏。一切性转。有说性无常。有说性无性无常。有说一切法不生无常。入一切法。大慧。性无性无常者。谓四大及所造。自相坏。四大自性。不可得。不生。彼不生无常者。非常无常。一切法有无不生。分析乃至微尘。不可见。是不生义。非生。是名不生无常相。若不觉此者。堕一切外道生无常义。大慧。性无常者。是自心妄想。非常无常性。所以者何。谓无常自性不坏。大慧。此是一切性无性。无常事。除无常。无有能令一切法性无性者。如杖瓦石。破坏诸物。现见各各不异。是性无常事。非作所作有差别。此是无常。此是事。作所作无异者。一切性常。无因性。大慧。一切性。无性有因。非凡愚所知。非因不相似事生。若生者。一切性悉皆无常。是不相似事。作所作。无有别异而悉见有异。若性无常者。堕作因性相。若堕者。一切性不究竟。一切性作因相堕者。自无常。应无常。无常无常故。一切性不无常。应是常。若无常入一切性者。应堕三世。彼过去色与坏俱未来不生。色不生故。现在色与坏相俱。色者四大积集差别。四大及造色。自性不坏。离异不异故。一切外道一。切四大不坏。一切三有。四大及造色。在所知。有生灭。离四大造色。一切外道。于何所思惟性无常。四大不生。自性相不坏故。离始造无常者。非四大。复有异四大。各各异相自相故。非差别可得。彼无差别。斯等不更造。二方便不作。当知是无常。彼形处坏无常者。谓四大及造色不坏。至竟不坏。大慧。竟者分析乃至微尘。观察坏四大及造色。形处异见。长短不可得。非四大。四大不坏。形处坏现。堕在数论。色即无常者。谓色即是无常。彼则形处无常。非四大。若四大无常者。非俗数言说。世俗言说非性者。则堕世论。见一

切性。但有言说。不见自相生。转变无常者。谓色异性现。非四大。如金作庄严具。转变现。非金性坏。但庄严具处所坏。如是余性转变等亦如是。如是等种种外道。无常见妄想。火烧四大时。自相不烧。各各自相相坏者。四大造色应断。大慧。我法起非常非无常。所以者何。谓外性不决定故。唯说三有微心。不说种种相。有生有灭。四大合会差别。四大及造色故。妄想二种事摄所摄。知二种妄想。离外性无性二种见。觉自心现量妄想者。思想作行生。非不作行。离心性无性妄想。世间出世间。上上一切法。非常非无常。不觉自心现量。堕二边恶见相续。一切外道。不觉自妄想。此凡夫无有根本。谓世间出世间上上法。从说妄想生。非凡愚所觉。尔时世尊欲重宣此义。而说偈言。

  远离于始造 及与形处异 性与色无常 外道愚妄想
  诸性无有坏 大大自性住 外道无常想 没在种种见
  彼诸外道等 无若生若灭 大大性自常 何谓无常想
  一切唯心量 二种心流转 摄受及所摄 无有我我所
  梵天为树根 枝条普周遍 如是我所说 惟是彼心量

尔时大慧菩萨复白佛言。世尊。惟愿为说一切菩萨声闻缘觉。灭正受次第相续。若善于灭正受次第相续相者。我及余菩萨。终不妄舍灭正受乐门。不堕一切声闻缘觉外道愚痴。佛告大慧。谛听谛听。善思念之。当为汝说。大慧白佛言。世尊。惟愿为说。佛告大慧。六地菩萨摩诃萨。及声闻缘觉。入灭正受。第七地菩萨摩诃萨。念念正受。离一切性自性相正受。非声闻缘觉。诸声闻缘觉。堕有行觉。摄所摄相。灭正受。是故七地。非念正受。得一切法无差别相。非分得种种相性。觉一切法。善不善性相正受。是故七地无善念正受。大慧。八地菩萨。及声闻缘觉。心意意识。妄想相灭。初地乃至七地菩萨摩诃萨。观三界心意意识量。离我我所。自妄想修。堕外性种种相。愚夫二种自心。摄所摄。向无知。不觉无始过恶。虚伪习气所熏。大慧。八地菩萨摩诃萨。声闻缘觉。涅槃菩萨者。三昧觉所持。是故三昧门乐。不般涅槃。若不持者。如来地不满足。弃舍一切有为众生事故。佛种则应断。诸佛世尊。为示如来不可思议无量功德。声闻缘觉三昧门。得乐所牵故。作涅槃想。大慧。我分部七地。善修心意意识相。善修我我所。摄受人法无我。生灭自共相。善四无碍。决定力三昧门地。次第相续。入道品法。不令菩萨摩诃萨不觉自共相。不善七地。堕外道邪径。故立地次第。大慧。彼实无有若生若灭。除自心现量。所谓地次第相续。及三界种种行。愚夫所不觉。愚夫所不觉者。谓我及诸佛。说地次第相续。及说三界种种行。复次大慧。声闻缘觉第八菩萨地。灭三昧门乐。醉所醉。不善自心现量。自共相习气所障。堕人法无我。法摄受见。妄想涅槃想。非寂灭智慧觉。大慧。菩萨者。见灭三昧门乐。本愿哀悯。大悲成就。知分别十无尽句。不妄想涅槃想。彼已涅槃妄想不生故。离摄所摄妄想。觉了自心现量。一切诸法。妄想不生。不堕心意意识。外性自性相计著妄想。非佛法因不生。随智慧生。得如来自觉地。如人梦中。方便度水。未度而觉。觉已思惟。为正为邪。非正非邪。余无始见闻觉识。因想。种种习气。种种形处。堕有无想。心意意识梦现。大慧。如是菩萨摩诃萨。于第八菩萨地。见妄想生。从初地转进至第七地。见一切法。如幻等方便。度摄所摄心。妄想行已。作佛法方便。未得者令得。大慧。此是菩萨涅槃。方便不坏。离心意意识。得无生法忍。大慧。于第一义。无次第相续。说无所有妄想寂灭法。尔时世尊欲重宣此义。而说偈言。

　　　心量无所有　此住及佛地　去来及现在　三世诸佛说
　　　心量地第七　无所有第八　二地名为住　佛地名最胜
　　　自觉智及净　此则是我地　自在最胜处　清净妙庄严
　　　照曜如盛火　光明悉遍至　炽焰不坏目　周轮化三有
　　　化现在三有　或有先时化　于彼演说乘　皆是如来地
　　　十地则为初　初则为八地　第九则为七　七亦复为八
　　　第二为第三　第四为第五　第三为第六　无所有何次

尔时大慧菩萨复白佛言。世尊。如来应供等正觉。为常为无常。佛告大慧。如来应供等正觉。非常非无常。谓二俱有过。若常者有作主过。常者一切外道说。作者无所作。是故如来常非常。非作常。有过故。若如来无常者。有作无常过。阴所相。相无性。阴坏则应断。而如来不断。大慧。一切所作皆无常。如瓶衣等一切。皆无常过。一切智。众具方便。应无义。以所作故。一切所作。皆应是如来。无差别因性故。是故大慧。如来非常非无常。复次大慧。如来非如虚空常。如虚空常者。自觉圣智众具。无义过。大慧。譬如虚空。非常非无常。离常、无常。一、异。俱、不俱。常、无常过。故不可说。是故如来非常。复次大慧。若如来无生常者。如兔马等角。以无生常故。方便无义。以无生常过。故如来非常。复次大慧。更有余事。知如来常。所以者何。谓无间所得智常。故如来常。大慧。若如来出世。若不出世。法毕定住。声闻缘觉诸佛如来。无间住。不住虚空。亦非愚夫之所觉知。大慧。如来所得智。是般若所熏。非心意意识。彼诸阴界入处所熏。大慧。一切三有。皆是不实妄想所生。如来不从不实虚妄想生。大慧。以二法故。有常无常。非不二不二者寂静。一切法无二生相故。是故如来应供等正觉。非常非无常。大慧。乃至言说分别生。则有常无常过。分别觉灭者。则离愚夫常无常见。寂静慧者。永离常、无常。非常、无常熏。尔时世尊欲重宣此义。而说偈言。

　　　众具无义者　生常无常过　若无分别觉　永离常无常
　　　从其所立宗　则有众杂义　等观自心量　言说不可得

尔时大慧菩萨复白佛言。世尊。惟愿世尊。更为我说阴界入生灭。彼无有我。谁生谁灭。愚夫者。依于生灭。不觉苦尽。不识涅槃。佛言。善哉。谛听。当为汝说。大慧白佛言。唯然受教。佛告大慧。如来之藏。是善不善因。能遍兴造一切趣生。譬如伎儿。变现诸趣。离我我所。不觉彼故。三缘和合。方便而生。外道不觉。计著作者。为无始虚伪恶习所薰。名为识藏。生无明住地。与七识俱。如海浪身。常生不断。离无常过。离于我论。自性无垢。毕竟清净。其余诸识。有生有灭意意识等。念念有七。因不实妄想。取诸境界。种种形处。计著名相。不觉自心所现色相。不觉苦乐。不至解脱。名相诸缠。贪生生贪。若因若攀缘。彼诸受根灭。次第不生。余自心妄想。不知苦乐。入灭受想正受第四禅。善真谛解脱。修行者。作解脱想。不离不转。名如来藏识藏。七识流转不灭。所以者何。彼因攀缘诸识生故。非声闻缘觉修行境界。不觉无我。自共相摄受。生阴界入。见如来藏。五法自性。人法无我则灭。地次第相续转进。余外道见不能倾动。是名住菩萨不动地。得十三昧道门乐。三昧觉所持。观察不思议佛法。自愿不受三昧门乐。及实际向自觉圣趣。不共一切声闻缘觉。及诸外道所修行道。得十贤圣种性道。及身智意生。离三昧行。是故大慧菩萨摩诃萨。欲求胜进者。当净如来藏。及藏识名。大慧。若无识藏名。如来藏者。则无生灭。大慧。然诸凡圣悉有生灭。修行者自觉圣趣。现法乐住。不舍方便。大慧。此如来藏识藏。一切声闻缘觉。心想所见。虽自性清净。客尘所覆故。犹见不净。非诸如来。大慧。如来者。现前境界。犹如掌中。视阿摩勒果。大慧。我于此义。以神力建立。令胜鬘夫人。及利智满足诸菩萨等。宣扬演说如来藏。及识藏名。与七识俱生。声闻计著。见人法无我。故胜鬘夫人承佛威神。说如来境界。非声闻缘觉及外道境界。如来藏识藏。唯佛及余利智依义菩萨。智慧境界。是故汝及余菩萨摩诃萨。于如来藏识藏。当勤修学。莫但闻觉。作知足想。尔时世尊欲重宣此义。而说偈言。

甚深如来藏　而与七识俱　二种摄受生　智者则远离
如镜像现心　无始习所薰　如实观察者　诸事悉无事
如愚见指月　观指不观月　计著名字者　不见我真实
心为工伎儿　意如和伎者　五识为伴侣　妄想观伎众

尔时大慧菩萨白佛言。世尊。惟愿为说五法自性识。二种无我究竟分别相。我及余菩萨摩诃萨。于一切地次第。相续分别此法。入一切佛法。入一切佛法者。乃至如来自觉地。佛告大慧。谛听谛听。善思念之。大慧白佛。唯然受教。佛告大慧。五法自性识。二种无我。分别趣相者。谓名、相、妄想、正智、如如、若修行者、修行。入如来自觉圣趣。离于断、常、有、无等见。现法乐正受住。现在前。大慧。不觉彼五法自性识。二无我。自心现外性。凡夫妄想。非诸贤圣。大慧白佛言。世尊。云何愚夫妄想生。非诸圣贤。佛告大慧。愚夫计著俗数名相。随心流散。流散已。种种相像貌。堕我我所见。希望计著妙色。计著已。无知覆障。故生染著。染著已。贪恚痴所生业积集。积集已。妄想自缠如蚕作茧。堕生死海。诸趣旷野。如汲井轮。以愚痴故。不能知。如幻野马水月。自性离我我所。起于一切不实妄想。离相所相。及生住灭。从自心妄想生。非自在时节微尘胜妙生。愚痴凡夫。随名相流。大慧。彼相者。眼识所照。名为色。耳鼻舌身意意识所照。名为声香味触法。是名为相。大慧。彼妄想者。施设众名。显示诸相。如此不异。象马车步男女等名。是名妄想。大慧。正智者。彼名相不可得。犹如过客。诸识不生。不断。不常。不堕一切外道声闻缘觉之地。复次大慧。菩萨摩诃萨以此正智。不立名相。非不立名相。舍离二见。建立及诽谤。知名相不生。是名如如。大慧。菩萨摩诃萨。住如如者。得无所有境界故。得菩萨欢喜地。得菩萨欢喜地已。永离一切外道恶趣。正住出世间趣。法相成熟。分别幻等一切法。自觉法趣相。离诸妄想。见性异相。次第乃至法云地。于其中间。三昧力自在。神通开敷。得如来地已。种种变化。圆照示现。成熟众生。如水中月。善究竟满足十无尽句。为种种意解众生。分别说法。法身离意所作。是名菩萨入如如所得。

尔时大慧菩萨白佛言。世尊。云何世尊为三种自性入于五法。为各有自相宗。

佛告大慧。三种自性及八识。二种无我。悉入五法。大慧。彼名及相。是妄想自性。大慧。若依彼妄想。生心心法。名俱时生。如日光俱。种种相各别。分别持。是名缘起自性。大慧。正智如如者。不可坏故。名成自性。复次大慧。自心现妄想。八种分别。谓识藏、意、意识及五识身相者。不实相妄想故。我我所二摄受灭。二无我生。是故大慧。此五法者。声闻缘觉菩萨如来。自觉圣智。诸地相续次第。一切佛法悉入其中。复次大慧。五法者。相、名、妄想、如如、正智。大慧。相者。若处所。形相。色像等现。是名为相。若彼有如是相。名为瓶等。即此非余。是说为名。施设众名。显示诸相。瓶等。心心法。是名妄想。彼名彼相。毕竟不可得。始终无觉。于诸法无展转。离不实妄想。是名如如。真实决定。究竟自性不可得。彼是如相。我及诸佛。随顺入处。普为众生。如实演说。施设显示于彼。随入正觉。不断不常。妄想不起。随顺自觉圣趣。一切外道声闻缘觉。所不得相。是名正智。大慧。是名五法、三种自性、八识、二种无我。一切佛法悉入其中。是故大慧。当自方便学。亦教他人勿随于他。尔时世尊欲重宣此义。而说偈言。

　　五法三自性　　及与八种识　　二种无有我　　悉摄摩诃衍
　　名相虚妄想　　自性二种相　　正智及如如　　是则为成相

尔时大慧菩萨。复白佛言。世尊。如世尊所说句。过去诸佛。如恒河沙。未来现在。亦复如是。云何世尊。为如说而受。为更有余义。惟愿如来哀愍解说。佛告大慧。莫如说受。三世诸佛量。非如恒河沙。所以者何。过世间望。非譬所譬。以凡愚计常。外道妄想。长养恶见。生死无穷。欲令厌离生死趣轮。精勤胜进故。为彼说言。诸佛易见。非如优昙钵华难得见故。息方便求。有时复观诸受化者。作是说言。佛难值遇。如优昙钵华。优昙钵华。无已见今见当见。如来者。世间悉见。不以建立自通故。说言如来出世。如优昙钵华。大慧。自建立自通故。过世间望。彼诸凡愚所不能信。自觉圣智境界。无以为譬。真实如来。过心意意识所见之相。不可为譬。大慧。然我说譬。佛如恒沙。无有过咎。大慧。譬如恒沙。一切鱼鳖。输收摩罗。师子象马。人兽践踏。沙不念言。彼恼乱我。而生妄想。自性清净。无诸垢污。如来应供等正觉。自觉圣智恒河。大力神通自在等沙。一切外道诸人兽等。一切恼乱。如来不念而生妄想。如来寂然。无有念想。如来本愿。以三昧乐。安众生故。无有恼乱。犹如恒沙。等无有异。又断贪恚故。譬如恒沙。是地自性。劫尽烧时。烧一切地。而彼地大。不舍自性。与火大俱生故。其余愚夫。作地烧想。而地不烧。以火因故。如是大慧。如来法身。如恒沙不坏。大慧。譬如恒沙。无有限量。如来光明。亦复如是。无有限量。为成熟众生故。普照一切诸佛大众。大慧。譬如恒沙。别求异沙。永不可得。如是大慧。如来应供等正觉。无生死生灭。有因缘断故。大慧。譬如恒沙。增减不可得知。如是大慧。如来智慧。成熟众生。不增不减。非身法故。身法者。有坏。如来法身。非是身法。如压恒沙。油不可得。如是一切极苦众生。逼迫如来。乃至众生未得涅槃。不舍法界。自三昧愿乐。以大悲故。大慧。譬如恒沙随水而流。非无水也。如是大慧。如来所说一切诸法。随涅槃流。是故说言如恒河沙。如来不随诸去流转。去是坏义故。大慧。生死本际不可知。不知故。云何说去。大慧。去者断义。而愚夫不知。大慧白佛言。世尊。若众生。生死本际。不可知者。云何解脱可知。佛告大慧。无始虚伪过恶。妄想习气因灭。自心现知外义。妄想身转。解脱不灭。是故无边。非都无所有。为彼妄想。作无边等异名。观察内外。离于妄想。无异众生。智及尔焰。一切诸法。悉皆寂静。不识自心现妄想。故妄想生。若识则灭。尔时世尊欲重宣此义。而说偈言。

　　观察诸导师　犹如恒河沙　不坏亦不去　亦复不究竟
　　是则为平等　观察诸如来　犹如恒沙等　悉离一切过
　　随流而性常　是则佛正觉

尔时大慧菩萨。复白佛言。惟愿为说一切诸法刹那坏相。世尊。云何一切刹那。佛告大慧。谛听谛听。善思念之。当为汝说。佛告大慧。一切法者。谓善、不善。无记。有为、无为。世间、出世间。有罪、无罪。有漏、无漏。受、不受。大慧。略说心意意识及习气。是五受阴。因是心意意识习气。长养凡愚。善、不善妄想。大慧。修三昧乐。三昧正受。现法乐住。名为贤圣善无漏。大慧。善不善者。谓八识。何等为八。谓如来藏、名识藏、心意意识、及五识身。非外道所说。大慧。五识身者。心意意识俱。善不善相。展转变坏。相续流注。不坏身生。亦生亦灭。不觉自心现。次第灭。余识生。形相差别。摄受意识。五识俱。相应生。刹那时不住。名为刹那。大慧。刹那者名识藏。如来藏意俱生。识习气刹那。无漏习气非刹那。非凡愚所觉。计著刹那论。故不觉一切法。刹那非刹那。以断见。坏无为法。大慧。七识不流转。不受苦乐。非涅槃因。大慧。如来藏者。受苦乐。与因俱。若生若灭。四住地。无明住地所醉。凡愚不觉。刹那见。妄想熏心。复次大慧。如金金刚。佛舍利。得奇特性。终不损坏。大慧。若得无间有刹那者。圣应非圣。而圣未曾不圣。如金金刚。虽经劫数。称量不减。云何凡愚。不善于我隐覆之说。于内外一切法。作刹那想。大慧菩萨复白佛言。世尊。如世尊说。六波罗蜜满足。得成正觉。何等为六。佛告大慧。波罗蜜有三种分别。谓世间、出世间、出世间上上。大慧。世间波罗蜜者。我我所摄受计著。摄受二边。为种种受生处。乐色声香味触故。满足檀波罗蜜。戒忍精进禅定智慧亦如是。凡夫神通及生梵天。大慧。出世间波罗蜜者。声闻缘觉。堕摄受涅槃故。行六波罗蜜。乐自己涅槃乐。出世间上上波罗蜜者。觉自心现妄想量摄受。及自心二故。不生妄想。于诸趣摄受非分。自心色相不计著。为安乐一切众生故。生檀波罗蜜。起上上方便。即于彼缘妄想不生戒。是尸波罗蜜。即彼妄想不生忍。知摄所摄。是羼提波罗蜜。初中后夜。精勤方便。随顺修行方便。妄想不生。是毗梨耶波罗蜜。妄想悉灭。不堕声闻涅槃摄受。是禅波罗蜜。自心妄想。非性。智慧观察。不堕二边。先身转胜。而不可坏。得自觉圣趣。是般若波罗蜜。尔时世尊欲重宣此义。而说偈言。

空无常刹那	愚夫妄想作	如河灯种子	而作刹那想
刹那息烦乱	寂静离所作	一切法不生	我说刹那义
物生则有灭	不为愚者说	无间相续性	妄想之所熏
无明为其因	心则从彼生	乃至色未生	中间有何分
相续次第灭	余心随彼生	不住于色时	何所缘而生
以从彼生故	不如实因生	云何无所成	而知刹那坏
修行者正受	金刚佛舍利	光音天宫殿	世间不坏事
住于正法得	如来智具足	比丘得平等	云何见刹那
揵闼婆幻等	色无有刹那	于不实色等	视之若真实

尔时大慧菩萨。复白佛言。世尊。世尊记阿罗汉。得成阿耨多罗三藐三菩提。与诸菩萨等无差别。一切众生法不涅槃。谁至佛道。从初得佛。至般涅槃。于其中间。不说一字。亦无所答。如来常定故。亦无虑亦无察。化佛化作佛事。何故说识。刹那展转坏相。金刚力士

常随侍卫。何不施设本际。现魔魔业恶业果报。旃遮摩纳。孙陀利女。空钵而出。恶业障现。云何如来得一切种智。而不离诸过。佛告大慧。谛听谛听。善思念之。当为汝说。大慧白佛。善哉世尊。唯然受教。佛告大慧。为无余涅槃故。说诱进行菩萨行者。故此及余世界修菩萨行者。乐声闻乘涅槃。为令离声闻乘进向大乘。化佛授声闻记。非是法佛。大慧。因是故。记诸声闻与菩萨不异。大慧。不异者。声闻缘觉。诸佛如来。烦恼障断。解脱一味。非智障断。大慧。智障者。见法无我。殊胜清净烦恼障者。先习见人无我断。七识灭。法障解脱。识藏习灭。究竟清净。因本住法故。前后非性无尽本愿故。如来无虑无察。而演说法。正智所化故。念不妄故。无虑无察。四住地。无明住地。习气断故。二烦恼断。离二种死。觉人法无我。及二障断。大慧。心意意识眼识等七。刹那习气因。善无漏品离。不复轮转。大慧。如来藏者。轮转涅槃苦乐因。空乱意慧。愚痴凡夫所不能觉。大慧。金刚力士所随护者。是化佛耳。非真如来。大慧。真如来者。离一切根量。一切凡夫声闻缘觉。及外道根量悉灭。得现法乐住。无间法智忍故。非金刚力士所护。一切化佛。不从业生。化佛者非佛。不离佛。因陶家轮等。众生所作相而说法。非自通处。说自觉境界。复次大慧。愚夫依七识身灭。起断见。不觉识藏故。起常见。自妄想故。不知本际。自妄想慧灭故。解脱、四住地、无明住地。习气断故。一切过断。尔时世尊欲重宣此义。而说偈言。

三乘亦非乘	如来不磨灭	一切佛所说	说离诸过恶
为诸无间智	及无余涅槃	诱进诸下劣	是故隐覆说
诸佛所起智	即分别说道	诸乘非为乘	彼则非涅槃
欲色有及见	说是四住地	意识之所起	识宅意所住
意及眼识等	断灭说无常	或作涅槃见	而为说常住

尔时大慧菩萨以偈问曰。

彼诸菩萨等	志求佛道者	酒肉及与葱	饮食为云何
惟愿无上尊	哀愍为演说	愚夫所贪著	臭秽无名称
虎狼所甘嗜	云何而可食	食者生诸过	不食为福善
惟愿为我说	食不食罪福		

大慧菩萨说偈问已。复白佛言。惟愿世尊。为我等说。食不食肉。功德过恶。我及诸菩萨。于现在未来。当为种种希望食肉众生。分别说法。令彼众生慈心相向。得慈心已。各于住地。清净明了。疾得究竟无上菩提。声闻缘觉。自地止息已。亦复速成无上菩提。恶邪论法。诸外道辈。邪见断常。颠倒计著。尚有遮法。不听食肉。况复如来。世间救护。正法成就。而食肉耶。

佛告大慧。善哉善哉。谛听谛听。善思念之。当为汝说。

大慧白佛言。唯然受教。

佛告大慧。有无量因缘不应食肉。然我今当为汝略说。谓一切众生。从本已来。展转因缘。尝为六亲。以亲想故。不应食肉。驴螺骆驼狐狗牛马人兽等肉。屠者杂卖故。不应食肉。不净气分所生长故。不应食肉。众生闻气悉生恐怖。如旃陀罗。及谭婆等。狗见憎恶。惊怖群吠故。不应食肉。又令修行者慈心不生故。不应食肉。凡愚所嗜。臭秽不净。无善名称故。不应食肉。令诸咒术不成就故。不应食肉。以杀生者。见形起识。深味著故。不应食肉。彼食肉者。诸天所弃故。不应食肉。令口气臭故。不应食肉。多恶梦故。不应食肉。空闲林中虎狼闻香故。不应食肉。令饮食无节故。不应食肉。令修行者不生厌离故。不应食肉。我尝说言。凡所欲食。作食子肉想。作服药想故。不应食肉。听食肉者。无有是处。复次大慧。过去有王。名师子苏陀娑。食种种肉。遂至食人。臣民不堪。即便谋反。断其奉禄。以食肉者。有如是过故。不应食肉。复次大慧。凡诸杀者。为财利故。杀生屠贩。彼诸愚痴。食肉众生。以钱为网。而捕诸肉。彼杀生者。若以财物。若以钩网。取彼空行水陆众生。种种杀害。屠贩求利。大慧。亦无不教不求不想。而有鱼肉。以是义故。不应食肉。大慧。我有时说。遮五种肉。或制十种。今于此经。一切种。一切时。开除方便。一切悉断。大慧。如来应供等正觉。尚无所食。况食鱼肉。亦不教人。以大悲前行故。视一切众生犹如一子。是故不听令食子肉。尔时世尊欲重宣此义。而说偈言。

曾悉为亲属	鄙秽不净杂	不净所生长	闻气悉恐怖
一切肉与葱	及诸韭蒜等	种种放逸酒	修行常远离
亦常离麻油	及诸穿孔床	以彼诸细虫	于中极恐怖
饮食生放逸	放逸生诸觉	从觉生贪欲	是故不应食
由食生贪欲	贪令心迷醉	迷醉长爱欲	生死不解脱
为利杀众生	以财网诸肉	二俱是恶业	死堕叫呼狱
若无教想求	则无三净肉	彼非无因有	是故不应食
彼诸修行者	由是悉离远	十方佛世尊	一切咸呵责
展转更相食	死堕虎狼类	臭秽可厌恶	所生常愚痴
多生旃陀罗	猎师谭婆种	或生陀夷尼	及诸肉食性
罗刹猫狸等	遍于是中生	缚象与大云	央掘利魔罗
及此楞伽经	我悉制断肉	诸佛及菩萨	声闻所呵责
食已无惭愧	生生常痴冥	先说见闻疑	已断一切肉
妄想不觉知	故生食肉处	如彼贪欲过	障碍圣解脱
酒肉葱韭蒜	悉为圣道障	未来世众生	于肉愚痴说
言此净无罪	佛听我等食	食如服药想	亦如食子肉
知足生厌离	修行行乞食	安住慈心者	我说常厌离
虎狼诸恶兽	恒河同游止	若食诸血肉	众生悉恐怖
是故修行者	慈心不食肉	食肉无慈慧	永背正解脱
及违圣表相	是故不应食	得生梵志种	及诸修行处

智慧富贵家　斯由不食肉

大佛顶首楞严经

唐天竺·沙门般剌密帝译

卷一

如是我闻。一时佛在室罗筏城，祇桓精舍。与大比丘众，千二百五十人俱。皆是无漏大阿罗汉。佛子住持，善超诸有。能于国土，成就威仪。从佛转轮，妙堪遗嘱。严净毗尼，弘范三界。应身无量，度脱众生。拔济未来，越诸尘累。其名曰。大智舍利弗。摩诃目犍连。摩诃拘絺罗。富楼那弥多罗尼子。须菩提。优波尼沙陀等。而为上首。复有无量辟支无学。并其初心。同来佛所。属诸比丘休夏自恣。十方菩萨咨决心疑。钦奉慈严将求密义。即时如来敷座宴安。为诸会中，宣示深奥。法筵清众，得未曾有。迦陵仙音，遍十方界。恒沙菩萨，来聚道场。文殊师利而为上首。时波斯匿王，为其父王讳日营斋。请佛宫掖。自迎如来。广设珍羞无上妙味。兼复亲延诸大菩萨。城中复有长者居士同时饭僧。伫佛来应。佛敕文殊，分领菩萨及阿罗汉，应诸斋主。唯有阿难，先受别请。远游未还，不遑僧次。既无上座，及阿阇黎。途中独归。其日无供。即时阿难，执持应器，于所游城，次第循乞。心中初求最后檀越，以为斋主。无问净秽，刹利尊姓，及旃陀罗。方行等慈，不择微贱。发意圆成，一切众生，无量功德。阿难已知如来世尊，诃须菩提，及大迦叶，为阿罗汉，心不均平。钦仰如来，开阐无遮，度诸疑谤。经彼城隍，徐步郭门。严整威仪，肃恭斋法。尔时阿难，因乞食次，经历淫室，遭大幻术。摩登伽女，以娑毗迦罗先梵天咒，摄入淫席。淫躬抚摩，将毁戒体。

如来知彼淫术所加，斋毕旋归。王及大臣长者居士，俱来随佛，愿闻法要。于时世尊。顶放百宝无畏光明，光中出生千叶宝莲，有佛化身，结跏趺坐，宣说神咒。敕文殊师利将咒往护。恶咒消灭。提奖阿难，及摩登伽，归来佛所。阿难见佛。顶礼悲泣。恨无始来。一向多闻，未全道力。殷勤启请，十方如来得成菩提，妙奢摩他，三摩，禅那，最初方便。于时复有恒沙菩萨，及诸十方大阿罗汉，辟支佛等，俱愿乐闻。退坐默然，承受圣旨。

佛告阿难。汝我同气，情均天伦。当初发心，于我法中，见何胜相，顿舍世间深重恩爱。阿难白佛。我见如来三十二相。胜妙殊绝。

形体映彻，犹如琉璃。常自思惟，此相非是欲爱所生。何以故。欲气粗浊，腥臊交遘，脓血杂乱，不能发生胜净妙明紫金光聚。是以渴仰，从佛剃落。

佛言：善哉阿难。汝等当知一切众生，从无始来。生死相续，皆由不知常住真心性净明体。用诸妄想。此想不真，故有轮转。汝今欲研无上菩提真发明性。应当直心詶我所问。十方如来同一道故，出离生死，皆以直心。心言直故，如是乃至终始地位，中间永无诸委曲相。

阿难，我今问汝。当汝发心缘于如来三十二相，将何所见，谁为爱乐。阿难白佛言：世尊，如是爱乐，用我心目。由目观见如来胜相，心生爱乐。故我发心，愿舍生死。佛告阿难。如汝所说。真所爱乐，因于心目。若不识知心目所在，则不能得降伏尘劳。譬如国王，为贼所侵，发兵讨除。是兵要当知贼所在。使汝流转，心目为咎。吾今问汝，唯心与目，今何所在。

阿难白佛言：世尊，一切世间十种异生，同将识心居在身内。纵观如来青莲华眼，亦在佛面。我今观此浮根四尘，只在我面。如是识心，实居身内。佛告阿难。汝今现坐如来讲堂。观祇陀林今何所在。世尊，此大重阁清净讲堂，在给孤园。今祇陀林实在堂外。阿难，汝今堂中，先何所见。世尊，我在堂中，先见如来，次观大众。如是外望，方瞩林园。阿难，汝瞩林园，因何有见。世尊，此大讲堂，户牖开豁。故我在堂，得远瞻见。

尔时世尊，在大众中，舒金色臂，摩阿难顶。告示阿难及诸大众。有三摩提。名大佛顶首楞严王．具足万行．十方如来．一门超出．妙庄严路。汝今谛听。阿难顶礼，伏受慈旨。

佛告阿难。如汝所言，身在讲堂，户牖开豁，远瞩林园。亦有众生在此堂中，不见如来，见堂外者。阿难答言。世尊，在堂不见如来，能见林泉，无有是处。阿难，汝亦如是。汝之心灵一切明了。若汝现前所明了心实在身内，尔时先合了知内身。颇有众生，先见身中，后观外物，纵不能见心肝脾胃，爪生发长，筋转脉摇，诚合明了，如何不知。必不内知，云何知外。是故应知，汝言觉了能知之心，住在身内，无有是处。

阿难稽首而白佛言：我闻如来如是法音。悟知我心实居身外。所以者何。譬如灯光然于室中，是灯必能先照室内，从其室门，后及庭际。一切众生，不见身中，独见身外。亦如灯光，居在室外，不能照室。是义必明，将无所惑。同佛了义得无妄耶。

佛告阿难。是诸比丘，适来从我室罗筏城，循乞抟食，归祇陀林。我已宿斋。汝观比丘，一人食时，诸人饱不。阿难答言：不也，世尊。何以故。是诸比丘，虽阿罗汉，躯命不同。云何一人能令众饱。佛告阿难。若汝觉了知见之心，实在身外，身心相外，自不相干。则心所知，身不能觉。觉在身际，心不能知。我今示汝兜罗绵手，汝眼见时，心分别不。阿难答言：如是，世尊。佛告阿难。若相知者，云何在外。是故应知，汝言觉了能知之心，住在身外，无有是处。

阿难白佛言。世尊，如佛所言，不见内故，不居身内。身心相知，不相离故，不在身外。我今思惟，知在一处。佛言：处今何在。阿难言：此了知心，既不知内，而能见外。如我思忖，潜伏根里。犹如有人，取琉璃碗，合其两眼。虽有物合，而不留碍。彼根随见，随即分别。然我觉了能知之心，不见内者，为在根故。分明瞩外，无障碍者，潜根内故。佛告阿难。如汝所言，潜根内者，犹如琉璃。彼人当以琉璃笼眼，当见山河，见琉璃不。如是，世尊，是人当以琉璃笼眼，实见琉璃。佛告阿难。汝心若同琉璃合者，当见山河，何不见眼。若见眼者，眼即同境，不得成随。若不能见，云何说言此了知心，潜在根内，如琉璃合。是故应知，汝言觉了能知之心，潜伏根里，如琉璃合，无有是处。

阿难白佛言。世尊，我今又作如是思惟。是众生身，腑藏在中，窍穴居外。有藏则暗。有窍则明。今我对佛，开眼见明，名为见外。闭眼见暗，名为见内。是义云何。佛告阿难。汝当闭眼见暗之时，此暗境界，为与眼对，为不对眼。若与眼对，暗在眼前，云何成内。若成内者，居暗室中，无日月灯，此室暗中，皆汝焦腑。若不对者，云何成见。若离外见，内对所成。合眼见暗，名为身中。开眼见明，何不见面。若不见面，内对不成。见面若成，此了知心，及与眼根，乃在虚空，何成在内。若在虚空，自非汝体。即应如来今见汝面，亦是汝身。汝眼已知，身合非觉。必汝执言身眼两觉，应有二知，即汝一身，应成两佛。是故应知，汝言见暗名见内者，无有是处。

阿难言。我尝闻佛开示四众。由心生故，种种法生。由法生故，种种心生。我今思惟，即思惟体，实我心性。随所合处，心则随有。亦非内外中间三处。佛告阿难。汝今说言，由法生故，种种心生。随所合处，心随有者。是心无体，则无所合。若无有体而能合者，则十九界因七尘合。是义不然。若有体者，如汝以手自挃其体。汝所知心，为复内出，为从外入。若复内出，还见身中。若从外来，先合见面。阿难言：见是其眼。心知非眼。为见非义。佛言：若眼能见，汝在室中，门能见不。则诸已死，尚有眼存，应皆见物。若见物者，云何名死。阿难，又汝觉了能知之心，若必有体，为复一体，为有多体。今在汝身，为复遍体，为不遍体。若一体者，则汝以手挃一支时，四支应觉。若咸觉者，挃应无在。若挃有所，则汝一体，自不能成。若多体者，则成多人，何体为汝。若遍体者，同前所挃。若不遍者，当汝触头，亦触其足，头有所觉，足应无知。今汝不然。是故应知，随所合处，心则随有，无有是处。

阿难白佛言。世尊，我亦闻佛，与文殊等诸法王子，谈实相时，世尊亦言，心不在内，亦不在外。如我思惟，内无所见，外不相知。内无知故，在内不成。身心相知，在外非义。今相知故，复内无见，当在中间。佛言：汝言中间，中必不迷，非无所在。今汝推中，中何为在。为复在处。为当在身。若在身者，在边非中，在中同内。若在处者，为有所表，为无所表。无表同无。表则无定。何以故。如人以表，表为中时，东看则西，南观成北。表体既混，心应杂乱。阿难言：我所说中，非此二种。如世尊言，眼色为缘，生于眼识。眼有分别，色尘无知。识生其中，则为心在。佛言。汝心若在根尘之中，此之心体，为复兼二，为不兼二。若兼二者，物体杂乱。物非体知，成敌两立，云何为中。兼二不成，非知不知，即无体性，中何为相。是故应知，当在中间，无有是处。

阿难白佛言。世尊，我昔见佛，与大目连、须菩提、富楼那、舍利弗，四大弟子，共转法轮。常言觉知分别心性，既不在内，亦不在外，不在中间，俱无所在，一切无著，名之为心。则我无著，名为心不。佛告阿难。汝言觉知分别心性，俱无在者。世间虚空，水陆飞行，诸所物象，名为一切。汝不著者，为在为无。无则同于龟毛兔角，云何不著。有不著者，不可名无。无相则无，非无则相，相有则在，云何无著。是故应知，一切无著，名觉知心，无有是处。

尔时阿难，在大众中，即从座起，偏袒右肩，右膝著地，合掌恭敬，而白佛言：我是如来最小之弟，蒙佛慈爱，虽今出家，犹恃憍怜。所以多闻未得无漏。不能折伏娑毗罗咒。为彼所转，溺于淫舍。当由不知真际所诣。惟愿世尊，大慈哀愍，开示我等奢摩他路，令诸阐提。隳弥戾车。作是语已，五体投地，及诸大众，倾渴翘伫，钦闻示诲。

尔时世尊，从其面门，放种种光。其光晃耀，如百千日。普佛世界，六种震动。如是十方微尘国土，一时开现。佛之威神，令诸世界合成一界。其世界中，所有一切诸大菩萨，皆住本国，合掌承听。

佛告阿难。一切众生，从无始来，种种颠倒，业种自然，如恶叉聚。诸修行人，不能得成无上菩提，乃至别成声闻缘觉，及成外道，诸天魔王，及魔眷属。皆由不知二种根本，错乱修习。犹如煮沙，欲成嘉馔，纵经尘劫，终不能得。云何二种。阿难，一者，无始生死根本。则汝今者，与诸众生，用攀缘心，为自性者。二者，无始菩提涅槃元清净体。则汝今者识精元明，能生诸缘，缘所遗者。由诸众生，遗此本明，虽终日行，而不自觉，枉入诸趣。

阿难，汝今欲知奢摩他路，愿出生死。今复问汝。即时如来举金色臂，屈五轮指，语阿难言。汝今见不。阿难言见。佛言，汝何所见。阿难言。我见如来举臂屈指，为光明拳，耀我心目。佛言：汝将谁见。阿难言：我与大众，同将眼见。佛告阿难。汝今答我，如来屈指为光明拳，耀汝心目。汝目可见，以何为心，当我拳耀。阿难言：如来现今征心所在。而我以心推穷寻逐，即能推者，我将为心。佛言。咄。阿难，此非汝心。阿难矍然，避座合掌，起立白佛：此非我心，当名何等？佛告阿难：此是前尘虚妄相想，惑汝真性。由汝无始至于今生，认贼为子，失汝元常，故受轮转。

阿难白佛言：世尊，我佛宠弟，心爱佛故，令我出家。我心何独供养如来。乃至遍历恒沙国土，承事诸佛，及善知识，发大勇猛，行诸一切难行法事，皆用此心。纵令谤法，永退善根，亦因此心。若此发明不是心者，我乃无心同诸土木，离此觉知，更无所有。云何如来说此非心。我实惊怖。兼此大众，无不疑惑。惟垂大悲，开示未悟。

尔时世尊。开示阿难。及诸大众。欲令心入无生法忍。于师子座，摩阿难顶，而告之言：如来常说诸法所生，唯心所现。一切因果，世界微尘，因心成体。阿难，若诸世界，一切所有，其中乃至草叶缕结，诘其根元，咸有体性。纵令虚空，亦有名貌。何况清净妙净明心，性一切心，而自无体。若汝执吝，分别觉观，所了知性，必为心者。此心即应离诸一切色香味触诸尘事业，别有全性。如汝今者承听我法，此则因声而有分别。纵灭一切见闻觉知，内守幽闲，犹为法尘分别影事。我非敕汝，执为非心。但汝于心，微细揣摩。若离前尘有分别性，即真汝心。若分别性，离尘无体，斯则前尘分别影事。尘非常住，若变灭时，此心则同龟毛兔角，则汝法身同于断灭，其谁修证，无生法忍。即时阿难，与诸大众，默然自失。佛告阿难。世间一切诸修学人，现前虽成九次第定，不得漏尽成阿罗汉，皆由执此生死妄想，误为真实。是故汝今虽得多闻不成圣果。

阿难闻已。重复悲泪，五体投地，长跪合掌，而白佛言：自我从佛发心出家，恃佛威神。常自思惟，无劳我修，将谓如来惠我三昧。不知身心本不相代。失我本心。虽身出家，心不入道。譬如穷子，舍父逃逝。今日乃知：虽有多闻，若不修行，与不闻等。如人说食，终不能饱。世尊，我等今者，二障所缠。良由不知寂常心性。惟愿如来，哀愍穷露，发妙明心，开我道眼。

即时如来，从胸卍字，涌出宝光。其光晃昱有百千色。十方微尘，普佛世界，一时周遍。遍灌十方所有宝刹诸如来顶。旋至阿难，及诸大众。告阿难言：吾今为汝建大法幢。亦令十方一切众生，获妙微密，性净明心，得清净眼。阿难，汝先答我见光明拳。此拳光明，因何所有。云何成拳。汝将谁见。阿难言：由佛全体阎浮檀金，赩如宝山，清净所生，故有光明。我实眼观，五轮指端，屈握示人，故有拳相。佛告阿难。如来今日实言告汝。诸有智者，要以譬喻而得开悟。阿难，譬如我拳，若无我手，不成我拳。若无汝眼，不成汝见。以汝眼根，例我拳理，其义均不。阿难言：唯然世尊。既无我眼，不成我见。以我眼根，例如来拳，事义相类。佛告阿难。汝言相类，是义不然。何以故。如无手人，拳毕竟灭。彼无眼者，非见全无。所以者何。汝试于途，询问盲人，汝何所见。彼诸盲人，必来答汝，我今眼前，唯见黑暗，更无他瞩。以是义观，前尘自暗，见何亏损。阿难言：诸盲眼前，唯睹黑暗，云何成见。佛告阿难。诸盲无眼，唯观黑暗，与有眼人，处于暗室，二黑有别，为无有别。如是世尊。此暗中人，与彼群盲，二黑校量，曾无有异。阿难，若无眼人，全见前黑，忽得眼光，还于前尘见种种色，名眼见者。彼暗中人，全见前黑，忽获灯光，亦于前尘见种种色，应名灯见。若灯见者，灯能有见，自不名灯。又则灯观，何关汝事。是故当知，灯能显色。如是见者，是眼非灯。眼能显色，如是见性，是心非眼。

　　阿难虽复得闻是言，与诸大众，口已默然，心未开悟。犹冀如来慈音宣示，合掌清心，伫佛悲诲。

　　尔时世尊。舒兜罗绵网相光手，开五轮指，诲敕阿难，及诸大众。我初成道，于鹿园中，为阿若多五比丘等，及汝四众言。一切众生，不成菩提，及阿罗汉，皆由客尘烦恼所误。汝等当时，因何开悟，今成圣果。

　　时憍陈那，起立白佛。我今长老，于大众中，独得解名。因悟客尘二字成果。世尊，譬如行客，投寄旅亭，或宿或食，食宿事毕，俶装前途，不遑安住。若实主人，自无攸往。如是思惟，不住名客，住名主人，以不住者，名为客义。又如新霁。清旸升天，光入隙中，发明空中诸有尘相。尘质摇动，虚空寂然。如是思惟，澄寂名空。摇动名尘。以摇动者，名为尘义。

　　佛言如是。即时如来，于大众中，屈五轮指，屈已复开，开已又屈。谓阿难言：汝今何见。阿难言：我见如来百宝轮掌，众中开合。佛告阿难。汝见我手，众中开合。为是我手，有开有合。为复汝见，有开有合。阿难言：世尊宝手，众中开合。我见如来手自开合。非我见性有开有合。佛言：谁动谁静。阿难言：佛手不住。而我见性，尚无有静，谁为无住。佛言如是。如来于是从轮掌中，飞一宝光，在阿难右。即时阿难，回首右盼。又放一光，在阿难左，阿难又则回首左盼。佛告阿难。汝头今日何因摇动。阿难言：我见如来出妙宝光，来我左右，故左右观，头自摇动。阿难，汝盼佛光，左右动头，为汝头动，为复见动。世尊，我头自动，而我见性尚无有止，谁为摇动。佛言如是。于是如来，普告大众，若复众生，以摇动者名之为尘。以不住者，名之为客。汝观阿难头自动摇，见无所动。又汝观我手自开合，见无舒卷。云何汝今，以动为身，以动为境。从始洎终，念念生灭，遗失真性，颠倒行事。性心失真，认物为己。轮回是中，自取流转。

卷二

尔时阿难，及诸大众。闻佛示诲，身心泰然。念无始来，失却本心。妄认缘尘，分别影事。今日开悟，如失乳儿，忽遇慈母。合掌礼佛。愿闻如来，显出身心，真妄虚实，现前生灭与不生灭，二发明性。

时波斯匿王，起立白佛。我昔未承诸佛诲敕。见迦旃延毗罗胝子。咸言此身死后断灭，名为涅槃。我虽值佛，今犹狐疑。云何发挥证知此心，不生灭地。今此大众，诸有漏者，咸皆愿闻。

佛告大王。汝身现在。今复问汝。汝此肉身，为同金刚常住不朽，为复变坏。世尊，我今此身，终从变灭。佛言大王。汝未曾灭，云何知灭。世尊，我此无常变坏之身。虽未曾灭。我观现前，念念迁谢，新新不住。如火成灰，渐渐销殒。殒亡不息。决知此身，当从灭尽。佛言：如是，大王，汝今生龄，已从衰老，颜貌何如童子之时。世尊，我昔孩孺，肤腠润泽。年至长成，血气充满。而今颓龄。迫于衰耄，形色枯悴，精神昏昧，发白面皱，逮将不久，如何见比充盛之时。佛言大王。汝之形容，应不顿朽。王言世尊。变化密移，我诚不觉。寒暑迁流，渐至于此。何以故。我年二十，虽号年少。颜貌已老初十岁时。三十之年，又衰二十。于今六十，又过于二，观五十时，宛然强壮。世尊，我见密移。虽此殂落。其间流易，且限十年。若复令我微细思惟，其变宁唯一纪二纪，实为年变。岂唯年变，亦兼月化。何直月化，兼又日迁。沉思谛观，刹那刹那，念念之间，不得停住。故知我身，终从变灭。

佛告大王。汝见变化，迁改不停，悟知汝灭。亦于灭时，汝知身中有不灭耶。波斯匿王。合掌白佛。我实不知。佛言，我今示汝不生灭性。大王，汝年几时，见恒河水。王言：我生三岁，慈母携我，谒耆婆天，经过此流，尔时即知是恒河水。佛言大王。如汝所说，二十之时，衰于十岁，乃至六十，日月岁时，念念迁变。则汝三岁见此河时，至年十三，其水云何。王言：如三岁时，宛然无异。乃至于今，年六十二，亦无有异，佛言：汝今自伤发白面皱。其面必定皱于童年。则汝今时，观此恒河，与昔童时，观河之见，有童耄不。王言：不也，世尊。佛言大王。汝面虽皱，而此见精，性未曾皱。皱者为变。不皱非变。变者受灭。彼不变者，元无生灭。云何于中受汝生死。而犹引彼末伽黎等，都言此身死后全灭。王闻是言。信知身后舍生趣生。与诸大众，踊跃欢喜，得未曾有。

阿难即从座起。礼佛合掌，长跪白佛。世尊，若此见闻，必不生灭，云何世尊，名我等辈，遗失真性，颠倒行事。愿兴慈悲，洗我尘垢。

即时如来垂金色臂，轮手下指，示阿难言。汝今见我母陀罗手，为正为倒。阿难言：世间众生，以此为倒，而我不知谁正谁倒。佛告阿难。若世间人，以此为倒，即世间人，将何为正。阿难言：如来竖臂，兜罗绵手，上指于空，则名为正。佛即竖臂，告阿难言：若此颠倒，首尾相换。诸世间人，一倍瞻视。则知汝身，与诸如来清净法身，比类发明，如来之身，名正遍知。汝等之身，号性颠倒。随汝谛观。汝身佛身，称颠倒者，名字何处，号为颠倒。

于时阿难与诸大众，瞪瞢瞻佛，目睛不瞬，不知身心，颠倒所在。佛兴慈悲，哀愍阿难及诸大众。发海潮音，遍告同会。诸善男子，我常说言，色心诸缘，及心所使诸所缘法，唯心所现。汝身汝心，皆是妙明真精妙心中所现物。云何汝等，遗失本妙，圆妙明心，宝明妙性。认悟中迷。晦昧为空，空晦暗中，结暗为色。色杂妄想，想相为身。聚缘内摇，趣外奔逸。昏扰扰相，以为心性。一迷为心，决定惑为色身之内。不知色身，外洎山河虚空大地，咸是妙明真心中物。譬如澄清百千大海弃之。唯认一浮沤体，目为全潮，穷尽瀛渤。汝等即是迷中倍人。如我垂手。等无差别。如来说为可怜愍者。

阿难承佛悲救深诲。垂泣叉手，而白佛言：我虽承佛如是妙音，悟妙明心，元所圆满，常住心地。而我悟佛现说法音，现以缘心，允所瞻仰，徒获此心，未敢认为本元心地。愿佛哀愍，宣示圆音。拔我疑根，归无上道。

佛告阿难。汝等尚以缘心听法，此法亦缘，非得法性。如人以手，指月示人。彼人因指，当应看月。若复观指以为月体，此人岂唯亡失月轮，亦亡其指。何以故。以所标指为明月故。岂唯亡指。亦复不识明之与暗。何以故。即以指体，为月明性。明暗二性，无所了故。汝亦如是，若以分别我说法音，为汝心者。此心自应离分别音有分别性。譬如有客，寄宿旅亭，暂止便去，终不常住。而掌亭人，都无所去，名为亭主。此亦如是。若真汝心，则无所去。云何离声，无分别性。斯则岂唯声分别心。分别我容，离诸色相，无分别性。如是乃至分别都无，非色非空，拘舍离等，昧为冥谛。离诸法缘，无分别性。则汝心性，各有所还，云何为主。

阿难言：若我心性，各有所还。则如来说，妙明元心，云何无还。惟垂哀愍，为我宣说。

佛告阿难。且汝见我，见精明元。此见虽非妙精明心。如第二月，非是月影。汝应谛听。今当示汝无所还地。阿难：此大讲堂，洞开东方，日轮升天，则有明耀。中夜黑月，云雾晦暝，则复昏暗。户牖之隙，则复见通。墙宇之间，则复观壅。分别之处，则复见缘。顽虚之中，遍是空性。郁孛之象，则纡昏尘。澄霁敛氛，又观清净。阿难：汝咸看此诸变化相。吾今各还本所因处。云何本因。阿难：此诸变化：明还日轮。何以故。无日不明，明因属日，是故还日。暗还黑月。通还户牖。壅还墙宇。缘还分别,顽虚还空。郁孛还尘。清明还霁。则诸世间一切所有,不出斯类。汝见八种见精明性,当欲谁还。何以故。若还于明,则不明时,无复见暗。虽明暗等,种种差别,见无差别。诸可还者,自然非汝。不汝还者,非汝而谁。则知汝心,本妙明净,汝自迷闷。丧本受轮,于生死中,常被漂溺。是故如来,名可怜愍。

阿难言:我虽识此见性无还。云何得知是我真性。

佛告阿难。吾今问汝。今汝未得无漏清净。承佛神力,见于初禅,得无障碍。而阿那律。见阎浮提,如观掌中庵摩罗果。诸菩萨等,见百千界。十方如来,穷尽微尘,清净国土,无所不瞩。众生洞视,不过分寸。阿难:且吾与汝,观四天王所住宫殿。中间遍览水陆空行。虽有昏明,种种形像。无非前尘,分别留碍。汝应于此,分别自他。今吾将汝,择于见中,谁是我体,谁为物象。阿难。极汝见源,从日月宫,是物非汝。至七金山,周遍谛观,虽种种光,亦物非汝。渐渐更观,云腾鸟飞,风动尘起,树木山川,草芥人畜,咸物非汝。阿难。是诸近远诸有物性,虽复差殊,同汝见精,清净所瞩。则诸物类,自有差别,见性无殊。此精妙明,诚汝见性。若见是物,则汝亦可见吾之见。若同见者,名为见吾。吾不见时,何不见吾不见之处。若见不见,自然非彼不见之相。若不见吾不见之地,自然非物,云何非汝。又则汝今见物之时。汝既见物,物亦见汝。体性纷杂,则汝与我,并诸世间,不成安立。阿难:若汝见时,是汝非我,见性周遍,非汝而谁。云何自疑汝之真性,性汝不真,取我求实。

阿难白佛言:世尊。若此见性,必我非余。我与如来,观四天王胜藏宝殿,居日月宫,此见周圆,遍娑婆国。退归精舍,只见伽蓝。清心户堂,但瞻檐庑。世尊。此见如是,其体本来周遍一界。今在室中,唯满一室,为复此见缩大为小。为当墙宇夹令断绝。我今不知斯义所在。愿垂弘慈为我敷演。

佛告阿难:一切世间大小内外,诸所事业,各属前尘,不应说言见有舒缩。譬如方器,中见方空。吾复问汝。此方器中所见方空,为复定方,为不定方。若定方者,别安圆器,空应不圆。若不定者,在方器中,应无方空。汝言不知斯义所在。义性如是。云何为在。阿难:若复欲令入无方圆。但除器方,空体无方。不应说言,更除虚空方相所在。若如汝问,入室之时,缩见令小。仰观日时,汝岂挽见齐于日面。若筑墙宇,能夹见断。穿为小窦,宁无续迹。是义不然。一切众生,从无始来,迷己为物,失于本心,为物所转。故于是中,观大观小。若能转物,则同如来,身心圆明,不动道场。于一毛端,遍能含受十方国土。

阿难白佛言:世尊,若此见精,必我妙性。今此妙性,现在我前,见必我真。我今身心,复是何物。而今身心分别有实。彼见无别分辨我身。若实我心，令我今见。见性实我，而身非我。何殊如来先所难言，物能见我。惟垂大慈，开发未悟。

佛告阿难：今汝所言，见在汝前，是义非实。若实汝前，汝实见者，则此见精，既有方所，非无指示。且今与汝坐只陀林，遍观林渠，及与殿堂，上至日月，前对恒河。汝今于我师子座前，举手指陈，是种种相。阴者是林。明者是日。碍者是壁。通者是空。如是乃至草树纤毫，大小虽殊。但可有形，无不指著。若必其见，现在汝前。汝应以手确实指陈，何者是见。阿难当知。若空是见，既已成见，何者是空。若物是见，既已是见，何者为物。汝可微细披剥万象，析出精明净妙见元，指陈示我，同彼诸物，分明无惑。

阿难言：我今于此重阁讲堂，远洎恒河，上观日月，举手所指，纵目所观，指皆是物，无是见者。世尊。如佛所说，况我有漏初学声闻，乃至菩萨，亦不能于万物象前，剖出精见，离一切物，别有自性。

佛言：如是如是。佛复告阿难。如汝所言。无有见精，离一切物，别有自性。则汝所指是物之中，无是见者。今复告汝。汝与如来，坐祇陀林，更观林苑，乃至日月，种种象殊，必无见精，受汝所指。

汝又发明此诸物中，何者非见。阿难言：我实遍见此祇陀林。不知是中何者非见。何以故。若树非见，云何见树。若树即见，复云何树。如是乃至若空非见，云何见空。若空即见。复云何空。我又思惟，是万象中，微细发明，无非见者。

佛言：如是如是。于是大众，非无学者，闻佛此言，茫然不知是义终始，一时惶悚，失其所守。如来知其魂虑变慴。心生怜愍。安慰阿难，及诸大众。诸善男子。无上法王。是真实语，如所如说，不诳不妄。非末伽黎，四种不死矫乱论议。汝谛思惟，无忝哀慕。

是时文殊师利法王子。愍诸四众，在大众中，即从座起，顶礼佛足，合掌恭敬，而白佛言：世尊，此诸大众，不悟如来发明二种精见色空。是非是义。世尊。若此前缘色空等象，若是见者，应有所指。若非见者，应无所瞩。而今不知是义所归。故有惊怖。非是畴昔善根轻鲜。惟愿如来大慈发明，此诸物象，与此见精，元是何物，于其中间，无是非是。

佛告文殊，及诸大众：十方如来，及大菩萨，于其自住三摩地中，见与见缘，并所想相，如虚空华，本无所有。此见及缘，元是菩提妙净明体。云何于中有是非是。文殊。吾今问汝。如汝文殊。更有文殊是文殊者。为无文殊。

如是世尊。我真文殊。无是文殊。何以故。若有是者，则二文殊。然我今日，非无文殊。于中实无是非二相。

佛言：此见妙明，与诸空尘，亦复如是。本是妙明.无上菩提.净圆真心。妄为色空。及与闻见。如第二月，谁为是月，又谁非月。文殊。但一月真。中间自无是月非月。是以汝今观见与尘，种种发明，名为妄想。不能于中出是非是。由是真精妙觉明性。故能令汝出指非指。

阿难白佛言：世尊。诚如法王所说，觉缘遍十方界，湛然常住，性非生灭。与先梵志娑毗迦罗，所谈冥谛，及投灰等诸外道种，说有真我遍满十方，有何差别。世尊亦曾于楞伽山，为大慧等敷演斯义。彼外道等，常说自然，我说因缘，非彼境界。我今观此觉性自然非生非灭，远离一切虚妄颠倒，似非因缘，与彼自然。云何开示，不入群邪，获真实心妙觉明性。

佛告阿难。我今如是开示方便，真实告汝。汝犹未悟，惑为自然。阿难。若必自然，自须甄明有自然体。汝且观此妙明见中，以何为自。此见为复以明为自，以暗为自，以空为自，以塞为自。阿难。若明为自，应不见暗。若复以空为自体者，应不见塞。如是乃至诸暗等相以为自者，则于明时，见性断灭，云何见明。

阿难言。必此妙见，性非自然。我今发明，是因缘生。心犹未明，咨询如来。是义云何，合因缘性。

佛言。汝言因缘。吾复问汝。汝今因见见性现前。此见为复因明有见，因暗有见，因空有见，因塞有见。阿难。若因明有，应不见暗。如因暗有，应不见明。如是乃至因空因塞，同于明暗。复次阿难。此见又复缘明有见，缘暗有见，缘空有见，缘塞有见。阿难。若缘空有，应不见塞。若缘塞有，应不见空。如是乃至缘明缘暗，同于空塞。当知如是精觉妙明，非因非缘，亦非自然，非不自然，无非不非，无是非是，离一切相，即一切法。汝今云何于中措心。以诸世间戏论名相，而得分别。如以手掌撮摩虚空，只益自劳。虚空云何随汝执捉。

阿难白佛言：世尊，必妙觉性，非因非缘。世尊云何常与比丘，宣说见性具四种缘。所谓因空因明，因心因眼，是义云何。佛言：阿难。我说世间诸因缘相，非第一义。阿难。吾复问汝。诸世间人，说我能见。云何名见。云何不见。

阿难言：世人因于日月灯光，见种种相，名之为见。若复无此三种光明，则不能见。

阿难。若无明时，名不见者，应不见暗。若必见暗，此但无明，云何无见。阿难。若在暗时，不见明故，名为不见。今在明时，不见暗相，还名不见。如是二相，俱名不见。若复二相自相陵夺，非汝见性于中暂无。如是则知二俱名见，云何不见。是故阿难。汝今当知，见明之时，见非是明。见暗之时，见非是暗。见空之时，见非是空。见塞之时，见非是塞。四义成就。汝复应知。见见之时，见非是见。见犹离见，见不能及，云何复说因缘自然，及和合相。汝等声闻，狭劣无识，不能通达清净实相。吾今诲汝。当善思惟。无得疲怠妙菩提路。

阿难白佛言：世尊。如佛世尊为我等辈，宣说因缘，及与自然，诸和合相，与不和合，心犹未开。而今更闻见见非见，重增迷闷。伏愿弘慈，施大慧目，开示我等觉心明净。作是语已，悲泪顶礼，承受圣旨。

尔时世尊，怜愍阿难，及诸大众。将欲敷演大陀罗尼.诸三摩提.妙修行路。告阿难言。汝虽强记，但益多闻，于奢摩他微密观照，心犹未了。汝今谛听。吾当为汝分别开示。亦令将来，诸有漏者，获菩提果。阿难。一切众生，轮回世间，由二颠倒分别见妄，当处发生，当业轮转。云何二见，一者，众生别业妄见。二者，众生同分妄见。

云何名为别业妄见。阿难，如世间人，目有赤眚，夜见灯光别有圆影，五色重叠。于意云何。此夜灯明所现圆光，为是灯色，为当见色。阿难。此若灯色，则非眚人何不同见。而此圆影，唯眚之观。若是见色，见已成色，则彼眚人见圆影者，名为何等。复次阿难。若此圆影离灯别有，则合傍观屏帐几筵，有圆影出。离见别有，应非眼瞩，云何眚人目见圆影。是故当知，色实在灯，见病为影。影见俱眚，见眚非病。终不应言是灯是见。于是中有非灯非见。如第二月，非体非影。何以故。第二之观，捏所成故。诸有智者，不应说言，此捏根元，是形非形，离见非见。此亦如是，目眚所成。今欲名谁，是灯是见。何况分别，非灯非见。

云何名为同分妄见。阿难。此阎浮提，除大海水，中间平陆，有三千洲。正中大洲东西括量，大国凡有二千三百。其余小洲在诸海中，其间或有三两百国。或一或二，至于三十四十五十。阿难。若复此中，有一小洲，只有两国。唯一国人，同感恶缘。则彼小洲，当土众生，睹诸一切不祥境界。或见二日，或见两月，其中乃至晕适佩玦，彗孛飞流，负耳虹霓，种种恶相。但此国见，彼国众生，本所不见，亦复不闻。

阿难。吾今为汝。以此二事，进退合明。阿难。如彼众生。别业妄见，瞩灯光中所现圆影，虽现似境，终彼见者，目眚所成。眚即见劳，非色所造。然见眚者，终无见咎。例汝今日，以目观见山河国土。及诸众生，皆是无始见病所成。见与见缘，似现前境。元我觉明见所缘眚。觉见即眚。本觉明心，觉缘非眚。觉所觉眚，觉非眚中，此实见见，云何复名觉闻知见。是故汝今见我及汝，并诸世间十类众生，皆即见眚。非见眚者，彼见真精，性非眚者，故不名见。阿难。如彼众生同分妄见，例彼妄见别业一人。一病目人，同彼一国。彼见圆影，眚妄所生。此众同分所现不祥，同见业中，瘴恶所起。俱是无始见妄所生。例阎浮提三千洲中，兼四大海，娑婆世界，并洎十方诸有漏国，及诸众生。同是觉明无漏妙心，见闻觉知虚妄病缘，和合妄生，和合妄死。若能远离诸和合缘，及不和合，则复灭除诸生死因。圆满菩提，不生灭性。清净本心，本觉常住。

阿难。汝虽先悟本觉妙明，性非因缘，非自然性。而犹未明如是觉元，非和合生，及不和合。阿难。吾今复以前尘问汝。汝今犹以一切世间妄想和合，诸因缘性，而自疑惑，证菩提心和合起者。则汝今者妙净见精。为与明和，为与暗和，为与通和，为与塞和。若明和者，且汝观明，当明现前，何处杂见，见相可辨，杂何形像。若非见者，云何见明。若即见者，云何见见。必见圆满，何处和明。若明圆满，不合见和。见必异明。杂则失彼性明名字。杂失明性，和明非义。彼暗与通，及诸群塞，亦复如是。复次阿难。又汝今者妙净见精，为与明合，为与暗合，为与通合，为与塞合。若明合者，至于暗时，明相已灭，此见即不与诸暗合，云何见暗。若见暗时，不与暗合，与明合者，应非见明。既不见明，云何明合，了明非暗。彼暗与通，及诸群塞，亦复如是。

阿难白佛言：世尊。如我思惟，此妙觉元，与诸缘尘，及心念虑，非和合耶。佛言：汝今又言觉非和合。吾复问汝。此妙见精非和合者，为非明和，为非暗和，为非通和，为非塞和。若非明和，则见与明，必有边畔。汝且谛观，何处是明，何处是见，在见在明，自何为畔。阿难。若明际中必无见者，则不相及，自不知其明相所在，畔云何成。彼暗与通，及诸群塞，亦复如是。又妙见精，非和合者，为非明合，为非暗合，为非通合，为非塞合。若非明合，则见与明，性相乖角。如耳与明，了不相触。见且不知明相所在，云何甄明合非合理。彼暗与通，及诸群塞，亦复如是。

阿难。汝犹未明一切浮尘，诸幻化相，当处出生，随处灭尽。幻妄称相，其性真为妙觉明体。如是乃至五阴六入，从十二处，至十八界，因缘和合，虚妄有生，因缘别离，虚妄名灭。殊不能知生灭去来本如来藏。常住妙明，不动周圆妙真如性。性真常中，求于去来迷悟生死，了无所得。

阿难。云何五阴，本如来藏妙真如性。

阿难。譬如有人，以清净目，观晴明空，唯一晴虚，迥无所有。其人无故，不动目睛，瞪以发劳，则于虚空，别见狂华，复有一切狂乱非相。色阴当知亦复如是。阿难。是诸狂华，非从空来，非从目出。如是阿难。若空来者，既从空来，还从空入。若有出入，即非虚空。空若非空，自不容其华相起灭。如阿难体，不容阿难。若目出者，既从目出，还从目入。即此华性从目出故，当合有见。若有见者，去既华空，旋合见眼。若无见者，出既翳空，旋当翳眼。又见华时，目应无翳。云何睛空，号清明眼。是故当知色阴虚妄，本非因缘，非自然性。

阿难。譬如有人，手足宴安，百骸调适，忽如忘生，性无违顺。

其人无故，以二手掌，于空相摩，于二手中，妄生涩滑冷热诸相。受阴当知亦复如是。阿难。是诸幻触，不从空来，不从掌出。如是阿难。若空来者，既能触掌，何不触身。不应虚空，选择来触。若从掌出，应非待合。又掌出故，合则掌知，离则触入，臂腕骨髓，应亦觉知入时踪迹。必有觉心，知出知入。自有一物身中往来。何待合知，要名为触。是故当知，受阴虚妄，本非因缘，非自然性。

阿难。譬如有人，谈说酢梅，口中水出。思蹋悬崖，足心酸涩。想阴当知，亦复如是。阿难。如是酢说，不从梅生，非从口入。如是阿难。若梅生者，梅合自谈，何待人说。若从口入，自合口闻，何须待耳。若独耳闻，此水何不耳中而出。想蹋悬崖，与说相类。是故当知，想阴虚妄，本非因缘，非自然性。

阿难。譬如瀑流，波浪相续，前际后际，不相踰越。行阴当知，亦复如是。阿难。如是流性，不因空生，不因水有，亦非水性，非离空水。如是阿难。若因空生，则诸十方无尽虚空，成无尽流，世界自然俱受沦溺。若因水有，则此瀑流，性应非水，有所有相，今应现在。若即水性，则澄清时，应非水体。若离空水，空非有外，水外无流。是故当知，行阴虚妄，本非因缘，非自然性。

阿难。譬如有人，取频伽瓶，塞其两孔，满中擎空，千里远行，用饷他国。识阴当知亦复如是。阿难。如是虚空，非彼方来，非此方入，如是阿难。若彼方来，则本瓶中既贮空去，于本瓶地，应少虚空。若此方入，开孔倒瓶，应见空出。是故当知，识阴虚妄，本非因缘，非自然性。

卷三

复次阿难。云何六入，本如来藏妙真如性。阿难。即彼目睛瞪发劳者，兼目与劳，同是菩提瞪发劳相。因于明暗二种妄尘，发见居中，吸此尘象，名为见性。此见离彼明暗二尘，毕竟无体。如是阿难。当知是见，非明暗来，非于根出，不于空生。何以故。若从明来，暗即随灭，应非见暗。若从暗来，明即随灭，应无见明。若从根生，必无明暗。如是见精，本无自性。若于空出，前瞩尘象，归当见根。又空自观，何关汝入。是故当知眼入虚妄。本非因缘，非自然性。

阿难。譬如有人，以两手指，急塞其耳，耳根劳故，头中作声，兼耳与劳，同是菩提瞪发劳相。因于动静二种妄尘，发闻居中，吸此尘象，名听闻性。此闻离彼动静二尘，毕竟无体。如是阿难，当知是闻，非动静来，非于根出，不于空生。何以故。若从静来，动即随灭，应非闻动。若从动来，静即随灭，应无觉静。若从根生，必无动静。如是闻体，本无自性。若于空出，有闻成性，即非虚空。又空自闻，何关汝入。是故当知，耳入虚妄。本非因缘，非自然性。

阿难。譬如有人，急畜其鼻，畜久成劳，则于鼻中，闻有冷触，因触分别，通塞虚实，如是乃至诸香臭气。兼鼻与劳，同是菩提瞪发劳相。因于通塞二种妄尘，发闻居中，吸此尘象，名嗅闻性。此闻离彼通塞二尘，毕竟无体。当知是闻，非通塞来，非于根出，不于空生。何以故。若从通来，塞则闻灭，云何知塞。如因塞有，通则无闻，云何发明香臭等触。若从根生，必无通塞。如是闻机，本无自性。若从空出，是闻自当回嗅汝鼻。空自有闻，何关汝入。是故当知鼻入虚妄。本非因缘，非自然性。

阿难。譬如有人，以舌舐吻，熟舐令劳。其人若病，则有苦味。无病之人，微有甜触。由甜与苦，显此舌根，不动之时，淡性常在。兼舌与劳，同是菩提瞪发劳相。因甜苦淡二种妄尘，发知居中，吸此尘象，名知味性。此知味性，离彼甜苦及淡二尘，毕竟无体。如是阿难。当知如是尝苦淡知，非甜苦来，非因淡有，又非根出，不于空生。何以故。若甜苦来，淡则知灭，云何知淡。若从淡出，甜即知亡，复云何知甜苦二相。若从舌生，必无甜淡及与苦尘。斯知味根，本无自性。若于空出，虚空自味，非汝口知。又空自知，何关汝入。是故当知，舌入虚妄。本非因缘，非自然性。

阿难。譬如有人，以一冷手，触于热手。若冷势多，热者从冷。若热功胜，冷者成热。如是以此合觉之触，显于离知。涉势若成，因于劳触。兼身与劳，同是菩提瞪发劳相。因于离合二种妄尘，发觉居中，吸此尘象。名知觉性。此知觉体，离彼离合违顺二尘，毕竟无体。如是阿难。当知是觉，非离合来，非违顺有，不于根出，又非空生。何以故。若合时来，离当已灭，云何觉离。违顺二相，亦复如是。若从根出，必无离合违顺四相。则汝身知，元无自性。必于空出，空自知觉，何关汝入。是故当知身入虚妄。本非因缘，非自然性。

阿难。譬如有人，劳倦则眠，睡熟便寤，览尘斯忆，失忆为忘，是其颠倒生住异灭，吸习中归，不相踰越，称意知根。兼意与劳，同是菩提瞪发劳相。因于生灭二种妄尘，集知居中，吸撮内尘，见闻逆流，流不及地，名觉知性。此觉知性，离彼寤寐生灭二尘，毕竟无体。如是阿难。当知如是觉知之根，非寤寐来，非生灭有，不于根出，亦非空生。何以故。若从寤来，寐即随灭，将何为寐。必生时有，灭即同无，令谁受灭。若从灭有，生即灭无，谁知生者。若从根出，寤寐二相，随身开合，离斯二体，此觉知者，同于空华，毕竟无性。若从空生，自是空知，何关汝入。是故当知，意入虚妄。本非因缘，非自然性。

复次阿难。云何十二处，本如来藏妙真如性。

阿难。汝且观此只陀树林，及诸泉池。于意云何。此等为是色生眼见，眼生色相。阿难。若复眼根，生色相者。见空非色，色性应销。销则显发一切都无。色相既无，谁明空质。空亦如是。若复色尘，生眼见者。观空非色，见即销亡。亡则都无，谁明空色。是故当知见与色空，俱无处所。即色与见，二处虚妄。本非因缘，非自然性。

阿难。汝更听此祇陀园中，食办击鼓，众集撞钟，钟鼓音声，前后相续。于意云何。此等为是声来耳边，耳往声处。阿难。若复此声，来于耳边，如我乞食室罗筏城。在只陀林，则无有我。此声必来阿难耳处。目连迦叶，应不俱闻。何况其中一千二百五十沙门，一闻钟声。同来食处。若复汝耳，往彼声边。如我归住祇陀林中。在室罗城，则无有我。汝闻鼓声，其耳已往击鼓之处，钟声齐出，应不俱闻。何况其中象马牛羊，种种音响。若无来往，亦复无闻。是故当知听与音声，俱无处所，即听与声，二处虚妄。本非因缘，非自然性。

阿难。汝又嗅此炉中栴檀，此香若复然于一铢，室罗筏城四十里内，同时闻气。于意云何。此香为复生栴檀木，生于汝鼻，为生于空。阿难。若复此香，生于汝鼻，称鼻所生，当从鼻出。鼻非栴檀，云何鼻中有栴檀气。称汝闻香，当于鼻入。鼻中出香，说闻非义。若生于空，空性常恒，香应常在，何藉炉中，爇此枯木。若生于木，则此香质，因爇成烟。若鼻得闻，合蒙烟气。其烟腾空，未及遥远，四十里内，云何已闻。是故当知，香鼻与闻，俱无处所。即嗅与香，二处虚妄。本非因缘，非自然性。

阿难。汝常二时，众中持钵，其间或遇酥酪醍醐，名为上味。于意云何。此味为复生于空中，生于舌中，为生食中。阿难。若复此味，生于汝舌，在汝口中，只有一舌，其舌尔时已成酥味，遇黑石蜜，应不推移。若不变移，不名知味。若变移者，舌非多体，云何多味一舌之知。若生于食，食非有识，云何自知。又食自知，即同他食，何预于汝，名味之知。若生于空，汝啖虚空，当作何味。必其虚空若作咸味，既咸汝舌，亦咸汝面，则此界人，同于海鱼。既常受咸，了不知淡。若不识淡，亦不觉咸。必无所知，云何名味。是故当知，味舌与尝，俱无处所。即尝与味，二俱虚妄。本非因缘，非自然性。

阿难。汝常晨朝以手摩头。于意云何。此摩所知，谁为能触，能为在手，为复在头。若在于手，头则无知，云何成触。若在于头，手则无用，云何名触。若各各有，则汝阿难，应有二身。若头与手一触所生，则手与头，当为一体。若一体者，触则无成。若二体者，触谁为在。在能非所，在所非能。不应虚空与汝成触。是故当知，觉触与身，俱无处所。即身与触，二俱虚妄。本非因缘，非自然性。

阿难。汝常意中。所缘善恶无记三性，生成法则。此法为复即心所生，为当离心，别有方所。阿难。若即心者，法则非尘。非心所缘，云何成处。若离于心，别有方所，则法自性，为知非知。知则名心，异汝非尘，同他心量。即汝即心，云何汝心，更二于汝。若非知者，此尘既非色声香味，离合冷暖，及虚空相，当于何在。今于色空，都无表示，不应人间，更有空外。心非所缘，处从谁立。是故当知，法则与心，俱无处所。则意与法，二俱虚妄。本非因缘，非自然性。

复次阿难。云何十八界，本如来藏妙真如性。

阿难。如汝所明，眼色为缘，生于眼识。此识为复因眼所生，以眼为界。因色所生，以色为界。阿难。若因眼生，既无色空，无可分别，纵有汝识，欲将何用。汝见又非青黄赤白，无所表示，从何立界。若因色生，空无色时，汝识应灭，云何识知是虚空性。若色变时，汝亦识其色相迁变，汝识不迁，界从何立。从变则变，界相自无。不变则恒。既从色生，应不识知虚空所在。若兼二种，眼色共生，合则中离，离则两合，体性杂乱，云何成界。是故当知眼色为缘，生眼识界，三处都无。则眼与色，及色界三，本非因缘，非自然性。

阿难。又汝所明，耳声为缘，生于耳识。此识为复因耳所生，以耳为界。因声所生，以声为界。阿难。若因耳生，动静二相，既不现前，根不成知。必无所知，知尚无成，识何形貌。若取耳闻，无动静故，闻无所成。云何耳形，杂色触尘，名为识界。则耳识界，复从谁立。若生于声，识因声有，则不关闻，无闻则亡声相所在。识从声生，许声因闻而有声相，闻应闻识，不闻非界。闻则同声。识已被闻，谁知闻识。若无知者，终如草木。不应声闻杂成中界。界无中位，则内外相，复从何成。是故当知，耳声为缘，生耳识界，三处都无。则耳与声，及声界三，本非因缘，非自然性。

阿难。又汝所明，鼻香为缘，生于鼻识。此识为复因鼻所生，以鼻为界。因香所生，以香为界。阿难。若因鼻生，则汝心中，以何为鼻？为取肉形双爪之相，为取嗅知动摇之性？若取肉形，肉质乃身，身知即触，名身非鼻，名触即尘。鼻尚无名，云何立界。若取嗅知，又汝心中，以何为知。以肉为知，则肉之知，元触非鼻。以空为知，空则自知，肉应非觉。如是则应虚空是汝，汝身非知。今日阿难，应无所在。以香为知，知自属香，何预于汝。若香臭气，必生汝鼻，则彼香臭二种流气，不生伊兰。及栴檀木。二物不来，汝自嗅鼻，为香为臭。臭则非香，香应非臭。若香臭二俱能闻者，则汝一人，应有两鼻。对我问道，有二阿难，谁为汝体。若鼻是一，香臭无二，臭既为香，香复成臭。二性不有，界从谁立。若因香生，识因香有。如眼有见，不能观眼。因香有故，应不知香。知即非生。不知非识。香非知有，香界不成。识不知香，因界则非从香建立。既无中间，不成内外。彼诸闻性，毕竟虚妄。是故当知，鼻香为缘，生鼻识界，三处都无。则鼻与香，及香界三，本非因缘，非自然性。

阿难。又汝所明，舌味为缘，生于舌识。此识为复因舌所生，以舌为界。因味所生，以味为界。阿难。若因舌生，则诸世间甘蔗、乌梅、黄连、石盐、细辛、姜、桂、都无有味。汝自尝舌，为甜为苦。若舌性苦，谁来尝舌。舌不自尝，孰为知觉。舌性非苦，味自不生，云何立界。若因味生，识自为味，同于舌根，应不自尝，云何识知是味非味。又一切味，非一物生。味既多生，识应多体。识体若一，体必味生，咸淡甘辛，和合俱生，诸变异相，同为一味，应无分别。分别既无，则不名识，云何复名舌味识界。不应虚空，生汝心识。舌味和合，即于是中元无自性，云何界生。是故当知，舌味为缘，生舌识界，三处都无。则舌与味，及舌界三，本非因缘，非自然性。

阿难。又汝所明，身触为缘，生于身识。此识为复因身所生，以身为界。因触所生，以触为界。阿难。若因身生，必无合离二觉观缘，身何所识。若因触生，必无汝身，谁有非身知合离者。阿难。物不触知，身知有触。知身即触，知触即身。即触非身，即身非触。身触二相，元无处所。合身即为身自体性。离身即是虚空等相。内外不成，中云何立。中不复立，内外性空。则汝识生，从谁立界。是故当知，身触为缘，生身识界，三处都无。则身与触，及身界三，本非因缘，非自然性。

阿难。又汝所明，意法为缘，生于意识。此识为复因意所生，以意为界，因法所生，以法为界。阿难。若因意生，于汝意中，必有所思，发明汝意。若无前法，意无所生。离缘无形，识将何用。又汝识心，与诸思量，兼了别性，为同为异。同意即意，云何所生。异意不同，应无所识。若无所识，云何意生。若有所识，云何识意。唯同与异，二性无成，界云何立。若因法生，世间诸法，不离五尘。汝观色法，及诸声法，香法味法，及与触法，相状分明，以对五根，非意所摄，汝识决定依于法生。今汝谛观，法法何状。若离色空，动静通塞，合离生灭，越此诸相，终无所得。生则色空诸法等生。灭则色空诸法等灭。所因既无，因生有识，作何形相。相状不有，界云何生。是故当知，意法为缘，生意识界，三处都无。则意与法，及意界三，本非因缘，非自然性。

阿难白佛言：世尊。如来常说和合因缘，一切世间种种变化，皆因四大和合发明。云何如来，因缘自然，二俱排摈。我今不知，斯义所属。惟垂哀愍，开示众生，中道了义，无戏论法。

尔时世尊，告阿难言：汝先厌离声闻缘觉诸小乘法，发心勤求无上菩提。故我今时，为汝开示第一义谛。如何复将世间戏论，妄想因缘，而自缠绕。汝虽多闻，如说药人，真药现前，不能分别。如来说为真可怜愍。汝今谛听，吾当为汝，分别开示。亦令当来修大乘者，通达实相。阿难默然，承佛圣旨。

阿难。如汝所言四大和合，发明世间种种变化。阿难。若彼大性，体非和合，则不能与诸大杂和。犹如虚空，不和诸色。若和合者，同于变化。始终相成，生灭相续。生死死生，生生死死，如旋火轮，未有休息。阿难。如水成冰，冰还成水。汝观地性，粗为大地，细为微尘。至邻虚尘，析彼极微色边际相，七分所成。更析邻虚，即实空性。阿难。若此邻虚，析成虚空，当知虚空，出生色相。汝今问言，由和合故，出生世间诸变化相。汝且观此一邻虚尘，用几虚空，和合而有。不应邻虚，合成邻虚。又邻虚尘，析入空者，用几色相，合成虚空。若色合时，合色非空。若空合时，合空非色。色犹可析，空云何合。汝元不知如来藏中，性色真空，性空真色，清净本然，周遍法界。随众生心，应所知量，循业发现。世间无知，惑为因缘，及自然性。皆是识心，分别计度。但有言说。都无实义。

阿难。火性无我，寄于诸缘。汝观城中未食之家，欲炊爨时，手执阳燧。日前求火。阿难。名和合者，如我与汝，一千二百五十比丘，今为一众。众虽为一，诘其根本，各各有身，皆有所生氏族名字。如舍利弗，婆罗门种。优楼频螺，迦叶波种。乃至阿难，瞿昙种姓。阿难。若此火性，因和合有。彼手执镜，于日求火。此火为从镜中而出，为从艾出，为于日来。阿难。若日来者，自能烧汝手中之艾，来处林木，皆应受焚。若镜中出，自能于镜，出然于艾。镜何不镕。纡汝手执，尚无热相，云何融泮。若生于艾，何藉日镜光明相接，然后火生。汝又谛观，镜因手执，日从天来，艾本地生，火从何方游历于此。日镜相远，非和非合，不应火光，无从自有。汝犹不知如来藏中，性火真空，性空真火，清净本然，周遍法界，随众生心，应所知量。阿难。当知世人，一处执镜，一处火生。遍法界执，满世间起。起遍世间，宁有方所，循业发现。世间无知，惑为因缘，及自然性。皆是识心，分别计度。但有言说，都无实义。

阿难。水性不定，流息无恒。如室罗城，迦毗罗仙，斫迦罗仙，及钵头摩，诃萨多等，诸大幻师，求太阴精，用和幻药。是诸师等，于白月昼，手执方诸，承月中水，此水为复从珠中出，空中自有，为从月来。阿难。若从月来，尚能远方令珠出水，所经林木，皆应吐流。流则何待方诸所出。不流，明水非从月降。若从珠出，则此珠中，常应流水，何待中宵承白月昼。若从空生，空性无边，水当无际，从人洎天，皆同滔溺。云何复有水陆空行。汝更谛观，月从天陟。珠因手持，承珠水盘，本人敷设，水从何方，流注于此。月珠相远，非和非合，不应水精，无从自有。汝尚不知，如来藏中，性水真空，性空真水，清净本然，周遍法界。随众生心，应所知量。一处执珠，一处水出。遍法界执，满法界生。生满世间，宁有方所，循业发现。世间无知，惑为因缘，及自然性。皆是识心，分别计度。但有言说，都无实义。

阿难。风性无体，动静不常。汝常整衣入于大众，僧伽梨角，动及傍人，则有微风拂彼人面。此风为复出袈裟角，发于虚空，生彼人面。阿难。此风若复，出袈裟角，汝乃披风，其衣飞摇，应离汝体。我今说法会中垂衣。汝看我衣，风何所在，不应衣中，有藏风地。若生虚空，汝衣不动，何因无拂。空性常住，风应常生。若无风时，虚空当灭。灭风可见，灭空何状。若有生灭，不名虚空。名为虚空，云何风出。若风自生被拂之面，从彼面生，当应拂汝。自汝整衣，云何倒拂。汝审谛观，整衣在汝，面属彼人，虚空寂然，不参流动，风自谁方鼓动来此。风空性隔，非和非合，不应风性，无从自有。汝宛不知如来藏中，性风真空，性空真风，清净本然，周遍法界。随众生心，应所知量。阿难。如汝一人微动服衣，有微风出。遍法界拂，满国土生。周遍世间，宁有方所，循业发现。世间无知，惑为因缘，及自然性。皆是识心，分别计度。但有言说，都无实义。

阿难。空性无形，因色显发。如室罗城，去河遥处，诸刹利种，及婆罗门，毗舍，首陀，兼颇罗堕，旃陀罗等，新立安居，凿井求水。出土一尺，于中则有一尺虚空。如是乃至出土一丈，中间还得一丈虚空。虚空浅深，随出多少，此空为当因土所出，因凿所有，无因自生。阿难。若复此空，无因自生，未凿土前，何不无碍，唯见大地，迥无通达。若因土出，则土出时，应见空入。若土先出无空入者，云何虚空因土而出。若无出入，则应空土元无异因。无异则同，则土出时，空何不出。若因凿出，则凿出空，应非出土。不因凿出，凿自出土，云何见空。汝更审谛，谛审谛观，凿从人手，随方运转，土因地移，如是虚空，因何所出。凿空虚实，不相为用，非和非合，不应虚空，无从自出。若此虚空，性圆周遍，本不动摇。当知现前地水火风，均名五大。性真圆融，皆如来藏，本无生灭。阿难。汝心昏迷，不悟四大元如来藏。当观虚空，为出为入，为非出入。汝全不知如来藏中，性觉真空，性空真觉，清净本然，周遍法界。随众生心，应所知量。阿难。如一井空，空生一井。十方虚空，亦复如是。圆满十方，宁有方所，循业发现。世间无知，惑为因缘。及自然性。皆是识心，分别计度，但有言说，都无实义。

阿难。见觉无知，因色空有。如汝今者，在祇陀林，朝明夕昏。设居中宵，白月则光，黑月便暗。则明暗等，因见分析。此见为复与明暗相，并太虚空，为同一体？为非一体？或同非同？或异非异？阿难。此见若复，与明与暗，及与虚空，元一体者。则明与暗，二体相亡。暗时无明，明时无暗。若与暗一，明则见亡。必一于明，暗时当灭。灭则云何，见明见暗。若明暗殊，见无生灭，一云何成。若此见精，与暗与明，非一体者。汝离明暗，及与虚空，分析见元，作何形相。离明离暗，及离虚空，是见元同，龟毛兔角。明暗虚空，三事俱异,从何立见。明暗相背,云何或同。离三元无,云何或异。分空分见,本无边畔,云何非同。见暗见明,性非迁改,云何非异。汝更细审微细审详,审谛审观,明从太阳,暗随黑月,通属虚空,壅归大地,如是见精,因何所出。见觉空顽,非和非合,不应见精,无从自出。若见闻知,性圆周遍,本不动摇。当知无边不动虚空,并其动摇地水火风,均名六大。性真圆融,皆如来藏,本无生灭。阿难。汝性沉沦,不悟汝之见闻觉知,本如来藏。汝当观此见闻觉知,为生为灭,为同为异。为非生灭,为非同异。汝曾不知如来藏中,性见觉明,觉精明见,清净本然,周遍法界。随众生心,应所知量。如一见根,见周法界。听嗅尝触,觉触觉知,妙德莹然,遍周法界。圆满十虚。宁有方所,循业发现。世间无知,惑为因缘,及自然性。皆是识心,分别计度。但有言说,都无实义。

　　阿难。识性无源,因于六种根尘妄出。汝今遍观此会圣众,用目循历。其目周视,但如镜中,无别分析。汝识于中次第标指,此是文殊,此富楼那,此目犍连,此须菩提,此舍利弗,此识了知,为生于见,为生于相,为生虚空,为无所因,突然而出。阿难。若汝识性,生于见中,如无明暗及与色空,四种必无,元无汝见,见性尚无,从何发识。若汝识性,生于相中,不从见生,既不见明,亦不见暗,明暗不瞩,即无色空,彼相尚无,识从何发。若生于空,非相非见。非见无辨,自不能知,明暗色空。非相灭缘,见闻觉知,无处安立。处此二非,空则同无,有非同物。纵发汝识,欲何分别。若无所因,突然而出,何不日中,别识明月。汝更细详,微细详审,见托汝睛,相推前境,可状成有,不相成无,如是识缘,因何所出。识动见澄,非和非合。闻听觉知,亦复如是,不应识缘,无从自出。若此识心,本无所从。当知了别见闻觉知,圆满湛然,性非从所。兼彼虚空地水火风,均名七大。性真圆融,皆如来藏,本无生灭。阿难。汝心粗浮,不悟见闻,发明了知,本如来藏。汝应观此六处识心,为同为异,为空为有,为非同异,为非空有。汝元不知,如来藏中,性识明知,觉明真识,妙觉湛然,遍周法界。含吐十虚,宁有方所,循业发现。世间无知,惑为因缘,及自然性,皆是识心,分别计度,但有言说,都无实义。

　　尔时阿难,及诸大众,蒙佛如来,微妙开示,身心荡然,得无挂碍。是诸大众,各各自知,心遍十方。见十方空,如观手中所持叶物。一切世间诸所有物,皆即菩提妙明元心。心精遍圆,含裹十方。反观父母,所生之身,犹彼十方,虚空之中,吹一微尘,若存若亡。如湛巨海,流一浮沤,起灭无从。了然自知,获本妙心,常住不灭。礼佛合掌,得未曾有。于如来前,说偈赞佛。

　　妙湛总持不动尊。首楞严王世希有。销我亿劫颠倒想。不历僧祇获法身。

愿今得果成宝王。还度如是恒沙众。将此深心奉尘刹。是则名为报佛恩。

伏请世尊为证明。五浊恶世誓先入。如一众生未成佛。终不于此取泥洹。

大雄大力大慈悲。希更审除微细惑。令我早登无上觉。于十方界坐道场。

舜若多性可销亡。烁迦罗心无动转。

卷四

尔时富楼那弥多罗尼子,在大众中,即从座起。偏袒右肩,右膝著地,合掌恭敬而白佛言:大威德世尊。善为众生敷演如来第一义谛。世尊常推说法人中,我为第一。今闻如来微妙法音,犹如聋人,逾百步外,聆于蚊蚋,本所不见,何况得闻。佛虽宣明,令我除惑,今犹未详斯义究竟无疑惑地。世尊。如阿难辈,虽则开悟,习漏未除。我等会中登无漏者,虽尽诸漏,今闻如来所说法音,尚纡疑悔。世尊。若复世间一切根尘阴处界等,皆如来藏清净本然。云何忽生山河大地诸有为相。次第迁流,终而复始。又如来说,地水火风,本性圆融,周遍法界,湛然常住。世尊。若地性遍,云何容水。水性周遍,火则不生。复云何明水火二性俱遍虚空,不相陵灭。世尊。地性障碍,空性虚通,云何二俱周遍法界。而我不知是义攸往。惟愿如来,宣流大慈,开我迷云,及诸大众。作是语已,五体投地,钦渴如来无上慈诲。

尔时世尊告富楼那,及诸会中漏尽无学诸阿罗汉。如来今日普为此会,宣胜义中真胜义性。令汝会中定性声闻,及诸一切.未得二空.回向上乘.阿罗汉等,皆获一乘寂灭场地,真阿练若,正修行处。汝今谛听。当为汝说,富楼那等,钦佛法音,默然承听。

佛言。富楼那。如汝所言,清净本然,云何忽生山河大地。汝常不闻如来宣说,性觉妙明,本觉明妙。富楼那言。唯然,世尊。我常闻佛宣说斯义。佛言。汝称觉明。为复性明,称名为觉。为觉不明,称为明觉。富楼那言。若此不明,名为觉者,则无所明。佛言。若无所明,则无明觉。有所非觉,无所非明。无明又非觉湛明性。性觉必明,妄为明觉。觉非所明。因明立所。所既妄立,生汝妄能。无同异中,炽然成异。异彼所异,因异立同。同异发明,因此复立无同无异。如是扰乱,相待生劳。劳久发尘,自相浑浊。由是引起尘劳烦恼。起为世界。静成虚空。虚空为同。世界为异。彼无同异,真有为法。

觉明空昧,相待成摇,故有风轮执持世界。因空生摇,坚明立碍，彼金宝者，明觉立坚，故有金轮保持国土。坚觉宝成，摇明风出，风金相摩，故有火光为变化性。宝明生润，火光上蒸，故有水轮含十方界。火腾水降，交发立坚，湿为巨海，干为洲潬。以是义故，彼大海中火光常起，彼洲潬中江河常注。水势劣火，结为高山。是故山石，击则成焰，融则成水。土势劣水，抽为草木，是故林薮遇烧成土，因绞成水。交妄发生，递相为种。以是因缘，世界相续。

复次富楼那。明妄非他，觉明为咎。所妄既立，明理不踰。以是因缘，听不出声，见不超色。色香味触，六妄成就。由是分开见觉闻知。同业相缠，合离成化。见明色发，明见想成。异见成憎，同想成爱。流爱为种，纳想为胎。交遘发生，吸引同业。故有因缘生羯罗蓝遏蒲昙等。胎卵湿化，随其所应。卵唯想生。胎因情有。湿以合感。化以离应。情想合离，更相变易。所有受业，逐其飞沈。以是因缘，众生相续。

富楼那。想爱同结，爱不能离，则诸世间父母子孙，相生不断，是等则以欲贪为本。贪爱同滋，贪不能止，则诸世间卵化湿胎，随力强弱，递相吞食，是等则以杀贪为本。以人食羊，羊死为人，人死为羊，如是乃至十生之类，死死生生，互来相啖，恶业俱生，穷未来际，是等则以盗贪为本。汝负我命，我还汝债，以是因缘，经百千劫，常在生死。汝爱我心，我怜汝色，以是因缘，经百千劫，常在缠缚。唯杀盗淫三为根本。以是因缘，业果相续。

富楼那。如是三种颠倒相续。皆是觉明，明了知性，因了发相，从妄见生。山河大地诸有为相。次第迁流。因此虚妄，终而复始。

富楼那言：若此妙觉本妙觉明，与如来心不增不减。无状忽生山河大地诸有为相。如来今得妙空明觉，山河大地有为习漏何当复生。佛告富楼那。譬如迷人，于一聚落，惑南为北，此迷为复因迷而有，因悟而出。富楼那言：如是迷人，亦不因迷，又不因悟。何以故。迷本无根，云何因迷。悟非生迷，云何因悟。佛言：彼之迷人，正在迷时。倏有悟人指示令悟。富楼那。于意云何。此人纵迷，于此聚落，更生迷不。不也世尊。富楼那。十方如来亦复如是。此迷无本，性毕竟空。昔本无迷，似有迷觉。觉迷迷灭，觉不生迷。亦如翳人见空中华，翳病若除，华于空灭。忽有愚人，于彼空华所灭空地，待华更生。汝观是人为愚为慧。富楼那言：空元无华，妄见生灭。见华灭空，已是颠倒，敕令更出，斯实狂痴。云何更名如是狂人为愚为慧。佛言：如汝所解，云何问言诸佛如来妙觉明空，何当更出山河大地。又如金矿杂于精金。其金一纯，更不成杂。如木成灰，不重为木。诸佛如来菩提涅槃，亦复如是。

富楼那。又汝问言：地水火风，本性圆融，周遍法界。疑水火性不相陵灭。又征虚空及诸大地，俱遍法界，不合相容。富楼那。譬如虚空，体非群相，而不拒彼诸相发挥。所以者何。富楼那。彼太虚空，日照则明，云屯则暗，风摇则动，霁澄则清，气凝则浊，土积成霾，水澄成映。于意云何。如是殊方诸有为相，为因彼生，为复空有。若彼所生。富楼那。且日照时，既是日明，十方世界同为日色，云何空中更见圆日。若是空明，空应自照。云何中宵云雾之时，不生光耀。当知是明，非日非空，不异空日。观相元妄，无可指陈。犹邀空华，结为空果。云何诘其相陵灭义。观性元真，唯妙觉明。妙觉明心，先非水火。云何复问不相容者。

真妙觉明亦复如是。汝以空明，则有空现。地水火风，各各发明，则各各现。若俱发明，则有俱现。云何俱现。富楼那。如一水中现于日影。两人同观水中之日，东西各行，则各有日随二人去。一东一西，先无准的。不应难言，此日是一，云何各行。各日既双，云何现一。宛转虚妄，无可凭据。富楼那。汝以色空相倾相夺于如来藏。而如来藏随为色空。周遍法界。是故于中，风动空澄，日明云暗。众生迷闷，背觉合尘，故发尘劳，有世间相。我以妙明不灭不生合如来藏。而如来藏唯妙觉明圆照法界。是故于中，一为无量，无量为一。小中现大，大中现小。不动道场，遍十方界。身含十方无尽虚空。于一毛端现宝王刹。坐微尘里转大法轮。灭尘合觉，故发真如妙觉明性。而如来藏本妙圆心。非心非空。非地非水。非风非火。非眼非耳鼻舌身意。非色非声香味触法。非眼识界，如是乃至非意识界。非明无明，明无明尽。如是乃至非老非死，非老死尽。非苦非集非灭非道。非智非得。非檀那，非尸罗，非毗梨耶，非羼提，非禅那，非般剌若，非波罗密多。如是乃至非怛闼阿竭，非阿罗诃，三耶三菩。非大涅槃。非常非乐非我非净。以是俱非世出世故。即如来藏元明心妙。即心即空。即地即水。即风即火。即眼即耳鼻舌身意。即色即声香味触法。即眼识界，如是乃至即意识界。即明无明，明无明尽。如是乃至即老即死，即老死尽。即苦即集即灭即道。即智即得。即檀那，即尸罗，即毗梨耶，即羼提，即禅那，即般剌若，即波罗密多。如是乃至即怛闼阿竭，即阿罗诃，三耶三菩。即大涅槃。即常即乐即我即净。以是俱即世出世故。即如来藏妙明心元，离即离非，是即非即。如何世间三有众生，及出世间声闻缘觉，以所知心测度如来无上菩提，用世语言入佛知见。譬如琴瑟箜篌琵琶，虽有妙音，若无妙指，终不能发。汝与众生，亦复如是。宝觉真心，各各圆满。如我按指，海印发光。汝暂举心，尘劳先起。由不勤求无上觉道，爱念小乘，得少为足。

富楼那言：我与如来宝觉圆明，真妙净心，无二圆满。而我昔遭无始妄想，久在轮回。今得圣乘，犹未究竟。世尊，诸妄一切圆灭，独妙真常。敢问如来，一切众生何因有妄，自蔽妙明，受此沦溺。

佛告富楼那。汝虽除疑，余惑未尽。吾以世间现前诸事，今复问汝。汝岂不闻室罗城中，演若达多。忽于晨朝以镜照面，爱镜中头眉目可见。嗔责己头不见面目。以为魑魅。无状狂走。于意云何。此人何因无故狂走。富楼那言：是人心狂，更无他故。佛言：妙觉明圆，本圆明妙。既称为妄云何有因。若有所因，云何名妄。自诸妄想展转相因。从迷积迷以历尘劫。虽佛发明，犹不能返。如是迷因，因迷自有。识迷无因，妄无所依。尚无有生，欲何为灭。得菩提者，如寤时人说梦中事。心纵精明，欲何因缘取梦中物。况复无因本无所有。如彼城中演若达多，岂有因缘自怖头走。忽然狂歇，头非外得。纵未歇狂，亦何遗失。

富楼那。妄性如是，因何为在。汝但不随分别世间业果众生三种相续。三缘断故，三因不生。则汝心中.演若达多.狂性自歇，歇即菩提。胜净明心，本周法界。不从人得。何藉劬劳肯綮修证。譬如有人于自衣中系如意珠，不自觉知。穷露他方，乞食驰走。虽实贫穷，珠不曾失。忽有智者指示其珠。所愿从心，致大饶富。方悟神珠非从外得。

即时阿难在大众中，顶礼佛足，起立白佛。世尊现说杀盗淫业，三缘断故，三因不生。心中达多狂性自歇。歇即菩提，不从人得。斯则因缘皎然明白。云何如来顿弃因缘。我从因缘心得开悟。世尊。此义何独我等年少有学声闻。今此会中.大目犍连.及舍利弗.须菩提等，从老梵志闻佛因缘，发心开悟，得成无漏。今说菩提，不从因缘。则王舍城拘舍梨等，所说自然，成第一义。惟垂大悲，开发迷闷。

佛告阿难。即如城中演若达多，狂性因缘，若得灭除。则不狂性自然而出。因缘自然，理穷于是。阿难。演若达多，头本自然。本自其然，无然非自。何因缘故，怖头狂走。若自然头，因缘故狂。何不自然，因缘故失。本头不失，狂怖妄出。曾无变易，何藉因缘。本狂自然，本有狂怖。未狂之际，狂何所潜。不狂自然，头本无妄，何为狂走。若悟本头，识知狂走，因缘自然，俱为戏论。是故我言三缘断故即菩提心。菩提心生，生灭心灭，此但生灭。灭生俱尽，无功用道。若有自然，如是则明，自然心生，生灭心灭，此亦生灭。无生灭者，名为自然。犹如世间诸相杂和，成一体者，名和合性。非和合者，称本然性。本然非然。和合非合。合然俱离。离合俱非。此句方名无戏论法。菩提涅槃尚在遥远。非汝历劫辛勤修证。虽复忆持十方如来十二部经，清净妙理如恒河沙，只益戏论。汝虽谈说因缘自然决定明了。人间称汝多闻第一。以此积劫多闻熏习，不能免离摩登伽难。何须待我佛顶神咒，摩登伽心淫火顿歇，得阿那含，于我法中，成精进林。爱河干枯，令汝解脱。是故阿难。汝虽历劫忆持如来秘密妙严，不如一日修无漏业，远离世间憎爱二苦。如摩登伽宿为淫女，由神咒力销其爱欲，法中今名性比丘尼。与罗侯母.耶输陀罗.同悟宿因。知历世因贪爱为苦。一念熏修无漏善故，或得出缠，或蒙授记。如何自欺，尚留观听。

阿难及诸大众，闻佛示诲，疑惑销除，心悟实相。身意轻安，得未曾有。重复悲泪，顶礼佛足，长跪合掌而白佛言：无上大悲清净宝王，善开我心。能以如是种种因缘，方便提奖，引诸沉冥出于苦海。世尊。我今虽承如是法音，知如来藏.妙觉明心.遍十方界，含育如来十方国土，清净宝严妙觉王刹。如来复责多闻无功，不逮修习。我今犹如旅泊之人，忽蒙天王赐与华屋，虽获大宅，要因门入。惟愿如来不舍大悲，示我在会诸蒙暗者，捐舍小乘，毕获如来无余涅槃本发心路。令有学者，从何摄伏畴昔攀缘，得陀罗尼，入佛知见。作是语已，五体投地。在会一心，伫佛慈旨。

尔时世尊，哀愍会中缘觉声闻，于菩提心未自在者。及为当来佛灭度后，末法众生发菩提心，开无上乘妙修行路。宣示阿难及诸大众。汝等决定发菩提心，于佛如来妙三摩提，不生疲倦。应当先明发觉初心二决定义。

云何初心二义决定。

阿难。第一义者，汝等若欲捐舍声闻，修菩萨乘入佛知见，应当审观因地发心，与果地觉为同为异。阿难。若于因地以生灭心为本修因，而求佛乘不生不灭，无有是处。以是义故，汝当照明.诸器世间.可作之法，皆从变灭。阿难。汝观世间可作之法，谁为不坏。然终不闻烂坏虚空。何以故。空非可作，由是始终无坏灭故。则汝身中，坚相为地，润湿为水，暖触为火，动摇为风。由此四缠，分汝湛圆妙觉明心，为视为听为觉为察。从始入终，五叠浑浊。

云何为浊。

阿难。譬如清水，清洁本然。即彼尘土灰沙之伦，本质留碍。二体法尔，性不相循。有世间人，取彼土尘，投于净水。土失留碍，水亡清洁。容貌汨然，名之为浊。汝浊五重，亦复如是。

阿难。汝见虚空遍十方界。空见不分。有空无体。有见无觉。相织妄成。是第一重，名为劫浊。

汝身现抟四大为体。见闻觉知，壅令留碍。水火风土，旋令觉知。相织妄成。是第二重，名为见浊。

又汝心中忆识诵习。性发知见。容现六尘。离尘无相。离觉无性。相织妄成。是第三重，名烦恼浊。

又汝朝夕生灭不停。知见每欲留于世间。业运每常迁于国土。相织妄成，是第四重，名众生浊。

汝等见闻元无异性。众尘隔越，无状异生。性中相知。用中相背。同异失准。相织妄成。是第五重，名为命浊。

阿难。汝今欲令见闻觉知，远契如来常乐我净。应当先择死生根本，依不生灭圆湛性成，以湛旋其虚妄灭生，伏还元觉，得元明觉无生灭性为因地心，然后圆成果地修证。如澄浊水，贮于静器，静深不动，沙土自沈，清水现前，名为初伏客尘烦恼。去泥纯水，名为永断根本无明。明相精纯，一切变现，不为烦恼，皆合涅槃清净妙德。

第二义者，汝等必欲发菩提心，于菩萨乘生大勇猛，决定弃捐诸有为相，应当审详烦恼根本。此无始来发业润生谁作谁受。

阿难。汝修菩提，若不审观烦恼根本，则不能知虚妄根尘何处颠倒。处尚不知，云何降伏取如来位。阿难。汝观世间解结之人，不见所结，云何知解。不闻虚空被汝隳裂。何以故。空无形相，无结解故。则汝现前眼耳鼻舌，及与身心，六为贼媒，自劫家宝。由此无始众生世界，生缠缚故，于器世间不能超越。

阿难。云何名为众生世界。世为迁流。界为方位。汝今当知东、西、南、北、东南、西南、东北、西北、上、下，为界。过去、未来、现在，为世。方位有十。流数有三。一切众生织妄相成。身中贸迁，世界相涉。而此界性设虽十方，定位可明。世间只目东西南北，上下无位，中无定方，四数必明。与世相涉，三四四三，宛转十二。流变三叠，一十百千。总括始终。六根之中，各各功德有千二百。

阿难。汝复于中，克定优劣。如眼观见，后暗前明。前方全明。后方全暗。左右旁观三分之二。统论所作，功德不全。三分言功。一分无德。当知眼唯八百功德。如耳周听，十方无遗。动若迩遥。静无边际。当知耳根圆满一千二百功德。如鼻嗅闻，通出入息。有出有入，而阙中交。验于鼻根，三分阙一。当知鼻唯八百功德。如舌宣扬，尽诸世间出世间智。言有方分，理无穷尽。当知舌根圆满一千二百功德。如身觉触，识于违顺。合时能觉。离中不知。离一合双。验于身根，三分阙一。当知身唯八百功德。如意默容，十方三世一切世间出世间法，唯圣与凡，无不包容，尽其涯际。当知意根圆满一千二百功德。

阿难。汝今欲逆生死欲流，返穷流根，至不生灭。当验此等六受用根，谁合谁离，谁深谁浅，谁为圆通，谁不圆满。若能于此悟圆通根，逆彼无始织妄业流，得循圆通，与不圆根，日劫相倍。我今备显六湛圆明，本所功德，数量如是。随汝详择其可入者。吾当发明，令汝增进。十方如来，于十八界一一修行，皆得圆满无上菩提。于其中间，亦无优劣。但汝下劣，未能于中圆自在慧。故我宣扬，令汝但于一门深入。入一无妄，彼六知根，一时清净。

阿难白佛言：世尊。云何逆流深入一门，能令六根一时清净。

佛告阿难。汝今已得须陀洹果。已灭三界众生世间见所断惑。然犹未知根中积生无始虚习。彼习要因修所断得。何况此中生住异灭，分剂头数。今汝且观现前六根，为一为六。阿难。若言一者，耳何不见，目何不闻，头奚不履，足奚无语。若此六根决定成六。如我今会，与汝宣扬微妙法门。汝之六根，谁来领受。

阿难言。我用耳闻。

佛言：汝耳自闻，何关身口。口来问义，身起钦承。是故应知非一终六，非六终一。终不汝根元一元六。阿难当知。是根非一非六。由无始来颠倒沦替，故于圆湛一六义生。汝须陀洹，虽得六销，犹未亡一。如太虚空参合群器。由器形异，名之异空。除器观空，说空为一。彼太虚空，云何为汝成同不同。何况更名是一非一。则汝了知六受用根，亦复如是。

由明暗等二种相形。于妙圆中黏湛发见。见精映色，结色成根。根元目为清净四大。因名眼体，如蒲萄朵。浮根四尘，流逸奔色。

由动静等二种相击。于妙圆中黏湛发听。听精映声，卷声成根。根元目为清净四大。因名耳体，如新卷叶。浮根四尘，流逸奔声。

由通塞等二种相发。于妙圆中黏湛发嗅。嗅精映香，纳香成根。根元目为清净四大。因名鼻体，如双垂爪。浮根四尘，流逸奔香。

由恬变等二种相参。于妙圆中黏湛发尝。尝精映味。绞味成根。根元目为清净四大。因名舌体，如初偃月。浮根四尘，流逸奔味。

由离合等二种相摩。于妙圆中黏湛发觉。觉精映触，抟触成根。根元目为清净四大。因名身体，如腰鼓颡。浮根四尘，流逸奔触。

由生灭等二种相续。于妙圆中黏湛发知。知精映法，揽法成根。根元目为清净四大。因名意思，如幽室见。浮根四尘，流逸奔法。

阿难。如是六根，由彼觉明，有明明觉，失彼精了，黏妄发光。是以汝今离暗离明，无有见体。离动离静，元无听质。无通无塞，嗅性不生。非变非恬，尝无所出。不离不合，觉触本无。无灭无生，了知安寄。汝但不循动静、合离、恬变、通塞、生灭、明暗，如是十二诸有为相。随拔一根，脱黏内伏。伏归元真，发本明耀。耀性发明，诸余五黏，应拔圆脱。不由前尘所起知见。明不循根，寄根明发。由是六根互相为用。

阿难。汝岂不知今此会中，阿那律陀，无目而见。跋难陀龙，无耳而听。殑伽神女，非鼻闻香。骄梵钵提，异舌知味。舜若多神，无身觉触。如来光中，映令暂现。既为风质其体元无。诸灭尽定得寂声闻。如此会中摩诃迦叶，久灭意根，圆明了知不因心念。

阿难。今汝诸根若圆拔已，内莹发光。如是浮尘及器世间诸变化相，如汤销冰，应念化成无上知觉。

阿难。如彼世人聚见于眼。若令急合，暗相现前，六根黯然，头足相类。彼人以手循体外绕，彼虽不见，头足一辨，知觉是同。缘见因明，暗成无见。不明自发，则诸暗相永不能昏。根尘既销，云何觉明不成圆妙。

阿难白佛言：世尊。如佛说言，因地觉心，欲求常住，要与果位名目相应。世尊。如果位中，菩提、涅槃、真如、佛性、庵摩罗识，空如来藏，大圆镜智，是七种名，称谓虽别，清净圆满，体性坚凝，如金刚王，常住不坏。若此见听，离于明暗动静通塞，毕竟无体。犹如念心，离于前尘，本无所有。云何将此毕竟断灭以为修因，欲获如来七常住果。世尊。若离明暗，见毕竟空。如无前尘，念自性灭。进退循环，微细推求，本无我心及我心所，将谁立因，求无上觉。如来先说，湛精圆常。违越诚言，终成戏论。云何如来真实语者。惟垂大慈，开我蒙悋。

佛告阿难。汝学多闻，未尽诸漏，心中徒知颠倒所因。真倒现前，实未能识。恐汝诚心犹未信伏。吾今试将尘俗诸事，当除汝疑。即时如来敕罗侯罗击钟一声。问阿难言。汝今闻不。阿难大众，俱言我闻。钟歇无声。佛又问言。汝今闻不。阿难大众，俱言不闻。时罗侯罗又击一声。佛又问言。汝今闻不。阿难大众，又言俱闻。佛问阿难。汝云何闻，云何不闻。阿难大众俱白佛言：钟声若击，则我得闻。击久声销，音响双绝，则名无闻。如来又敕罗侯击钟。问阿难言。尔今声不。阿难大众，俱言有声。少选声销。佛又问言。尔今声不。阿难大众，答言无声。有顷罗侯更来撞钟。佛又问言。尔今声不。阿难大众，俱言有声。佛问阿难。汝云何声，云何无声。阿难大众俱白佛言：钟声若击，则名有声。击久声销，音响双绝，则名无声。

佛语阿难及诸大众。汝今云何自语矫乱。大众阿难，俱时问佛。我今云何名为矫乱。佛言：我问汝闻。汝则言闻。又问汝声，汝则言声。唯闻与声，报答无定。如是云何不名矫乱。阿难。声销无响，汝说无闻。若实无闻，闻性已灭，同于枯木。钟声更击，汝云何知。知有知无，自是声尘或无或有。岂彼闻性为汝有无。闻实云无，谁知无者。是故阿难。声于闻中自有生灭。非为汝闻声生声灭，令汝闻性为有为无。汝尚颠倒，惑声为闻。何怪昏迷，以常为断。终不应言，离诸动静闭塞开通，说闻无性。

如重睡人，眠熟床枕。其家有人，于彼睡时，捣练舂米。其人梦中闻舂捣声，别作他物。或为击鼓。或为撞钟。即于梦时自怪其钟为木石响。于时忽寤，遄知杵音。自告家人，我正梦时，惑此舂音将为鼓响。

阿难。是人梦中，岂忆静摇开闭通塞。其形虽寐，闻性不昏。纵汝形销，命光迁谢，此性云何为汝销灭。以诸众生从无始来，循诸色声，逐念流转。曾不开悟性净妙常。不循所常，逐诸生灭。由是生生杂染流转。若弃生灭，守于真常，常光现前，根尘识心应时销落。想相为尘，识情为垢，二俱远离。则汝法眼应时清明。云何不成无上知觉。

卷五

阿难白佛言。世尊。如来虽说第二义门。今观世间解结之人，若不知其所结之元，我信是人终不能解。世尊。我及会中有学声闻，亦复如是。从无始际与诸无明，俱灭俱生。虽得如是多闻善根，名为出家，犹隔日疟。惟愿大慈，哀愍沦溺。今日身心，云何是结，从何名解。亦令未来苦难众生，得免轮回，不落三有。作是语已，普及大众五体投地。雨泪翘诚，伫佛如来无上开示。

尔时世尊怜愍阿难，及诸会中诸有学者。亦为未来一切众生，为出世因作将来眼。以阎浮檀紫金光手，摩阿难顶。即时十方普佛世界，六种震动。微尘如来住世界者，各有宝光从其顶出。其光同时于彼世界，来祇陀林，灌如来顶。是诸大众，得未曾有。于是阿难及诸大众，俱闻十方微尘如来，异口同音，告阿难言：善哉阿难。汝欲识知俱生无明，使汝轮转生死结根，唯汝六根，更无他物。汝复欲知无上菩提，令汝速证安乐解脱.寂静妙常，亦汝六根，更非他物。

阿难虽闻如是法音，心犹未明。稽首白佛。云何令我生死轮回，安乐妙常，同是六根，更非他物。

佛告阿难。根尘同源。缚脱无二。识性虚妄，犹如空华。阿难。由尘发知。因根有相。相见无性，同于交芦。是故汝今。知见立知，即无明本。知见无见，斯即涅槃无漏真净。云何是中更容他物。尔时世尊，欲重宣此义，而说偈言。

真性有为空　缘生故如幻　无为无起灭　不实如空华
言妄显诸真　妄真同二妄　犹非真非真　云何见所见
中间无实性　是故若交芦　结解同所因　圣凡无二路
汝观交中性　空有二俱非　迷晦即无明　发明便解脱
解结因次第　六解一亦亡　根选择圆通　入流成正觉
陀那微细识　习气成暴流　真非真恐迷　我常不开演
自心取自心　非幻成幻法　不取无非幻　非幻尚不生
幻法云何立　是名妙莲华　金刚王宝觉　如幻三摩提
弹指超无学　此阿毗达磨　十方薄伽梵　一路涅槃门

于是阿难及诸大众，闻佛如来无上慈诲，祇夜伽陀，杂糅精莹，妙理清彻，心目开明，叹未曾有。

阿难合掌顶礼白佛。我今闻佛无遮大悲，性净妙常真实法句。心犹未达六解一亡，舒结伦次。惟垂大慈，再愍斯会及与将来，施以法音，洗涤沈垢。

即时如来于师子座，整涅槃僧，敛僧伽梨，揽七宝几。引手于几，取劫波罗天所奉华巾。于大众前绾成一结。示阿难言：此名何等。阿难大众俱白佛言：此名为结。于是如来绾叠华巾，又成一结。重问阿难。此名何等。阿难大众，又白佛言：此亦名结。如是伦次绾叠华巾，总成六结。一一结成，皆取手中所成之结，持问阿难，此名何等。阿难大众，亦复如是次第詶佛，此名为结。佛告阿难。我初绾巾，汝名为结。此叠华巾，先实一条。第二第三，云何汝曹复名为结。阿难白佛言：世尊。此宝叠华缉绩成巾，虽本一体。如我思惟，如来一绾，得一结名。若百绾成，终名百结。何况此巾只有六结。终不至七，亦不停五。云何如来只许初时。第二第三不名为结。佛告阿难。此宝华巾，汝知此巾元止一条。我六绾时，名有六结。汝审观察，巾体是同，因结有异。于意云何。初绾结成，名为第一。如是乃至第六结生。吾今欲将第六结名，成第一不。不也，世尊。六结若存，斯第六名，终非第一。纵我历生尽其明辩，如何令是六结乱名。佛言：如是，六结不同。循顾本因，一巾所造。令其杂乱，终不得成。则汝六根，亦复如是。毕竟同中，生毕竟异。佛告阿难。汝必嫌此六结不成，愿乐一成，复云何得。阿难言：此结若存，是非锋起。于中自生此结非彼，彼结非此。如来今日若总解除。结若不生，则无彼此。尚不名一，六云何成。佛言：六解一亡，亦复如是。由汝无始心性狂乱，知见妄发。发妄不息，劳见发尘。如劳目睛，则有狂华。于湛精明，无因乱起。一切世间.山河大地.生死涅槃，皆即狂劳.颠倒华相。

阿难言：此劳同结，云何解除。

如来以手将所结巾偏掣其左。问阿难言：如是解不。不也，世尊。旋复以手偏牵右边。又问阿难，如是解不。不也，世尊。佛告阿难。吾今以手左右各牵，竟不能解。汝设方便，云何解成。阿难白佛言：世尊。当于结心解即分散。佛告阿难。如是如是。若欲除结，当于结心。阿难。我说佛法从因缘生。非取世间和合粗相。如来发明世出世法，知其本因随所缘出。如是乃至恒沙界外一滴之雨，亦知头数。现前种种，松直棘曲，鹄白乌玄，皆了元由。是故阿难。随汝心中选择六根。根结若除，尘相自灭。诸妄销亡，不真何待。阿难。吾今问汝，此劫波罗巾六结现前，同时解萦，得同除不。不也，世尊。是结本以次第绾生。今日当须次第而解。六结同体，结不同时。则结解时，云何同除。佛言：六根解除，亦复如是。此根初解，先得人空。空性圆明，成法解脱。解脱法已，俱空不生。是名菩萨从三摩地，得无生忍。

阿难及诸大众，蒙佛开示，慧觉圆通，得无疑惑。一时合掌，顶礼双足，而白佛言：我等今日身心皎然，快得无碍。虽复悟知一六亡义。然犹未达圆通本根。世尊。我辈飘零，积劫孤露。何心何虑，预佛天伦。如失乳儿，忽遇慈母。若复因此际会道成。所得密言，还同本悟。则与未闻无有差别。惟垂大悲，惠我秘严。成就如来最后开示。作是语已。五体投地。退藏密机，冀佛冥授。

尔时世尊，普告众中诸大菩萨，及诸漏尽大阿罗汉。汝等菩萨及阿罗汉，生我法中，得成无学。吾今问汝，最初发心，悟十八界，谁为圆通，从何方便入三摩地。

憍陈那五比丘，即从座起，顶礼佛足，而白佛言：我在鹿苑，及于鸡园，观见如来最初成道。于佛音声，悟明四谛。佛问比丘，我初称解。如来印我名阿若多。妙音密圆。我于音声得阿罗汉。佛问圆通，如我所证，音声为上。

优波尼沙陀，即从座起，顶礼佛足，而白佛言：我亦观佛最初成道。观不净相，生大厌离。悟诸色性。以从不净白骨微尘，归于虚空。空色二无，成无学道。如来印我名尼沙陀。尘色既尽，妙色密圆。我从色相，得阿罗汉。佛问圆通，如我所证，色因为上。

香严童子，即从座起，顶礼佛足，而白佛言：我闻如来教我谛观诸有为相。我时辞佛，宴晦清斋。见诸比丘烧沉水香，香气寂然来入鼻中。我观此气，非木非空，非烟非火，去无所著，来无所从，由是意销，发明无漏。如来印我得香严号。尘气倏灭，妙香密圆。我从香严，得阿罗汉。佛问圆通，如我所证，香严为上。

药王药上二法王子，并在会中五百梵天，即从座起，顶礼佛足而白佛言：我无始劫，为世良医，口中尝此娑婆世界草木金石，名数凡有十万八千。如是悉知.苦酢咸淡.甘辛等味。并诸和合俱生变异，是冷是热，有毒无毒，悉能遍知。承事如来，了知味性，非空非有，非即身心，非离身心。分别味因，从是开悟。蒙佛如来印我昆季，药王药上二菩萨名。今于会中为法王子。因味觉明，位登菩萨。佛问圆通，如我所证，味因为上。

跋陀婆罗，并其同伴十六开士，即从座起，顶礼佛足，而白佛言：我等先于威音王佛，闻法出家。于浴僧时，随例入室。忽悟水因，既不洗尘，亦不洗体，中间安然，得无所有。宿习无忘。乃至今时从佛出家，令得无学。彼佛名我跋陀婆罗。妙触宣明，成佛子住。佛问圆通，如我所证，触因为上。

摩诃迦叶，及紫金光比丘尼等，即从座起，顶礼佛足，而白佛言：我于往劫，于此界中，有佛出世，名日月灯。我得亲近，闻法修学。佛灭度后，供养舍利，然灯续明。以紫光金涂佛形像。自尔已来，世世生生，身常圆满紫金光聚。此紫金光比丘尼等，即我眷属，同时发心。我观世间六尘变坏，唯以空寂修于灭尽，身心乃能度百千劫，犹如弹指。我以空法成阿罗汉。世尊说我头陀为最。妙法开明，销灭诸漏。佛问圆通，如我所证，法因为上。

阿那律陀，即从座起，顶礼佛足，而白佛言：我初出家，常乐睡眠。如来诃我.为畜生类。我闻佛诃，啼泣自责。七日不眠，失其双目。世尊示我乐见照明金刚三昧。我不因眼，观见十方。精真洞然，如观掌果。如来印我成阿罗汉。佛问圆通，如我所证，旋见循元，斯为第一。

周利槃特迦，即从座起，顶礼佛足，而白佛言：我阙诵持，无多闻性。最初值佛，闻法出家。忆持如来一句伽陀。于一百日，得前遗后，得后遗前。佛愍我愚，教我安居调出入息。我时观息，微细穷尽，生住异灭，诸行刹那。其心豁然。得大无碍。乃至漏尽成阿罗汉。住佛座下，印成无学。佛问圆通，如我所证，反息循空，斯为第一。

憍梵钵提，即从座起，顶礼佛足，而白佛言：我有口业，于过去劫轻弄沙门，世世生生有牛呞病。如来示我.一味清净.心地法门。我得灭心入三摩地。观味之知，非体非物。应念得超世间诸漏。内脱身心。外遗世界。远离三有，如鸟出笼。离垢销尘，法眼清净，成阿罗汉。如来亲印登无学道。佛问圆通，如我所证，还味旋知，斯为第一。

毕陵伽婆蹉，即从座起，顶礼佛足，而白佛言；我初发心从佛入道。数闻如来说诸世间不可乐事。乞食城中，心思法门。不觉路中毒刺伤足，举身疼痛。我念有知。知此深痛。虽觉觉痛。觉清净心，无痛痛觉。我又思惟，如是一身，宁有双觉。摄念未久，身心忽空。三七日中，诸漏虚尽，成阿罗汉。得亲印记，发明无学。佛问圆通，如我所证，纯觉遗身，斯为第一。

须菩提，即从座起，顶礼佛足，而白佛言：我旷劫来，心得无碍。自忆受生如恒河沙。初在母胎，即知空寂。如是乃至十方成空。亦令众生证得空性。蒙如来发性觉真空。空性圆明，得阿罗汉。顿入如来宝明空海。同佛知见。印成无学。解脱性空，我为无上。佛问圆通，如我所证，诸相入非，非所非尽，旋法归无，斯为第一。

舍利弗，即从座起，顶礼佛足，而白佛言：我旷劫来，心见清净。如是受生如恒河沙。世出世间种种变化，一见则通，获无障碍。我于路中，逢迦叶波兄弟相逐，宣说因缘，悟心无际。从佛出家，见觉明圆，得大无畏，成阿罗汉。为佛长子，从佛口生，从法化生。佛问圆通，如我所证，心见发光，光极知见，斯为第一。

普贤菩萨，即从座起，顶礼佛足，而白佛言：我已曾与恒沙如来为法王子。十方如来，教其弟子菩萨根者，修普贤行，从我立名。世尊。我用心闻，分别众生所有知见。若于他方恒沙界外，有一众生，心中发明普贤行者，我于尔时乘六牙象，分身百千，皆至其处。纵彼障深，未得见我。我与其人暗中摩顶，拥护安慰，令其成就。佛问圆通，我说本因，心闻发明，分别自在，斯为第一。

孙陀罗难陀，即从座起，顶礼佛足，而白佛言：我初出家从佛入道，虽具戒律。于三摩地，心常散动，未获无漏。世尊教我，及拘絺罗，观鼻端白。我初谛观，经三七日。见鼻中气，出入如烟。身心内明，圆洞世界，遍成虚净，犹如琉璃。烟相渐销，鼻息成白。心开漏尽，诸出入息化为光明，照十方界，得阿罗汉。世尊记我当得菩提。佛问圆通，我以销息，息久发明，明圆灭漏，斯为第一。

富楼那弥多罗尼子，即从座起，顶礼佛足，而白佛言：我旷劫来，辩才无碍。宣说苦空，深达实相。如是乃至恒沙如来秘密法门，我于众中微妙开示，得无所畏。世尊知我有大辩才，以音声轮教我发扬。我于佛前助佛转轮，因师子吼，成阿罗汉。世尊印我说法无上。佛问圆通，我以法音降伏魔怨，销灭诸漏。斯为第一。

优波离，即从座起，顶礼佛足，而白佛言：我亲随佛踰城出家。亲观如来六年勤苦。亲见如来降伏诸魔，制诸外道。解脱世间贪欲诸漏。承佛教戒。如是乃至三千威仪，八万微细，性业遮业，悉皆清净。身心寂灭，成阿罗汉。我是如来众中纲纪。亲印我心。持戒修身，众推为上。佛问圆通，我以执身，身得自在，次第执心，心得通达，然后身心一切通利，斯为第一。

大目犍连，即从座起，顶礼佛足，而白佛言：我初于路乞食。逢遇优楼频螺、伽耶、那提，三迦叶波，宣说如来因缘深义。我顿发心，得大通达。如来惠我袈裟著身，须发自落。我游十方，得无挂碍。神通发明，推为无上。成阿罗汉。宁唯世尊。十方如来叹我神力，圆明清净，自在无畏。佛问圆通，我以旋湛，心光发宣，如澄浊流，久成清莹，斯为第一。

乌刍瑟摩，于如来前，合掌顶礼佛之双足，而白佛言：我常先忆久远劫前，性多贪欲。有佛出世，名曰空王。说多淫人，成猛火聚。教我遍观.百骸四肢.诸冷暖气。神光内凝，化多淫心.成智慧火。从是诸佛皆呼召我，名为火头。我以火光三昧力故，成阿罗汉。心发大愿，诸佛成道，我为力士，亲伏魔怨。佛问圆通，我以谛观身心暖触，无碍流通，诸漏既销，生大宝焰，登无上觉，斯为第一。

持地菩萨，即从座起，顶礼佛足，而白佛言：我念往昔，普光如来出现于世。我为比丘，常于一切要路津口，田地险隘，有不如法，妨损车马，我皆平填。或作桥梁。或负沙土。如是勤苦，经无量佛出现于世。或有众生于阛阓处，要人擎物，我先为擎，至其所诣，放物即行，不取其直。毗舍浮佛现在世时，世多饥荒。我为负人，无问远近，唯取一钱。或有车牛被于泥溺，我有神力，为其推轮，拔其苦恼。时国大王延佛设斋。我于尔时平地待佛。毗舍如来，摩顶谓我，当平心地，则世界地一切皆平。我即心开，见身微尘，与造世界所有微尘等无差别。微尘自性，不相触摩。乃至刀兵亦无所触。我于法性，悟无生忍，成阿罗汉。回心今入菩萨位中。闻诸如来宣妙莲华佛知见地，我先证明而为上首。佛问圆通，我以谛观身界二尘，等无差别，本如来藏，虚妄发尘，尘销智圆，成无上道，斯为第一。

月光童子，即从座起，顶礼佛足，而白佛言：我忆往昔恒河沙劫，有佛出世，名为水天。教诸菩萨修习水观，入三摩地。观于身中，水性无夺。初从涕唾，如是穷尽津液精血，大小便利，身中旋复，水性一同。见水身中与世界外浮幢王刹，诸香水海，等无差别。我于是时，初成此观。但见其水未得无身。当为比丘，室中安禅。我有弟子，窥窗观室，唯见清水遍在室中，了无所见。童稚无知，取一瓦砾投于水内,激水作声,顾盼而去。我出定后,顿觉心痛。如舍利弗遭违害鬼。我自思惟,今我已得阿罗汉道,久离病缘。云何今日忽生心痛,将无退失。尔时童子捷来我前,说如上事。我则告言:汝更见水,可即开门,入此水中,除去瓦砾。童子奉教。后入定时,还复见水,瓦砾宛然,开门除出。我后出定,身质如初。逢无量佛,如是至于.山海自在通王如来,方得亡身。与十方界诸香水海,性合真空,无二无别。今于如来得童真名,预菩萨会。佛问圆通,我以水性一味流通,得无生忍,圆满菩提,斯为第一。

琉璃光法王子,即从座起,顶礼佛足,而白佛言:我忆往昔经恒沙劫,有佛出世,名无量声。开示菩萨本觉妙明。观此世界及众生身,皆是妄缘风力所转。我于尔时,观界安立,观世动时,观身动止,观心动念,诸动无二,等无差别。我时觉了此群动性,来无所从,去无所至。十方微尘颠倒众生,同一虚妄,如是乃至三千大千一世界内,所有众生,如一器中,贮百蚊蚋,啾啾乱鸣,于分寸中鼓发狂闹。逢佛未几,得无生忍。尔时心开,乃见东方不动佛国,为法王子,事十方佛。身心发光,洞彻无碍。佛问圆通,我以观察风力无依,悟菩提心,入三摩地,合十方佛传一妙心,斯为第一。

虚空藏菩萨,即从座起。顶礼佛足,而白佛言:我与如来,定光佛所,得无边身。尔时手执四大宝珠,照明十方微尘佛刹,化成虚空。又于自心现大圆镜,内放十种微妙宝光,流灌十方尽虚空际,诸幢王刹,来入镜内,涉入我身。身同虚空,不相妨碍。身能善入微尘国土,广行佛事,得大随顺。此大神力,由我谛观四大无依,妄想生灭,虚空无二,佛国本同。于同发明,得无生忍。佛问圆通,我以观察虚空无边,入三摩地,妙力圆明,斯为第一。

弥勒菩萨,即从座起,顶礼佛足,而白佛言:我忆往昔经微尘劫,有佛出世,名日月灯明。我从彼佛而得出家。心重世名,好游族姓。尔时世尊,教我修习唯心识定,入三摩地。历劫已来,以此三昧事恒沙佛。求世名心歇灭无有。至然灯佛出现于世。我乃得成.无上妙圆.识心三昧。乃至尽空如来国土净秽有无。皆是我心变化所现。世尊。我了如是唯心识故,识性流出无量如来。今得授记,次补佛处。佛问圆通,我以谛观十方唯识,识心圆明,入圆成实,远离依他及遍计执,得无生忍,斯为第一。

大势至法王子,与其同伦五十二菩萨,即从座起,顶礼佛足,而白佛言:我忆往昔恒河沙劫,有佛出世,名无量光。十二如来,相继一劫。其最后佛名超日月光。彼佛教我念佛三昧。譬如有人,一专为忆,一人专忘,如是二人,若逢不逢,或见非见。二人相忆,二忆念深,如是乃至从生至生,同于形影,不相乖异。十方如来怜念众生,如母忆子。若子逃逝,虽忆何为。子若忆母如母忆时,母子历生不相违远。若众生心忆佛念佛,现前当来必定见佛。去佛不远,不假方便自得心开。如染香人，身有香气。此则名曰香光庄严。我本因地以念佛心，入无生忍。今于此界，摄念佛人归于净土。佛问圆通，我无选择，都摄六根净念相继，得三摩地，斯为第一。

卷六

尔时观世音菩萨，即从座起，顶礼佛足，而白佛言：世尊。忆念我昔无数恒河沙劫，于时有佛出现于世，名观世音。我于彼佛发菩提心。彼佛教我从闻思修，入三摩地。初于闻中，入流亡所。所入既寂。动静二相了然不生。如是渐增。闻所闻尽。尽闻不住。觉所觉空。空觉极圆。空所空灭。生灭既灭。寂灭现前。忽然超越世出世间。十方圆明。获二殊胜。一者，上合十方诸佛本妙觉心，与佛如来同一慈力。二者，下合十方一切六道众生，与诸众生同一悲仰。

世尊。由我供养观音如来。蒙彼如来，授我如幻闻熏闻修金刚三昧，与佛如来同慈力故，令我身成三十二应，入诸国土。

世尊。若诸菩萨，入三摩地，进修无漏，胜解现圆。我现佛身而为说法，令其解脱。

若诸有学，寂静妙明，胜妙现圆。我于彼前现独觉身，而为说法，令其解脱。

若诸有学，断十二缘，缘断胜性，胜妙现圆。我于彼前现缘觉身，而为说法，令其解脱。

若诸有学，得四谛空，修道入灭，胜性现圆。我于彼前现声闻身，而为说法，令其解脱。

若诸众生，欲心明悟，不犯欲尘，欲身清净。我于彼前现梵王身，而为说法，令其解脱。

若诸众生，欲为天主，统领诸天。我于彼前现帝释身，而为说法，令其成就。

若诸众生，欲身自在游行十方。我于彼前现自在天身，而为说法，令其成就。

若诸众生，欲身自在飞行虚空。我于彼前现大自在天身，而为说法，令其成就。

若诸众生，爱统鬼神，救护国土。我于彼前现天大将军身，而为说法，令其成就。

若诸众生，爱统世界，保护众生。我于彼前现四天王身，而为说法，令其成就。

若诸众生，爱生天宫，驱使鬼神。我于彼前现四天王国太子身，而为说法，令其成就。

若诸众生，乐为人王。我于彼前现人王身，而为说法，令其成就。

若诸众生，爱主族姓，世间推让。我于彼前现长者身，而为说法，令其成就。

若诸众生，爱谈名言，清净自居。我于彼前现居士身，而为说法，令其成就。

若诸众生，爱治国土，剖断邦邑。我于彼前现宰官身，而为说法，令其成就。

若诸众生，爱诸数术，摄卫自居。我于彼前现婆罗门身，而为说法，令其成就。

若有男子，好学出家，持诸戒律。我于彼前现比丘身，而为说法，令其成就。

若有女人，好学出家，持诸禁戒。我于彼前现比丘尼身，而为说法，令其成就。

若有男子，乐持五戒。我于彼前现优婆塞身，而为说法，令其成就。

若有女子，五戒自居。我于彼前现优婆夷身，而为说法，令其成就。

若有女人，内政立身，以修家国。我于彼前现女主身，及国夫人命妇大家，而为说法，令其成就。

若有众生，不坏男根。我于彼前现童男身，而为说法，令其成就。

若有处女，爱乐处身，不求侵暴。我于彼前现童女身，而为说法，令其成就。

若有诸天，乐出天伦。我现天身而为说法，令其成就。

若有诸龙，乐出龙伦。我现龙身而为说法，令其成就。

若有药叉，乐度本伦。我于彼前现药叉身，而为说法，令其成就。

若乾闼婆，乐脱其伦。我于彼前现乾闼婆身，而为说法，令其成就。

若阿修罗，乐脱其伦。我于彼前现阿修罗身，而为说法，令其成就。

若紧那罗，乐脱其伦。我于彼前现紧那罗身，而为说法，令其成就。

若摩呼罗伽，乐脱其伦。我于彼前现摩呼罗伽身，而为说法，令其成就。

若诸众生，乐人修人。我现人身，而为说法，令其成就。

若诸非人，有形无形，有想无想，乐度其伦。我于彼前皆现其身，而为说法，令其成就。

是名妙净三十二应，入国土身。皆以三昧闻熏闻修无作妙力，自在成就。

世尊。我复以此闻熏闻修,金刚三昧无作妙力。与诸十方三世六道一切众生,同悲仰故。令诸众生,于我身心,获十四种无畏功德。

一者,由我不自观音以观观者。令彼十方苦恼众生,观其音声,即得解脱。

二者,知见旋复。令诸众生,设入大火,火不能烧。

三者,观听旋复。令诸众生,大水所漂,水不能溺。

四者,断灭妄想。心无杀害。令诸众生,入诸鬼国,鬼不能害。

五者,熏闻成闻,六根销复,同于声听。能令众生,临当被害,刀段段坏。使其兵戈,犹如割水,亦如吹光,性无摇动。

六者,闻熏精明,明遍法界,则诸幽暗性不能全。能令众生,药叉、罗刹、鸠槃茶鬼、及毗舍遮、富单那等。虽近其傍。目不能视。

七者,音性圆销,观听返入,离诸尘妄,能令众生,禁系枷锁,所不能著。

八者,灭音圆闻,遍生慈力。能令众生,经过险路,贼不能劫。

九者,熏闻离尘,色所不劫,能令一切多淫众生,远离贪欲。

十者,纯音无尘,根境圆融,无对所对。能令一切忿恨众生,离诸嗔恚。

十一者,销尘旋明,法界身心,犹如琉璃,朗彻无碍。能令一切昏钝性障,诸阿颠迦,永离痴暗。

十二者,融形复闻,不动道场,涉入世间。不坏世界,能遍十方。供养微尘诸佛如来。各各佛边为法王子。能令法界无子众生,欲求男者,诞生福德智慧之男。

十三者,六根圆通,明照无二,含十方界。立大圆镜空如来藏。承顺十方微尘如来。秘密法门,受领无失。能令法界无子众生,欲求女者,诞生端正福德柔顺,众人爱敬有相之女。

十四者,此三千大千世界,百亿日月,现住世间诸法王子,有六十二恒河沙数,修法垂范,教化众生,随顺众生,方便智慧,各各不同。由我所得圆通本根,发妙耳门。然后身心微妙含容,周遍法界。能令众生持我名号,与彼共持六十二恒河沙诸法王子,二人福德,正等无异。世尊,我一名号,与彼众多名号无异。

由我修习得真圆通。是名十四施无畏力,福备众生。

世尊。我又获是圆通,修证无上道故,又能善获四不思议无作妙德。

一者,由我初获妙妙闻心,心精遗闻,见闻觉知不能分隔,成一圆融清净宝觉。故我能现众多妙容,能说无边秘密神咒。其中或现一首三首五首七首九首十一首,如是乃至一百八首,千首万首,八万四千烁迦罗首。二臂四臂六臂八臂十臂十二臂,十四十六十八二十至二十四,如是乃至一百八臂,千臂万臂,八万四千母陀罗臂。二目三目四目九目。如是乃至一百八目，千目万目，八万四千清净宝目。或慈或威。或定或慧。救护众生。得大自在。

二者，由我闻思，脱出六尘，如声度垣，不能为碍。故我妙能现一一形，诵一一咒。其形其咒，能以无畏施诸众生。是故十方微尘国土，皆名我为施无畏者。

三者，由我修习本妙圆通清净本根。所游世界，皆令众生舍身珍宝，求我哀愍。

四者，我得佛心，证于究竟。能以珍宝种种，供养十方如来，傍及法界六道众生。求妻得妻，求子得子。求三昧得三昧。求长寿得长寿。如是乃至求大涅槃得大涅槃。

佛问圆通，我从耳门圆照三昧，缘心自在，因入流相，得三摩提，成就菩提，斯为第一。

世尊。彼佛如来，叹我善得圆通法门。于大会中，授记我为观世音号。由我观听十方圆明。故观音名遍十方界。

尔时世尊于师子座，从其五体同放宝光，远灌十方微尘如来，及法王子诸菩萨顶。彼诸如来亦于五体同放宝光，从微尘方来灌佛顶，并灌会中诸大菩萨及阿罗汉。林木池沼，皆演法音。交光相罗，如宝丝网。是诸大众，得未曾有。一切普获金刚三昧。即时天雨百宝莲华，青黄赤白，间错纷糅。十方虚空，成七宝色。此娑婆界大地山河，俱时不现。唯见十方微尘国土，合成一界。梵呗咏歌，自然敷奏。

于是如来，告文殊师利法王子。汝今观此二十五无学诸大菩萨，及阿罗汉，各说最初成道方便，皆言修习真实圆通。彼等修行，实无优劣前后差别。我今欲令阿难开悟，二十五行谁当其根。兼我灭后，此界众生，入菩萨乘求无上道，何方便门得易成就。

文殊师利法王子，奉佛慈旨，即从座起，顶礼佛足，承佛威神，说偈对佛。

觉海性澄圆	圆澄觉元妙	元明照生所	所立照性亡
迷妄有虚空	依空立世界	想澄成国土	知觉乃众生
空生大觉中	如海一沤发	有漏微尘国	皆依空所生
沤灭空本无	况复诸三有	归元性无二	方便有多门
圣性无不通	顺逆皆方便	初心入三昧	迟速不同伦
色想结成尘	精了不能彻	如何不明彻	于是获圆通
音声杂语言	但伊名句味	一非含一切	云何获圆通
香以合中知	离则元无有	不恒其所觉	云何获圆通
味性非本然	要以味时有	其觉不恒一	云何获圆通
触以所触明	无所不明触	合离性非定	云何获圆通
法称为内尘	凭尘必有所	能所非遍涉	云何获圆通
见性虽洞然	明前不明后	四维亏一半	云何获圆通

鼻息出入通　现前无交气　支离匪涉入　云何获圆通
舌非入无端　因味生觉了　味亡了无有　云何获圆通
身与所触同　各非圆觉观　涯量不冥会　云何获圆通
知根杂乱思　湛了终无见　想念不可脱　云何获圆通
识见杂三和　诘本称非相　自体先无定　云何获圆通
心闻洞十方　生于大因力　初心不能入　云何获圆通
鼻想本权机　只令摄心住　住成心所住　云何获圆通
说法弄音文　开悟先成者　名句非无漏　云何获圆通
持犯但束身　非身无所束　元非遍一切　云何获圆通
神通本宿因　何关法分别　念缘非离物　云何获圆通
若以地性观　坚碍非通达　有为非圣性　云何获圆通
若以水性观　想念非真实　如如非觉观　云何获圆通
若以火性观　厌有非真离　非初心方便　云何获圆通
若以风性观　动寂非无对　对非无上觉　云何获圆通
若以空性观　昏钝先非觉　无觉异菩提　云何获圆通
若以识性观　观识非常住　存心乃虚妄　云何获圆通
诸行是无常　念性元生灭　因果今殊感　云何获圆通
我今白世尊　佛出娑婆界　此方真教体　清净在音闻
欲取三摩提　实以闻中入　离苦得解脱　良哉观世音
于恒沙劫中　入微尘佛国　得大自在力　无畏施众生
妙音观世音　梵音海潮音　救世悉安宁　出世获常住
我今启如来　如观音所说　譬如人静居　十方俱击鼓
十处一时闻　此则圆真实　目非观障外　口鼻亦复然
身以合方知　心念纷无绪
隔垣听音响　遐迩俱可闻
五根所不齐　是则通真实　音声性动静　闻中为有无
无声号无闻　非实闻无性　声无既无灭　声有亦非生
生灭二圆离　是则常真实　纵令在梦想　不为不思无
觉观出思惟　身心不能及　今此娑婆国　声论得宣明
众生迷本闻　循声故流转　阿难纵强记　不免落邪思
岂非随所沦　旋流获无妄
阿难汝谛听
我承佛威力　宣说金刚王　如幻不思议　佛母真三昧
汝闻微尘佛　一切秘密门　欲漏不先除　畜闻成过误
将闻持佛佛　何不自闻闻　闻非自然生　因声有名字
旋闻与声脱　能脱欲谁名　一根既返源　六根成解脱
见闻如幻翳　三界若空华　闻复翳根除　尘销觉圆净
净极光通达　寂照含虚空　却来观世间　犹如梦中事
摩登伽在梦　谁能留汝形　如世巧幻师　幻作诸男女

虽见诸根动	要以一机抽	息机归寂然	诸幻成无性
六根亦如是	元依一精明	分成六和合	一处成休复
六用皆不成	尘垢应念销	成圆明净妙	
余尘尚诸学	明极即如来	大众及阿难	旋汝倒闻机
反闻闻自性	性成无上道	圆通实如是	
此是微尘佛	一路涅槃门	过去诸如来	斯门已成就
现在诸菩萨	今各入圆明	未来修学人	当依如是法
我亦从中证	非唯观世音	诚如佛世尊	询我诸方便
以救诸末劫	求出世间人	成就涅槃心	观世音为最
自余诸方便	皆是佛威神	即事舍尘劳	非是长修学
浅深同说法	顶礼如来藏	无漏不思议	愿加被未来
于此门无惑	方便易成就	堪以教阿难	及末劫沉沦
但以此根修	圆通超余者	真实心如是	

　　于是阿难及诸大众，身心了然，得大开示。观佛菩提及大涅槃。犹如有人因事远游，未得归还，明了其家所归道路。普会大众，天龙八部，有学二乘，及诸一切新发心菩萨，其数凡有十恒河沙，皆得本心，远尘离垢，获法眼净。性比丘尼闻说偈已。成阿罗汉。无量众生，皆发无等等阿耨多罗三藐三菩提心。

　　阿难整衣服，于大众中合掌顶礼。心迹圆明，悲欣交集。欲益未来诸众生故，稽首白佛。大悲世尊。我今已悟成佛法门，是中修行得无疑惑。常闻如来说如是言。自未得度先度人者，菩萨发心。自觉已圆能觉他者，如来应世。我虽未度，愿度末劫一切众生。世尊。此诸众生，去佛渐远。邪师说法，如恒河沙。欲摄其心入三摩地。云何令其安立道场，远诸魔事。于菩提心得无退屈。

　　尔时世尊于大众中，称赞阿难。善哉善哉。如汝所问安立道场，救护众生末劫沉溺。汝今谛听。当为汝说。阿难大众，唯然奉教。

　　佛告阿难。汝常闻我毗奈耶中，宣说修行三决定义。所谓摄心为戒。因戒生定。因定发慧。是则名为三无漏学。

　　阿难。云何摄心我名为戒。

　　若诸世界六道众生，其心不淫，则不随其生死相续。汝修三昧，本出尘劳。淫心不除，尘不可出。纵有多智，禅定现前。如不断淫，必落魔道。上品魔王、中品魔民、下品魔女。彼等诸魔，亦有徒众。各各自谓成无上道。我灭度后末法之中，多此魔民，炽盛世间，广行贪淫，为善知识，令诸众生落爱见坑失菩提路。汝教世人修三摩地，先断心淫。是名如来先佛世尊，第一决定清净明诲。是故阿难。若不断淫修禅定者，如蒸砂石，欲其成饭，经百千劫只名热砂。何以故？此非饭本，砂石成故。汝以淫身，求佛妙果。纵得妙悟，皆是淫根。根本成淫，轮转三涂，必不能出。如来涅槃，何路修证。必使淫机身心俱断，断性亦无，于佛菩提斯可希冀。如我此说，名为佛说。不如此说，即波旬说。

阿难。又诸世界六道众生，其心不杀，则不随其生死相续。汝修三昧，本出尘劳。杀心不除，尘不可出。纵有多智，禅定现前。如不断杀，必落神道。上品之人，为大力鬼。中品则为飞行夜叉诸鬼帅等。下品当为地行罗刹。彼诸鬼神亦有徒众。各各自谓成无上道。我灭度后末法之中，多此鬼神，炽盛世间，自言食肉得菩提路。阿难。我令比丘食五净肉。此肉皆我神力化生，本无命根。汝婆罗门，地多蒸湿，加以砂石，草菜不生。我以大悲神力所加，因大慈悲，假名为肉，汝得其味。奈何如来灭度之后，食众生肉，名为释子。汝等当知。是食肉人，纵得心开似三摩地，皆大罗刹，报终必沉生死苦海，非佛弟子。如是之人，相杀相吞，相食未已，云何是人得出三界。汝教世人修三摩地，次断杀生。是名如来先佛世尊，第二决定清净明诲。是故阿难。若不断杀修禅定者，譬如有人自塞其耳，高声大叫，求人不闻，此等名为欲隐弥露。清净比丘及诸菩萨，于歧路行，不蹋生草，况以手拔。云何大悲，取诸众生血肉充食。若诸比丘，不服东方丝绵绢帛，及是此土靴履裘毳，乳酪醍醐。如是比丘，于世真脱，酬还宿债，不游三界。何以故？服其身分，皆为彼缘。如人食其地中百谷，足不离地。必使身心，于诸众生若身身分，身心二涂，不服不食，我说是人真解脱者。如我此说，名为佛说。不如此说，即波旬说。

阿难。又复世界六道众生，其心不偷，则不随其生死相续。汝修三昧，本出尘劳。偷心不除，尘不可出。纵有多智，禅定现前。如不断偷，必落邪道。上品精灵、中品妖魅、下品邪人，诸魅所著。彼等群邪亦有徒众。各各自谓成无上道。我灭度后末法之中，多此妖邪，炽盛世间，潜匿奸欺，称善知识。各自谓已得上人法。詃惑无识，恐令失心。所过之处，其家耗散。我教比丘循方乞食，令其舍贪，成菩提道。诸比丘等，不自熟食，寄于残生，旅泊三界，示一往还，去已无返。云何贼人假我衣服，裨贩如来，造种种业，皆言佛法，却非出家具戒比丘，为小乘道。由是疑误无量众生，堕无间狱。若我灭后，其有比丘发心决定修三摩提，能于如来形像之前，身然一灯，烧一指节，及于身上爇一香炷。我说是人无始宿债，一时酬毕，长揖世间，永脱诸漏。虽未即明无上觉路。是人于法已决定心。若不为此舍身微因，纵成无为，必还生人，酬其宿债。如我马麦正等无异。汝教世人修三摩地，后断偷盗，是名如来先佛世尊，第三决定清净明诲。是故阿难。若不断偷修禅定者，譬如有人水灌漏卮欲求其满，纵经尘劫，终无平复。若诸比丘，衣钵之余，分寸不畜。乞食余分，施饿众生。于大集会，合掌礼众。有人捶詈，同于称赞。必使身心，二俱捐舍。身肉骨血，与众生共。不将如来不了义说，回为己解，以误初学。佛印是人得真三昧。如我所说，名为佛说。不如此说，即波旬说。

阿难。如是世界六道众生，虽则身心无杀盗淫，三行已圆，若大妄语，即三摩地不得清净，成爱见魔，失如来种。所谓未得谓得，未证言证。或求世间尊胜第一。谓前人言，我今已得须陀洹果，斯陀含果，阿那含果，阿罗汉道，辟支佛乘，十地地前诸位菩萨。求彼礼忏，贪其供养。是一颠迦，销灭佛种。如人以刀断多罗木。佛记是人永殒善根，无复知见。沈三苦海，不成三昧。我灭度后，敕诸菩萨及阿罗汉，应身生彼末法之中，作种种形，度诸轮转。或作沙门，白衣居士，人王宰官，童男童女，如是乃至淫女寡妇，奸偷屠贩，与其同事，称赞佛乘，令其身心入三摩地。终不自言我真菩萨，真阿罗汉，泄佛密因，轻言未学。唯除命终，阴有遗付。云何是人惑乱众生，成大妄语。汝教世人修三摩地，后复断除诸大妄语。是名如来先佛世尊，第四决定清净明诲。是故阿难。若不断其大妄语者，如刻人粪为栴檀形，欲求香气，无有是处。我教比丘直心道场，于四威仪一切行中，尚无虚假。云何自称得上人法。譬如穷人妄号帝王，自取诛灭。况复法王，如何妄窃。因地不真，果招纡曲。求佛菩提，如噬脐人，欲谁成就。若诸比丘，心如直弦，一切真实，入三摩地永无魔事。我印是人成就菩萨无上知觉。如我所说，名为佛说。不如此说，即波旬说。

卷七

阿难。汝问摄心。我今先说入三摩地，修学妙门，求菩萨道。要先持此四种律仪，皎如冰霜。自不能生一切枝叶。心三口四，生必无因。阿难。如是四事，若不遗失。心尚不缘色香味触。一切魔事，云何发生。若有宿习不能灭除。汝教是人，一心诵我.佛顶光明.摩诃萨怛多般怛啰.无上神咒。斯是如来无见顶相，无为心佛从顶发辉，坐宝莲华所说心咒。且汝宿世与摩登伽，历劫因缘恩爱习气，非是一生及与一劫。我一宣扬，爱心永脱，成阿罗汉。彼尚淫女，无心修行。神力冥资速证无学。云何汝等在会声闻，求最上乘决定成佛。譬如以尘扬于顺风，有何艰险。若有末世欲坐道场。先持比丘清净禁戒。要当选择戒清净者，第一沙门，以为其师。若其不遇真清净僧，汝戒律仪必不成就。戒成已后，著新净衣，然香闲居，诵此心佛所说神咒一百八遍，然后结界，建立道场。求于十方现住国土无上如来，放大悲光来灌其顶。阿难。如是末世清净比丘，若比丘尼，白衣檀越，心灭贪淫，持佛净戒。于道场中发菩萨愿。出入澡浴。六时行道。如是不寐，经三七日。我自现身至其人前，摩顶安慰，令其开悟。

阿难白佛言：世尊。我蒙如来无上悲诲，心已开悟。自知修证无学道成。末法修行建立道场，云何结界，合佛世尊清净轨则。

佛告阿难。若末世人愿立道场。先取雪山大力白牛。食其山中肥腻香草。此牛唯饮雪山清水。其粪微细。可取其粪，和合栴檀，以泥其地。若非雪山，其牛臭秽，不堪涂地。别于平原，穿去地皮五尺已下，取其黄土，和上栴檀、沉水、苏合、熏陆、郁金、白胶、青木、零陵、甘松、及鸡舌香。以此十种细罗为粉。合土成泥，以涂场地。方圆丈六，为八角坛。坛心置一金银铜木所造莲华。华中安钵。钵中先盛八月露水。水中随安所有华叶。取八圆镜，各安其方，围绕华钵。镜外建立十六莲华。十六香炉，间华铺设。庄严香炉，纯烧沉水，无令见火。取白牛乳，置十六器。乳为煎饼，并诸砂糖、油饼、乳糜、苏合、蜜姜、纯酥、纯蜜。于莲华外，各各十六围绕华外。以奉诸佛及大菩萨。每以食时，若在中夜，取蜜半升，用酥三合。坛前别安一小火炉。以兜楼婆香，煎取香水，沐浴其炭，然令猛炽。投是酥蜜于炎炉内，烧令烟尽，享佛菩萨。令其四外遍悬幡华。于坛室中，四壁敷设十方如来及诸菩萨所有形像。应于当阳，张卢舍那、释迦、弥勒、阿閦、弥陀。诸大变化观音形像，兼金刚藏，安其左右。帝释、梵王、乌刍瑟摩、并蓝地迦、诸军茶利、与毗俱胝、四天王等，频那夜迦，张于门侧，左右安置。又取八镜覆悬虚空，与坛场中所安之镜，方面相对，使其形影重重相涉。

于初七中，至诚顶礼十方如来，诸大菩萨，阿罗汉号。恒于六时诵咒围坛，至心行道。一时常行一百八遍。第二七中，一向专心发菩萨愿，心无间断。我毗奈耶先有愿教。第三七中，于十二时，一向持佛般怛啰咒。至第七日，十方如来一时出现。镜交光处，承佛摩顶。即于道场修三摩地。能令如是末世修学，身心明净犹如琉璃。阿难。若此比丘本受戒师，及同会中十比丘等，其中有一不清净者，如是道场多不成就。从三七后，端坐安居，经一百日。有利根者，不起于座，得须陀洹。纵其身心圣果未成，决定自知成佛不谬。汝问道场，建立如是。

阿难顶礼佛足，而白佛言：自我出家，恃佛憍爱。求多闻故，未证无为。遭彼梵天邪术所禁。心虽明了，力不自由。赖遇文殊，令我解脱。虽蒙如来佛顶神咒，冥获其力，尚未亲闻。惟愿大慈重为宣说，悲救此会诸修行辈，末及当来在轮回者，承佛密音，身意解脱。

于时会中一切大众，普皆作礼，伫闻如来秘密章句。尔时世尊从肉髻中，涌百宝光，光中涌出千叶宝莲。有化如来，坐宝华中，顶放十道百宝光明。一一光明，皆遍示现十恒河沙金刚密迹，擎山持杵，遍虚空界。大众仰观，畏爱兼抱，求佛哀祐。一心听佛无见顶相放光如来宣说神咒。

南无萨怛他 苏伽多耶 阿罗诃帝 三藐三菩陀写。萨怛他 佛陀俱胝 瑟尼钐。南无萨婆 勃陀勃地 萨跢鞞弊。南无萨多南 三藐三菩陀俱知喃。娑舍啰婆迦 僧伽喃。南无卢鸡 阿罗汉 跢喃。南无苏卢多波那喃。南无婆羯唎陀 伽弥喃。南无卢鸡三藐伽跢喃。三藐伽波啰 底波多那喃。南无提婆离瑟赧。南无悉陀耶 毗地耶 陀啰离瑟赧。舍波奴 揭啰诃 娑诃娑啰 摩他喃。南无跋啰诃摩尼。南无因陀啰耶。南无婆伽婆帝。嚧陀啰耶。乌摩般帝。娑醯夜耶。南无婆伽婆帝。那啰野拏耶。槃遮摩诃 三慕陀啰。南无悉羯唎多耶。南无婆伽婆帝。摩诃迦罗耶。地唎般剌那伽啰。毗陀啰 波拏迦啰耶。阿地目帝。尸摩舍那泥婆悉泥。摩怛唎伽拏。南无悉羯唎多耶。南无婆伽婆帝。多他伽跢 俱啰耶。南无般头摩 俱啰耶。南无跋阇啰 俱啰耶。南无摩尼 俱啰耶。南无伽阇 俱啰耶。南无婆伽婆帝。帝唎茶 输啰西那。波啰诃啰 拏啰阇耶。跢他伽多耶。南无婆伽婆帝。南无阿弥多婆耶。跢他伽多耶。阿啰诃帝。三藐三菩陀耶。南无婆伽婆帝。阿刍鞞耶。跢他伽多耶。阿啰诃帝。三藐三菩陀耶。南无婆伽婆帝。鞞沙阇耶 俱卢吠柱唎耶。般啰婆啰阇耶。跢他伽多耶。南无婆伽婆帝。三补师毖多。萨怜捺啰剌阇耶。跢他伽多耶。阿啰诃帝。三藐三菩陀耶。南无婆伽婆帝。舍鸡野 母那曳。跢他伽多耶。阿啰诃帝。三藐三菩陀耶。南无婆伽婆帝。剌怛那 鸡都啰阇耶。跢他伽多耶。阿啰诃帝。三藐三菩陀耶。帝瓢 南无萨羯唎多。翳昙 婆伽婆多。萨怛他 伽都瑟尼钐。萨怛多般怛蓝。南无阿婆啰视耽。般啰帝 扬歧啰。萨啰婆 部多揭啰诃。尼羯啰诃 羯迦啰诃尼。跋啰 毖地耶 叱陀你。阿迦啰 密唎柱。般唎 怛啰耶 儜揭唎。萨啰婆 槃陀那 目叉尼。萨啰婆 突瑟吒。突悉乏 般那你 伐啰尼。赭都啰 失帝南。羯啰诃 娑诃萨啰若阇。毗多崩娑那羯唎。阿瑟吒冰舍帝南。那叉刹怛啰 若阇。波啰萨陀 那羯唎。阿瑟吒南。摩诃羯啰诃 若阇。毗多崩 萨那羯唎。萨婆 舍都嚧 你婆啰若阇。呼蓝 突悉乏 难遮那舍尼。毖沙舍 悉怛啰。阿吉尼 乌陀迦啰 若阇。阿般啰视多具啰。摩诃般啰战持。摩诃叠多。摩诃帝阇。摩诃税多 阇婆啰。摩诃跋啰 槃陀啰 婆悉你。阿唎耶多啰。毗唎俱知。誓婆毗阇耶。跋阇啰 摩礼底。毗舍嚧多。勃腾罔迦。跋阇啰 制喝那阿遮。摩啰制婆 般啰质多。跋阇啰 擅持。毗舍啰遮。扇多舍 鞞提婆 补视多。苏摩嚧波。摩诃税多。阿唎耶多啰。摩诃婆啰 阿般啰。跋阇啰 商羯啰 制婆。跋阇啰 俱摩唎。俱蓝陀唎。跋阇啰 喝萨多遮。毗地耶 乾遮那 摩唎迦。啒苏母 婆羯啰跢那。鞞嚧遮那 俱唎耶。夜啰菟 瑟尼钐。毗折蓝婆摩尼遮。跋阇啰 迦那 迦波啰婆。嚧阇那 跋阇啰 顿稚遮。税多遮 迦摩啰。刹奢尸 波啰婆。翳帝夷帝。母陀啰羯拏。娑鞞啰忏。掘梵都 印兔那 么么写。

乌𤙖。唎瑟揭拏。 般剌 舍悉多。 萨怛他 伽都瑟尼钐。虎𤙖。都嚧雍。瞻婆那。虎𤙖。都嚧雍。悉眈婆那。虎𤙖。都嚧雍。波啰瑟地耶 三般叉 拏羯啰。虎𤙖。都嚧雍。萨婆药叉 喝啰刹娑。揭啰诃 若阇。毗腾崩 萨那羯啰。虎𤙖。都嚧雍。者都啰 尸底南。揭啰诃 娑诃萨啰南。 毗腾崩 萨那啰。虎𤙖。都嚧雍。啰叉。婆伽梵。萨怛他伽都瑟尼钐。波啰点 阇吉唎。摩诃 娑诃萨啰。勃树 娑诃萨啰 室唎沙。俱知 娑诃萨泥 帝隶。阿弊提视 婆唎多。吒吒罂迦。摩诃 跋阇嚧陀啰。帝唎 菩婆那。曼茶啰。乌𤙖。娑悉帝 薄婆都。么么。印兔那 么么写。

啰阇婆夜。主啰跋夜。阿祇尼 婆夜。乌陀迦 婆夜。毗沙 婆夜。舍萨多啰 婆夜。婆啰 斫羯啰 婆夜。突瑟叉 婆夜。阿舍你 婆夜。阿迦啰 密唎柱 婆夜。陀啰尼 部弥剑 波伽波陀 婆夜。乌啰迦 婆多 婆夜。剌阇坛茶 婆夜。那伽婆夜。毗条怛 婆夜。苏波啰拏 婆夜。药叉揭啰诃。啰叉私 揭啰诃。毕唎多 揭啰诃。毗舍遮 揭啰诃。部多 揭啰诃。鸠槃茶 揭啰诃。补丹那 揭啰诃。迦吒补丹那 揭啰诃。悉乾度 揭啰诃。阿播悉摩啰 揭啰诃。乌檀摩陀 揭啰诃。车夜揭啰诃。醯唎婆帝 揭啰诃。社多 诃唎南。揭婆 诃唎南。嚧地啰 诃唎南。忙娑 诃唎南。谜陀 诃唎南。摩阇 诃唎南。阇多 诃唎女。视比多 诃唎南。毗多 诃唎南。婆多 诃唎南。阿输遮 诃唎女。质多 诃唎女。帝钐 萨鞞钐。萨婆 揭啰诃南。毗陀夜阇 嗔陀夜弥。鸡啰夜弥。波唎 跋啰者迦 讫唎担。毗陀夜阇 嗔陀夜弥。鸡啰夜弥。茶演尼 讫唎担。毗陀夜阇 嗔陀夜弥。鸡啰夜弥。摩诃般输 般怛夜。嚧陀啰 讫唎担。毗陀夜阇 嗔陀夜弥。鸡啰夜弥。那啰夜拏 讫唎担。毗陀夜阇 嗔陀夜弥。鸡啰夜弥。怛埵伽嚧 茶西 讫唎担。毗陀夜阇 嗔陀夜弥。鸡啰夜弥。摩诃迦啰 摩怛唎伽拏 讫唎担。毗陀夜阇 嗔陀夜弥。鸡啰夜弥。迦波唎迦讫唎担。毗陀夜阇 嗔陀夜弥。鸡啰夜弥。阇耶羯啰 摩度羯啰。萨婆 啰他 娑达那 讫唎担。毗陀夜阇 嗔陀夜弥。鸡啰夜弥。赭咄啰 婆耆你 讫唎担。毗陀夜阇 嗔陀夜弥。鸡啰夜弥。毗唎羊 讫唎知。难陀 鸡沙啰 伽拏 般帝。索醯夜 讫唎担。毗陀夜阇 嗔陀夜弥。鸡啰夜弥。那揭那 舍啰 婆拏 讫唎担。毗陀夜阇 嗔陀夜弥。鸡啰夜弥。阿罗汉 讫唎担 毗陀夜阇 嗔陀夜弥。鸡啰夜弥。毗多啰伽 讫唎担。毗陀夜阇 嗔陀夜弥。鸡啰夜弥。跋阇啰波你。具醯夜 具醯夜。迦地 般帝 讫唎担。毗陀夜阇 嗔陀夜弥。鸡啰夜弥。啰叉罔。婆伽梵。印兔那 么么写。

婆伽梵。萨怛多 般怛啰。南无粹都帝。阿悉多 那啰剌迦。波啰婆 悉普吒。毗迦 萨怛多 钵帝唎。什佛啰 什佛啰。陀啰陀啰。频陀啰 频陀啰 嗔陀嗔陀。虎𤙖。虎𤙖。泮吒。泮吒 泮吒 泮吒 泮吒。娑诃。醯醯泮。阿牟迦耶泮。阿波啰 提诃多泮。婆啰 波啰陀泮。阿素啰 毗陀啰 波迦泮。萨婆 提鞞 弊泮。萨婆 那伽 弊泮。萨婆 药叉 弊泮。萨婆 乾闼婆 弊泮。萨婆 补丹那 弊泮。迦吒补丹那 弊泮。萨婆 突狼枳帝 弊泮。萨婆 突涩比犁讫瑟帝 弊泮。萨婆 什婆唎 弊泮。萨婆 阿播悉摩犁 弊泮。萨婆 舍啰 婆拏 弊泮。萨婆 地帝鸡 弊泮。萨婆 怛摩陀继 弊泮。萨婆 毗陀耶 啰誓 遮犁 弊泮。阇夜羯啰 摩度羯啰。萨婆 啰他 娑陀鸡 弊泮。毗地夜 遮唎 弊泮。者都啰 缚

耆你 弊泮。跋阇啰 俱摩唎。毗陀夜 啰誓 弊泮。摩诃波啰 丁羊 乂耆唎 弊泮。跋阇啰 商羯啰夜。波啰丈耆 啰阇耶泮。摩诃迦啰夜。摩诃 末怛唎迦拏。南无 娑羯唎多 夜泮。毖瑟拏婢 曳泮。勃啰诃 牟尼 曳泮。阿耆尼 曳泮。摩诃羯唎 曳泮。羯啰檀持 曳泮。蔑怛唎 曳泮。唠怛唎 曳泮。遮文茶 曳泮。羯逻啰怛唎 曳泮。迦般唎 曳泮。阿地目 质多 迦尸摩 舍那。婆私你 曳泮。演吉质。萨埵 婆写。么么印兔那 么么写。

突瑟吒 质多。阿末怛唎 质多。乌阇 诃啰。伽婆 诃啰。嚧地啰诃啰。婆娑 诃啰。摩阇 诃啰。阇多 诃啰。视毖多 诃啰。跋略夜 诃啰。乾陀 诃啰。布史波 诃啰。颇啰 诃啰。婆写 诃啰。般波 质多。突瑟吒 质多。唠陀啰 质多。药叉 揭啰诃。啰刹娑 揭啰诃。闭隶多 揭啰诃。毗舍遮 揭啰诃。部多 揭啰诃。鸠槃茶 揭啰诃。悉乾陀 揭啰诃。乌怛摩陀 揭啰诃。车夜 揭啰诃。阿播萨摩啰 揭啰诃。宅祛革茶耆尼 揭啰诃。唎佛帝 揭啰诃。阇弥迦 揭啰诃。舍俱尼 揭啰诃。姥陀啰 难地迦 揭啰诃。阿蓝婆 揭啰诃。乾度波尼 揭啰诃。什伐啰堙迦醯迦。坠帝药迦。怛隶帝药迦。者突托迦。昵提 什伐啰 毖钐摩 什伐啰。薄底迦。鼻底迦。室隶 瑟密迦。娑你 般帝迦。萨婆 什伐啰。室嚧吉帝。末陀 鞞达 嚧制剑。阿绮嚧钳。目佉嚧钳。羯唎突嚧钳。揭啰诃 揭蓝。羯拏 输蓝。惮多 输蓝。迄唎夜 输蓝。末么 输蓝。跋唎室婆 输蓝。毖栗瑟吒 输蓝。乌陀啰 输蓝。羯知输蓝。跋悉帝输蓝。邬嚧输蓝。常伽输蓝。喝悉多输蓝。跋陀输蓝。娑房盎伽 般啰 丈伽 输蓝。部多 毖跢茶。茶耆尼 什婆啰。陀突嚧迦 建咄嚧吉知 婆路多毗。萨般嚧 诃凌伽。输沙怛啰 娑那羯啰。毗沙喻迦。阿耆尼 乌陀迦。末啰 鞞啰 建跢啰。阿迦啰 密唎咄 怛敛部迦。地栗剌吒。毖唎瑟质迦。萨婆那俱啰。肆引伽弊 揭啰唎 药叉 怛啰刍。末啰视吠帝钐 娑鞞钐。悉怛多 钵怛啰。摩诃跋阇嚧 瑟尼钐。摩诃般赖 丈耆蓝。夜波突陀 舍喻阇那。辫怛隶拏。毗陀耶 槃昙迦嚧弥。帝殊 槃昙迦嚧弥。般啰毗陀 槃昙迦嚧弥。跢侄他。唵。阿那隶。毗舍提。鞞啰 跋阇啰 陀唎。槃陀槃陀你。跋阇啰 谤尼泮。虎𤙖都嚧瓮泮。莎婆诃。

阿难。是佛顶光聚.悉怛多般怛罗.秘密伽陀.微妙章句。出生十方一切诸佛。十方如来，因此咒心，得成无上正遍知觉。十方如来，执此咒心，降伏诸魔，制诸外道。十方如来，乘此咒心，坐宝莲华，应微尘国。十方如来，含此咒心，于微尘国转大法轮。十方如来，持此咒心，能于十方摩顶授记。自果未成，亦于十方蒙佛授记。十方如来，依此咒心，能于十方拔济群苦。所谓地狱饿鬼畜生，盲聋喑哑，怨憎会苦、爱别离苦、求不得苦、五阴炽盛，大小诸横同时解脱。贼难兵难、王难狱难、风火水难、饥渴贫穷，应念销散。十方如来，随此咒心，能于十方事善知识，四威仪中供养如意。恒沙如来会中，推为大法王子。十方如来，行此咒心，能于十方摄受亲因，令诸小乘闻秘密藏，不生惊怖。十方如来，诵此咒心，成无上觉，坐菩提树，入大涅槃。十方如来，传此咒心，于灭度后付佛法事，究竟住持，严净戒律，悉得清净。若我说是佛顶光聚般怛罗咒，从旦至暮，音声相联，字句中间，亦不重叠，经恒沙劫终不能尽。亦说此咒名如来顶。汝等有学，未尽轮回，发心至诚取阿罗汉，不持此咒而坐道场，令其身心远诸魔事，无有是处。

阿难。若诸世界，随所国土所有众生，随国所生桦皮贝叶纸素白叠毛书写此咒，贮于香囊。是人心昏，未能诵忆。或带身上。或书宅中。当知是人尽其生年，一切诸毒所不能害。阿难。我今为汝更说此咒，救护世间得大无畏，成就众生出世间智。若我灭后，末世众生，有能自诵，若教他诵，当知如是诵持众生，火不能烧，水不能溺，大毒小毒所不能害。如是乃至龙天鬼神，精祇魔魅，所有恶咒，皆不能著。心得正受。一切咒诅厌蛊毒药、金毒银毒、草木虫蛇万物毒气，入此人口，成甘露味。一切恶星并诸鬼神，碜心毒人，于如是人不能起恶。频那夜迦诸恶鬼王，并其眷属，皆领深恩，常加守护。

阿难当知。是咒常有.八万四千.那由他.恒河沙.俱胝.金刚藏王菩萨种族。一一皆有诸金刚众而为眷属，昼夜随侍。设有众生，于散乱心，非三摩地，心忆口持。是金刚王，常随从彼诸善男子。何况决定菩提心者。此诸金刚菩萨藏王，精心阴速，发彼神识。是人应时心能记忆八万四千恒河沙劫，周遍了知，得无疑惑。从第一劫乃至后身，生生不生药叉罗刹，及富单那，迦吒富单那，鸠槃茶，毗舍遮等，并诸饿鬼，有形无形、有想无想、如是恶处。是善男子，若读若诵、若书若写、若带若藏，诸色供养，劫劫不生贫穷下贱不可乐处。此诸众生，纵其自身不作福业，十方如来所有功德，悉与此人。由是得于恒河沙阿僧祇不可说不可说劫，常与诸佛同生一处。无量功德，如恶叉聚。同处熏修，永无分散。是故能令破戒之人，戒根清净。未得戒者，令其得戒。未精进者，令得精进。无智慧者，令得智慧。不清净者，速得清净。不持斋戒，自成斋戒。

阿难。是善男子持此咒时。设犯禁戒于未受时。持咒之后。众破戒罪，无问轻重，一时销灭。纵经饮酒，食啖五辛，种种不净，一切诸佛菩萨金刚天仙鬼神不将为过。设著不净破弊衣服。一行一住悉同清净。纵不作坛，不入道场，亦不行道，诵持此咒，还同入坛行道功德，无有异也。若造五逆无间重罪，及诸比丘比丘尼四弃八弃，诵此咒已，如是重业，犹如猛风吹散沙聚。悉皆灭除，更无毫发。

阿难。若有众生，从无量无数劫来，所有一切轻重罪障，从前世来未及忏悔。若能读诵书写此咒，身上带持，若安住处庄宅园馆。如是积业，犹汤销雪。不久皆得悟无生忍。复次阿难。若有女人，未生男女，欲求孕者。若能至心忆念斯咒。或能身上带此悉怛多般怛啰者。便生福德智慧男女。求长命者，即得长命。欲求果报速圆满者，速得圆满。身命色力，亦复如是。命终之后，随愿往生十方国土。必定不生边地下贱，何况杂形。

阿难。若诸国土州县聚落，饥荒疫疠。或复刀兵，贼难斗诤。兼余一切厄难之地。写此神咒，安城四门，并诸支提，或脱阇上。令其国土所有众生，奉迎斯咒，礼拜恭敬，一心供养。令其人民各各身佩。或各各安所居宅地。一切灾厄悉皆销灭。阿难。在在处处，国土众生，随有此咒，天龙欢喜，风雨顺时，五谷丰殷，兆庶安乐。亦复能镇一切恶星，随方变怪。灾障不起。人无横夭。杻械枷锁不著其身。昼夜安眠，常无恶梦。

阿难。是娑婆界，有八万四千灾变恶星。二十八大恶星而为上首。复有八大恶星以为其主。作种种形出现世时，能生众生种种灾异。有此咒地，悉皆销灭。十二由旬成结界地。诸恶灾祥永不能入。是故如来宣示此咒，于未来世，保护初学诸修行者，入三摩提，身心泰然，得大安隐。更无一切诸魔鬼神，及无始来冤横宿殃，旧业陈债，来相恼害。汝及众中诸有学人，及未来世诸修行者，依我坛场如法持戒，所受戒主，逢清净僧，持此咒心，不生疑悔。是善男子，于此父母所生之身，不得心通，十方如来便为妄语。

说是语已。会中无量百千金刚，一时佛前合掌顶礼，而白佛言：如佛所说。我当诚心保护如是修菩提者。尔时梵王、并天帝释、四天大王，亦于佛前同时顶礼，而白佛言：审有如是修学善人，我当尽心至诚保护，令其一生所作如愿。复有无量药叉大将、诸罗刹王、富单那王、鸠槃茶王、毗舍遮王、频那夜迦、诸大鬼王、及诸鬼帅，亦于佛前合掌顶礼。我亦誓愿护持是人，令菩提心速得圆满。复有无量日月天子，风师雨师，云师雷师，并电伯等，年岁巡官，诸星眷属，亦于会中顶礼佛足，而白佛言：我亦保护是修行人，安立道场，得无所畏。复有无量山神海神，一切土地水陆空行，万物精只，并风神王，无色界天，于如来前，同时稽首而白佛言：我亦保护是修行人，得成菩提，永无魔事。

尔时八万四千那由他恒河沙俱胝金刚藏王菩萨，在大会中，即从座起，顶礼佛足而白佛言：世尊。如我等辈，所修功业，久成菩提，不取涅槃，常随此咒，救护末世修三摩提正修行者。世尊。如是修心求正定人，若在道场及余经行，乃至散心游戏聚落，我等徒众，常当随从侍卫此人。纵令魔王大自在天，求其方便，终不可得。诸小鬼神，去此善人十由旬外。除彼发心乐修禅者。世尊。如是恶魔，若魔眷属，欲来侵扰是善人者。我以宝杵殒碎其首，犹如微尘。恒令此人，所作如愿。

阿难即从座起，顶礼佛足而白佛言：我辈愚钝，好为多闻。于诸漏心，未求出离。蒙佛慈诲，得正熏修，身心快然，获大饶益。世尊。如是修证佛三摩提，未到涅槃。云何名为干慧之地，四十四心。至何渐次，得修行目。诣何方所，名入地中。云何名为等觉菩萨。作是语已，五体投地。大众一心，伫佛慈音，瞪瞢瞻仰。

尔时世尊赞阿难言：善哉善哉。汝等乃能普为大众，及诸末世一切众生，修三摩提求大乘者，从于凡夫终大涅槃，悬示无上正修行路。汝今谛听。当为汝说。阿难大众，合掌刳心，默然受教。佛言：阿难当知。妙性圆明，离诸名相，本来无有世界众生。因妄有生。因生有灭。生灭名妄。灭妄名真。是称如来无上菩提，及大涅槃，二转依号。阿难。汝今欲修真三摩地，直诣如来大涅槃者，先当识此众生世界二颠倒因。颠倒不生，斯则如来真三摩地。

阿难。云何名为众生颠倒。阿难。由性明心，性明圆故。因明发性，性妄见生。从毕竟无成究竟有。此有所有，非因所因，住所住相，了无根本。本此无住，建立世界，及诸众生。迷本圆明，是生虚妄。妄性无体，非有所依。将欲复真，欲真已非真真如性。非真求复，宛成非相。非生非住，非心非法，展转发生。生力发明，熏以成业。同业相感。因有感业相灭相生。由是故有众生颠倒。

阿难。云何名为世界颠倒。是有所有，分段妄生，因此界立。非因所因，无住所住，迁流不住，因此世成。三世四方，和合相涉，变化众生成十二类。是故世界因动有声。因声有色。因色有香。因香有触。因触有味。因味知法。六乱妄想成业性故。十二区分由此轮转。是故世间声香味触，穷十二变为一旋复。乘此轮转颠倒相故。是有世界卵生、胎生、湿生、化生、有色、无色、有想、无想、若非有色、若非无色、若非有想、若非无想。

阿难。由因世界虚妄轮回，动颠倒故，和合气成八万四千飞沉乱想。如是故有卵羯逻蓝，流转国土。鱼鸟龟蛇，其类充塞。

由因世界杂染轮回，欲颠倒故，和合滋成八万四千横竖乱想。如是故有胎遏蒲昙，流转国土。人畜龙仙，其类充塞。

由因世界执著轮回，趣颠倒故，和合暖成八万四千翻覆乱想。如是故有湿相蔽尸，流转国土。含蠢蠕动，其类充塞。

由因世界变易轮回，假颠倒故。和合触成八万四千新故乱想。如是故有化相羯南，流转国土。转蜕飞行，其类充塞。

由因世界留碍轮回，障颠倒故，和合著成八万四千精耀乱想。如是故有色相羯南，流转国土。休咎精明，其类充塞。

由因世界销散轮回，惑颠倒故。和合暗成八万四千阴隐乱想。如是故有无色羯南，流转国土。空散销沉，其类充塞。

由因世界罔象轮回，影颠倒故，和合忆成八万四千潜结乱想。如是故有想相羯南，流转国土。神鬼精灵，其类充塞。

由因世界愚钝轮回，痴颠倒故，和合顽成八万四千枯槁乱想。如是故有无想羯南，流转国土。精神化为土木金石，其类充塞。

由因世界相待轮回，伪颠倒故，和合染成八万四千因依乱想。如是故有非有色相，成色羯南，流转国土。诸水母等，以虾为目，其类充塞。

由因世界相引轮回，性颠倒故，和合咒成八万四千呼召乱想。由是故有非无色相，无色羯南，流转国土。咒诅厌生，其类充塞。

由因世界合妄轮回，罔颠倒故，和合异成八万四千回互乱想。如是故有非有想相，成想羯南，流转国土。彼蒲卢等异质相成，其类充塞。

由因世界怨害轮回，杀颠倒故，和合怪成八万四千食父母想。如是故有非无想相，无想羯南，流转国土。如土枭等附块为儿，及破镜鸟以毒树果，抱为其子，子成，父母皆遭其食，其类充塞。是名众生十二种类。

卷八

阿难。如是众生一一类中，亦各各具十二颠倒。犹如捏目乱华发生。颠倒妙圆真净明心，具足如斯虚妄乱想。汝今修证佛三摩提，于是本因元所乱想。立三渐次，方得除灭。如净器中除去毒蜜，以诸汤水并杂灰香，洗涤其器，后贮甘露。云何名为三种渐次。一者修习，除其助因。二者真修，刳其正性。三者增进，违其现业。

云何助因。阿难。如是世界十二类生，不能自全，依四食住。所谓段食、触食、思食、识食。是故佛说一切众生皆依食住。阿难。一切众生，食甘故生，食毒故死。是诸众生求三摩提，当断世间五种辛菜。是五种辛，熟食发淫，生啖增恚。如是世界食辛之人，纵能宣说十二部经。十方天仙，嫌其臭秽，咸皆远离。诸饿鬼等，因彼食次，舐其唇吻。常与鬼住。福德日销。长无利益。是食辛人修三摩地，菩萨天仙，十方善神，不来守护。大力魔王得其方便，现作佛身，来为说法，非毁禁戒，赞淫怒痴。命终自为魔王眷属。受魔福尽，堕无间狱。阿难。修菩提者永断五辛。是则名为第一增进修行渐次。

云何正性。阿难。如是众生入三摩地，要先严持清净戒律。永断淫心。不餐酒肉。以火净食，无啖生气。阿难。是修行人，若不断淫及与杀生，出三界者，无有是处。当观淫欲，犹如毒蛇，如见怨贼。先持声闻四弃八弃，执身不动。后行菩萨清净律仪，执心不起。禁戒成就，则于世间永无相生相杀之业。偷劫不行，无相负累，亦于世间不还宿债。是清净人修三摩地，父母肉身，不须天眼，自然观见十方世界。睹佛闻法，亲奉圣旨。得大神通，游十方界。宿命清净，得无艰险。是则名为第二增进修行渐次。

云何现业。阿难。如是清净持禁戒人，心无贪淫，于外六尘不多流逸。因不流逸，旋元自归。尘既不缘，根无所偶。反流全一，六用不行。十方国土，皎然清净。譬如琉璃，内悬明月。身心快然，妙圆平等，获大安隐。一切如来密圆净妙，皆现其中。是人即获无生法忍。从是渐修，随所发行，安立圣位。是则名为第三增进修行渐次。

　　阿难。是善男子。欲爱干枯，根境不偶。现前残质，不复续生。执心虚明，纯是智慧。慧性明圆，蓥十方界。干有其慧，名干慧地。

　　欲习初干，未与如来法流水接。即以此心，中中流入，圆妙开敷。从真妙圆，重发真妙。

　　妙信常住。一切妄想灭尽无余。中道纯真。名信心住。

　　真信明了，一切圆通。阴处界三不能为碍。如是乃至过去未来，无数劫中，舍身受身一切习气，皆现在前。是善男子，皆能忆念，得无遗忘。名念心住。

　　妙圆纯真。真精发化。无始习气通一精明。唯以精明进趣真净。名精进心。

　　心精现前。纯以智慧。名慧心住。

　　执持智明。周遍寂湛。寂妙常凝。名定心住。

　　定光发明。明性深入。唯进无退。名不退心。

　　心进安然，保持不失。十方如来气分交接。名护法心。

　　觉明保持。能以妙力，回佛慈光，向佛安住。犹如双镜，光明相对。其中妙影重重相入。名回向心。

　　心光密回，获佛常凝无上妙净。安住无为，得无遗失。名戒心住。

　　住戒自在。能游十方，所去随愿。名愿心住。

　　阿难。是善男子，以真方便发此十心。心精发晖，十用涉入，圆成一心。名发心住。

　　心中发明，如净琉璃内现精金。以前妙心，履以成地。名治地住。

　　心地涉知，俱得明了。游履十方，得无留碍。名修行住。

　　行与佛同。受佛气分。如中阴身自求父母。阴信冥通，入如来种。名生贵住。

　　既游道胎，亲奉觉胤。如胎已成，人相不缺。名方便具足住。

　　容貌如佛。心相亦同。名正心住。

　　身心合成，日益增长。名不退住。

　　十身灵相，一时具足。名童真住。

　　形成出胎，亲为佛子。名法王子住。

　　表以成人。如国大王以诸国事分委太子。彼刹利王世子长成。陈列灌顶。名灌顶住。

　　阿难。是善男子成佛子已。具足无量如来妙德。十方随顺。名欢喜行。

善能利益一切众生。名饶益行。

自觉觉他，得无违拒。名无嗔恨行。

种类出生，穷未来际，三世平等，十方通达。名无尽行。

一切合同，种种法门，得无差误。名离痴乱行。

则于同中，显现群异。一一异相，各各见同。名善现行。

如是乃至十方虚空满足微尘，一一尘中现十方界。现尘现界，不相留碍。名无著行。

种种现前，咸是第一波罗密多。名尊重行。

如是圆融，能成十方诸佛轨则。名善法行。

一一皆是清净无漏，一真无为，性本然故。名真实行。

阿难。是善男子，满足神通，成佛事已。纯洁精真，远诸留患。当度众生，灭除度相。回无为心，向涅槃路。名救护一切众生离众生相回向。

坏其可坏。远离诸离。名不坏回向。

本觉湛然。觉齐佛觉。名等一切佛回向。

精真发明，地如佛地。名至一切处回向。

世界如来。互相涉入，得无挂碍。名无尽功德藏回向。

于同佛地，地中各各生清净因。依因发挥，取涅槃道。名随顺平等善根回向。

真根既成。十方众生皆我本性。性圆成就，不失众生。名随顺等观一切众生回向。

即一切法，离一切相。唯即与离，二无所著。名真如相回向。

真得所如，十方无碍。名无缚解脱回向。

性德圆成，法界量灭。名法界无量回向。

阿难。是善男子，尽是清净四十一心。次成四种妙圆加行。即以佛觉用为己心，若出未出。犹如钻火，欲然其木。名为暖地。

又以己心，成佛所履，若依非依。如登高山，身入虚空，下有微碍。名为顶地。

心佛二同，善得中道。如忍事人，非怀非出。名为忍地。

数量销灭。迷觉中道，二无所目。名世第一地。

阿难。是善男子，于大菩提善得通达，觉通如来，尽佛境界。名欢喜地。

异性入同，同性亦灭。名离垢地。

净极明生。名发光地。

明极觉满。名焰慧地。

一切同异，所不能至。名难胜地。

无为真如，性净明露。名现前地。

尽真如际。名远行地。

一真如心。名不动地。

发真如用。名善慧地。

阿难。是诸菩萨，从此已往，修习毕功，功德圆满。亦目此地，名修习位。慈阴妙云，覆涅槃海。名法云地。

如来逆流，如是菩萨顺行而至，觉际入交。名为等觉。

阿难。从干慧心至等觉已，是觉始获金刚心中初干慧地，如是重重单复十二，方尽妙觉，成无上道。

是种种地，皆以金刚观察如幻十种深喻。奢摩他中，用诸如来毗婆舍那，清净修证，渐次深入。

阿难。如是皆以三增进故，善能成就五十五位真菩提路。作是观者，名为正观。若他观者，名为邪观。

尔时文殊师利法王子，在大众中，即从座起，顶礼佛足，而白佛言：当何名是经。我及众生云何奉持。

佛告文殊师利。是经名大佛顶悉怛多般怛罗无上宝印，十方如来清净海眼。亦名救护亲因，度脱阿难，及此会中性比丘尼，得菩提心，入遍知海。亦名如来密因修证了义。亦名大方广妙莲华王，十方佛母陀罗尼咒。亦名灌顶章句，诸菩萨万行首楞严。汝当奉持。

说是语已。即时阿难及诸大众，得蒙如来开示密印般怛罗义。兼闻此经了义名目。顿悟禅那修进圣位。增上妙理，心虑虚凝。断除三界修心六品微细烦恼。即从座起，顶礼佛足，合掌恭敬而白佛言：大威德世尊。慈音无遮。善开众生微细沈惑。令我今日身心快然，得大饶益。世尊。若此妙明真净妙心，本来遍圆。如是乃至大地草木，蠕动含灵，本元真如，即是如来成佛真体。佛体真实，云何复有地狱、饿鬼、畜生、修罗、人、天、等道。世尊。此道为复本来自有。为是众生妄习生起。世尊。如宝莲香比丘尼，持菩萨戒，私行淫欲。妄言行淫非杀非偷，无有业报。发是语已，先于女根生大猛火，后于节节猛火烧然，堕无间狱。琉璃大王。善星比丘。琉璃为诛瞿昙族姓。善星妄说一切法空。生身陷入阿鼻地狱。此诸地狱，为有定处，为复自然，彼彼发业，各各私受。惟垂大慈，开发童蒙。令诸一切持戒众生，闻决定义，欢喜顶戴，谨洁无犯。

佛告阿难。快哉此问。令诸众生不入邪见。汝今谛听。当为汝说。阿难。一切众生实本真净。因彼妄见，有妄习生。因此分开内分外分。

阿难。内分即是众生分内。因诸爱染，发起妄情。情积不休，能生爱水。是故众生，心忆珍羞，口中水出。心忆前人，或怜或恨，目中泪盈。贪求财宝，心发爱涎，举体光润。心著行淫，男女二根，自然流液。阿难。诸爱虽别，流结是同。润湿不升，自然从坠。此名内分。

阿难。外分即是众生分外。因诸渴仰，发明虚想。想积不休能生胜气。是故众生，心持禁戒，举身轻清。心持咒印，顾盼雄毅。心欲生天，梦想飞举。心存佛国，圣境冥现。事善知识，自轻身命。阿难。诸想虽别，轻举是同。飞动不沈，自然超越。此名外分。

阿难。一切世间生死相续。生从顺习。死从变流。临命终时，未舍暖触，一生善恶俱时顿现，死逆生顺，二习相交。纯想即飞，必生天上。若飞心中，兼福兼慧，及与净愿，自然心开，见十方佛，一切净土，随愿往生。

情少想多，轻举非远。即为飞仙，大力鬼王、飞行夜叉、地行罗刹、游于四天，所去无碍。

其中若有善愿善心，护持我法。或护禁戒，随持戒人。或护神咒，随持咒者。或护禅定，保绥法忍。是等亲住如来座下。

情想均等，不飞不坠，生于人间。想明斯聪。情幽斯钝。

情多想少，流入横生，重为毛群，轻为羽族。

七情三想，沉下水轮，生于火际，受气猛火，身为饿鬼，常被焚烧，水能害己，无食无饮，经百千劫。

九情一想，下洞火轮，身入风火二交过地，轻生有间，重生无间，二种地狱。

纯情即沈，入阿鼻狱。

若沉心中，有谤大乘，毁佛禁戒，诳妄说法，虚贪信施，滥膺恭敬，五逆十重，更生十方阿鼻地狱。

循造恶业，虽则自招。众同分中，兼有元地。

阿难。此等皆是彼诸众生自业所感。造十习因。受六交报。

云何十因。阿难。

一者、淫习交接，发于相磨。研磨不休，如是故有大猛火光，于中发动。如人以手自相摩触，暖相现前。二习相然，故有铁床铜柱诸事。是故十方一切如来，色目行淫，同名欲火。菩萨见欲，如避火坑。

二者、贪习交计，发于相吸。吸揽不止，如是故有积寒坚冰，于中冻冽。如人以口吸缩风气，有冷触生。二习相陵，故有咤咤、波波、罗罗、青赤白莲、寒冰、等事。是故十方一切如来，色目多求，同名贪水。菩萨见贪，如避瘴海。

三者、慢习交陵，发于相恃。驰流不息，如是故有腾逸奔波，积波为水。如人口舌自相绵味，因而水发。二习相鼓，故有血河、灰河、热沙、毒海、融铜、灌吞诸事。是故十方一切如来，色目我慢，名饮痴水。菩萨见慢，如避巨溺。

四者、嗔习交冲，发于相忤。忤结不息心热发火，铸气为金。如是故有刀山、铁橛、剑树、剑轮、斧钺、锉锯。如人衔冤，杀气飞动。二习相击，故有宫割斩斫，剉刺槌击诸事。是故十方一切如来，色目嗔恚，名利刀剑。菩萨见嗔，如避诛戮。

五者、诈习交诱，发于相调。引起不住，如是故有绳木绞校。如水浸田。草木生长。二习相延，故有杻械枷锁鞭杖樇棒诸事。是故十方一切如来，色目奸伪，同名谗贼。菩萨见诈，如畏豺狼。

六者、诳习交欺，发于相罔。诬罔不止，飞心造奸。如是故有尘土屎尿，秽污不净。如尘随风，各无所见。二习相加，故有没溺腾掷，飞坠漂沦诸事。是故十方一切如来，色目欺诳，同名劫杀。菩萨见诳，如践蛇虺。

七者。怨习交嫌，发于衔恨。如是故有飞石投礰，匣贮车槛，瓮盛囊扑。如阴毒人，怀抱畜恶。二习相吞，故有投掷擒捉，击射抛撮诸事。是故十方一切如来，色目怨家，名违害鬼。菩萨见怨，如饮鸩酒。

八者、见习交明，如萨迦耶，见戒禁取，邪悟诸业，发于违拒，出生相反。如是故有王使主吏，证执文籍。如行路人，来往相见。二习相交，故有勘问权诈、考讯推鞫、察访、披究、照明、善恶童子，手执文簿辞辩诸事。是故十方一切如来，色目恶见，同名见坑。菩萨见诸虚妄遍执，如入毒壑。

九者、枉习交加，发于诬谤。如是故有合山合石，碾硙耕磨。如谗贼人，逼枉良善。二习相排，故有押捺捶按，蹙漉衡度诸事。是故十方一切如来，色目怨谤，同名谗虎。菩萨见枉，如遭霹雳。

十者、讼习交諠，发于藏覆。如是故有鉴见照烛。如于日中，不能藏影。二习相陈，故有恶友、业镜、火珠、披露宿业，对验诸事。是故十方一切如来，色目覆藏，同名阴贼。菩萨观覆，如戴高山，履于巨海。

云何六报。阿难。一切众生六识造业。所招恶报，从六根出。

云何恶报从六根出。

一者见报招引恶果。此见业交，则临终时，先见猛火满十方界。亡者神识，飞坠乘烟，入无间狱。发明二相。一者明见，则能遍见种种恶物，生无量畏。二者暗见，寂然不见，生无量恐。如是见火。烧听，能为镬汤烊铜。烧息，能为黑烟紫焰。烧味，能为焦丸铁糜。烧触，能为热灰炉炭。烧心，能生星火迸洒，煽鼓空界。

二者、闻报招引恶果。此闻业交，则临终时，先见波涛没溺天地。亡者神识，降注乘流，入无间狱。发明二相。一者开听。听种种闹，精神愁乱。二者闭听，寂无所闻，幽魄沉没。如是闻波。注闻，则能为责为诘。注见，则能为雷为吼，为恶毒气。注息，则能为雨为雾，洒诸毒虫周满身体。注味，则能为脓为血，种种杂秽。注触，则能为畜为鬼，为粪为尿。注意，则能为电为雹，摧碎心魄。

三者嗅报招引恶果。此嗅业交，则临终时，先见毒气充塞远近。亡者神识，从地踊出，入无间狱。发明二相。一者通闻，被诸恶气熏极心扰。二者塞闻，气掩不通，闷绝于地。如是嗅气。冲息，则能为质为履，冲见，则能为火为炬。冲听，则能为没为溺，为洋为沸。冲味，则能为馁为爽。冲触，则能为绽为烂，为大肉山，有百千眼，无量咂食。冲思，则能为灰为瘴，为飞砂礌击碎身体。

四者味报招引恶果。此味业交，则临终时，先见铁网，猛焰炽烈，周覆世界。亡者神识，下透挂网，倒悬其头，入无间狱。发明二相。一者吸气，结成寒冰，冻裂身肉。二者吐气，飞为猛火，焦烂骨髓。如是尝味。历尝，则能为承为忍。历见，则能为然金石。历听，则能为利兵刃。历息，则能为大铁笼，弥覆国土。历触，则能为弓为箭，为弩为射。历思，则能为飞热铁，从空雨下。

五者触报招引恶果。此触业交，则临终时，先见大山四面来合，无复出路。亡者神识，见大铁城，火蛇火狗，虎狼师子，牛头狱卒，马头罗刹，手执鎗矟，驱入城门，向无间狱。发明二相。一者合触，合山逼体，骨肉血溃。二者离触，刀剑触身，心肝屠裂。如是合触。历触，则能为道为观，为厅为案。历见，则能为烧为爇。历听，则能为撞为击，为剚为射。历息，则能为括为袋，为考为缚。历尝，则能为耕为钳，为斩为截。历思，则能为坠为飞，为煎为炙。

六者思报招引恶果。此思业交，则临终时，先见恶风吹坏国土。亡者神识，被吹上空，旋落乘风，堕无间狱。发明二相。一者不觉，迷极则荒，奔走不息。二者不迷，觉知则苦，无量煎烧，痛深难忍。如是邪思。结思，则能为方为所。结见，则能为鉴为证。结听，则能为大合石，为冰为霜，为土为雾。结息，则能为大火车，火船火槛。结尝，则能为大叫唤，为悔为泣。结触，则能为大为小，为一日中万生万死，为偃为仰。

阿难。是名地狱十因六果。皆是众生迷妄所造。若诸众生，恶业圆造。入阿鼻狱，受无量苦，经无量劫。六根各造，及彼所作兼境兼根，是人则入八无间狱。身口意三，作杀盗淫，是人则入十八地狱。三业不兼，中间或为一杀一盗，是人则入三十六地狱。见见一根，单犯一业，是人则入一百八地狱。由是众生别作别造，于世界中入同分地。妄想发生，非本来有。

复次阿难。是诸众生，非破律仪，犯菩萨戒，毁佛涅槃，诸余杂业，历劫烧然，后还罪毕，受诸鬼形。

若于本因贪物为罪。是人罪毕，遇物成形，名为怪鬼。

贪色为罪。是人罪毕，遇风成形，名为魃鬼。

贪惑为罪。是人罪毕，遇畜成形，名为魅鬼。

贪恨为罪。是人罪毕，遇虫成形，名蛊毒鬼。

贪忆为罪。是人罪毕，遇衰成形，名为疠鬼。

贪傲为罪。是人罪毕，遇气成形，名为饿鬼。

贪罔为罪。是人罪毕，遇幽为形，名为魇鬼。

贪明为罪。是人罪毕，遇精为形，名魍魉鬼。

贪成为罪。是人罪毕，遇明为形，名役使鬼。

贪党为罪。是人罪毕，遇人为形，名传送鬼。

阿难。是人皆以纯情坠落，业火烧干，上出为鬼。此等皆是自妄想业之所招引。若悟菩提，则妙圆明，本无所有。

复次阿难。鬼业既尽，则情与想二俱成空。方于世间与元负人，怨对相值。身为畜生，酬其宿债。

物怪之鬼，物销报尽，生于世间，多为枭类。

风魃之鬼，风销报尽，生于世间，多为咎征，一切异类。

畜魅之鬼，畜死报尽，生于世间，多为狐类。

虫蛊之鬼，蛊灭报尽，生于世间，多为毒类。

衰疠之鬼，衰穷报尽，生于世间，多为蛔类。

受气之鬼，气销报尽，生于世间，多为食类。

绵幽之鬼，幽销报尽，生于世间，多为服类。

和精之鬼，和销报尽，生于世间，多为应类。

明灵之鬼，明灭报尽，生于世间，多为休征，一切诸类。

依人之鬼，人亡报尽，生于世间，多为循类。

阿难。是等皆以业火干枯，酬其宿债，傍为畜生。此等亦皆自虚妄业之所招引。若悟菩提，则此妄缘本无所有。如汝所言宝莲香等，及琉璃王，善星比丘。如是恶业，本自发明。非从天降。亦非地出。亦非人与。自妄所招，还自来受。菩提心中，皆为浮虚妄想凝结。

复次阿难。从是畜生酬偿先债。若彼酬者分越所酬。此等众生，还复为人，反征其剩。如彼有力兼有福德。则于人中不舍人身，酬还彼力。若无福者，还为畜生，偿彼余直。阿难当知。若用钱物，或役其力，偿足自停。如于中间，杀彼身命，或食其肉。如是乃至经微尘劫，相食相诛。犹如转轮，互为高下，无有休息。除奢摩他及佛出世，不可停寝。

汝今应知。彼枭伦者，酬足复形，生人道中，参合顽类。

彼咎征者，酬足复形，生人道中，参合愚类。

彼狐伦者，酬足复形，生人道中，参于佷类。

彼毒伦者，酬足复形，生人道中，参合庸类。

彼蛔伦者，酬足复形，生人道中，参合微类。

彼食伦者，酬足复形，生人道中，参合柔类。

彼服伦者，酬足复形，生人道中，参合劳类。

彼应伦者，酬足复形，生人道中，参于文类。

彼休征者，酬足复形，生人道中，参合明类。

彼诸循伦，酬足复形，生人道中，参于达类。

阿难。是等皆以宿债毕酬，复形人道。皆无始来业计颠倒，相生相杀。不遇如来，不闻正法，于尘劳中法尔轮转。此辈名为可怜愍者。

阿难。复有从人，不依正觉修三摩地。别修妄念，存想固形。游于山林人不及处。有十种仙。

阿难。彼诸众生，坚固服饵而不休息，食道圆成，名地行仙。

坚固草木而不休息。药道圆成，名飞行仙。

坚固金石而不休息。化道圆成，名游行仙。

坚固动止而不休息。气精圆成，名空行仙。

坚固津液而不休息。润德圆成，名天行仙。

坚固精色而不休息。吸粹圆成，名通行仙。

坚固咒禁而不休息。术法圆成，名道行仙。

坚固思念而不休息。思忆圆成，名照行仙。

坚固交遘而不休息。感应圆成，名精行仙。

坚固变化而不休息。觉悟圆成，名绝行仙。

阿难。是等皆于人中炼心，不修正觉。别得生理，寿千万岁。休止深山或大海岛，绝于人境。斯亦轮回妄想流转。不修三昧。报尽还来，散入诸趣。

阿难。诸世间人，不求常住。未能舍诸妻妾恩爱。于邪淫中，心不流逸。澄莹生明。命终之后，邻于日月。如是一类，名四天王天。

于己妻房，淫爱微薄。于净居时，不得全味。命终之后，超日月明，居人间顶。如是一类，名忉利天。

逢欲暂交，去无思忆。于人间世，动少静多。命终之后，于虚空中朗然安住。日月光明，上照不及。是诸人等自有光明。如是一类，名须焰摩天。

一切时静。有应触来，未能违戾。命终之后，上升精微，不接下界诸人天境。乃至劫坏，三灾不及。如是一类，名兜率陀天。

我无欲心，应汝行事。于横陈时，味如嚼蜡。命终之后，生越化地。如是一类，名乐变化天。

无世间心，同世行事。于行事交，了然超越。命终之后，遍能出超化无化境。如是一类，名他化自在天。

阿难。如是六天，形虽出动，心迹尚交。自此已还，名为欲界。

卷九

阿难。世间一切所修心人，不假禅那，无有智慧。但能执身不行淫欲。若行若坐，想念俱无。爱染不生，无留欲界。是人应念身为梵侣。如是一类，名梵众天。

欲习既除，离欲心现。于诸律仪，爱乐随顺。是人应时能行梵德。如是一类，名梵辅天。

身心妙圆，威仪不缺。清净禁戒，加以明悟。是人应时能统梵众，为大梵王。如是一类，名大梵天。

阿难。此三胜流，一切苦恼所不能逼。虽非正修真三摩地。清净心中，诸漏不动。名为初禅。

阿难。其次梵天，统摄梵人，圆满梵行。澄心不动，寂湛生光。如是一类，名少光天。

光光相然，照耀无尽，映十方界，遍成琉璃，如是一类，名无量光天。

吸持圆光，成就教体。发化清净，应用无尽。如是一类，名光音天。

阿难。此三胜流，一切忧悬所不能逼。虽非正修真三摩地。清净心中，粗漏已伏。名为二禅。

阿难。如是天人，圆光成音，披音露妙，发成精行，通寂灭乐。如是一类，名少净天。

净空现前，引发无际，身心轻安，成寂灭乐。如是一类，名无量净天。

世界身心，一切圆净，净德成就，胜託现前，归寂灭乐。如是一类，名遍净天。

阿难。此三胜流，具大随顺，身心安隐，得无量乐。虽非正得真三摩地。安隐心中，欢喜毕具。名为三禅。

阿难。复次天人，不逼身心，苦因已尽。乐非常住，久必坏生。苦乐二心，俱时顿舍。粗重相灭，净福性生。如是一类，名福生天。

舍心圆融，胜解清净。福无遮中，得妙随顺，穷未来际。如是一类，名福爱天。

阿难。从是天中，有二歧路。

若于先心，无量净光，福德圆明，修证而住。如是一类，名广果天。

若于先心，双厌苦乐，精研舍心，相续不断。圆穷舍道，身心俱灭。心虑灰凝，经五百劫。是人既以生灭为因。不能发明不生灭性。初半劫灭。后半劫生。如是一类，名无想天。

阿难。此四胜流，一切世间诸苦乐境所不能动。虽非无为真不动地。有所得心，功用纯熟。名为四禅。

阿难。此中复有五不还天。于下界中九品习气，俱时灭尽。苦乐双忘。下无卜居。故于舍心众同分中，安立居处。

阿难。苦乐两灭，斗心不交。如是一类，名无烦天。

机括独行，研交无地。如是一类，名无热天。

十方世界，妙见圆澄，更无尘象一切沈垢。如是一类，名善见天。

精见现前，陶铸无碍。如是一类，名善现天。

究竟群几，穷色性性，入无边际。如是一类，名色究竟天。

阿难。此不还天，彼诸四禅四位天王，独有钦闻，不能知见。如今世间旷野深山，圣道场地，皆阿罗汉所住持故，世间粗人所不能见。

阿难。是十八天，独行无交，未尽形累。自此已还，名为色界。

复次阿难。从是有顶色边际中，其间复有二种歧路。

若于舍心，发明智慧，慧光圆通，便出尘界，成阿罗汉，入菩萨乘。如是一类，名为回心大阿罗汉。

若在舍心，舍厌成就。觉身为碍，销碍入空。如是一类，名为空处。

诸碍既销，无碍无灭。其中唯留阿赖耶识。全于末那半分微细。如是一类，名为识处。

空色既亡，识心都灭。十方寂然，迥无攸往。如是一类，名无所有处。

识性不动，以灭穷研，于无尽中发宣尽性。如存不存。若尽非尽。如是一类，名为非想非非想处。

此等穷空，不尽空理。从不还天圣道穷者，如是一类，名不回心钝阿罗汉。若从无想诸外道天，穷空不归，迷漏无闻，便入轮转。

阿难。是诸天上各各天人，则是凡夫业果酬答，答尽入轮。彼之天王，即是菩萨游三摩提，渐次增进，回向圣伦所修行路。阿难。是四空天，身心灭尽，定性现前，无业果色。从此逮终，名无色界。

此皆不了妙觉明心。积妄发生，妄有三界。中间妄随七趣沉溺。补特伽罗各从其类。

复次阿难。是三界中，复有四种阿修罗类。若于鬼道以护法力，乘通入空。此阿修罗从卵而生，鬼趣所摄。若于天中降德贬坠，其所卜居邻于日月。此阿修罗从胎而出，人趣所摄。有修罗王执持世界，力洞无畏，能与梵王及天帝释四天争权。此阿修罗因变化有，天趣所摄。阿难。别有一分下劣修罗。生大海心，沉水穴口，旦游虚空，暮归水宿，此阿修罗因湿气有，畜生趣摄。

阿难。如是地狱、饿鬼、畜生、人及神仙、天洎修罗。精研七趣，皆是昏沉诸有为相。妄想受生。妄想随业。于妙圆明无作本心，皆如空华，元无所著。但一虚妄，更无根绪。

阿难。此等众生，不识本心，受此轮回，经无量劫，不得真净，皆由随顺杀盗淫故。反此三种。又则出生无杀盗淫。有名鬼伦。无名天趣。有无相倾，起轮回性。若得妙发三摩提者，则妙常寂。有无二无，无二亦灭。尚无不杀不偷不淫。云何更随杀盗淫事。

阿难。不断三业，各各有私。因各各私。众私同分，非无定处。自妄发生，生妄无因，无可寻究。汝勖修行，欲得菩提，要除三惑。不尽三惑，纵得神通，皆是世间有为功用。习气不灭，落于魔道。虽欲除妄，倍加虚伪。如来说为可哀怜者。汝妄自造。非菩提咎。作是说者，名为正说。若他说者，即魔王说。

即时如来将罢法座。于师子床,揽七宝几,回紫金山,再来凭倚。普告大众及阿难言:汝等有学缘觉声闻,今日回心趣大菩提无上妙觉。吾今已说真修行法。汝犹未识.修奢摩他.毗婆舍那.微细魔事。魔境现前,汝不能识。洗心非正,落于邪见。或汝阴魔。或复天魔。或著鬼神。或遭魑魅。心中不明,认贼为子。又复于中得少为足。如第四禅无闻比丘,妄言证圣。天报已毕,衰相现前。谤阿罗汉身遭后有,堕阿鼻狱。汝应谛听。吾今为汝子细分别。

阿难起立,并其会中同有学者,欢喜顶礼,伏听慈诲。

佛告阿难及诸大众。汝等当知。有漏世界十二类生,本觉妙明觉圆心体,与十方佛无二无别。由汝妄想迷理为咎,痴爱发生。生发遍迷,故有空性。化迷不息,有世界生。则此十方微尘国土,非无漏者,皆是迷顽妄想安立。当知虚空生汝心内,犹如片云点太清里。况诸世界在虚空耶。汝等一人发真归元,此十方空皆悉销殒。云何空中所有国土而不振裂。汝辈修禅饰三摩地。十方菩萨,及诸无漏大阿罗汉,心精通㲿,当处湛然。一切魔王及与鬼神诸凡夫天,见其宫殿无故崩裂。大地振坼水陆飞腾,无不惊慑。凡夫昏暗,不觉迁讹。彼等咸得五种神通,唯除漏尽,恋此尘劳。如何令汝摧裂其处。是故鬼神,及诸天魔,魍魉妖精,于三昧时,佥来恼汝。然彼诸魔虽有大怒。彼尘劳内。汝妙觉中。如风吹光,如刀断水,了不相触。汝如沸汤,彼如坚冰,暖气渐邻,不日销殒。徒恃神力,但为其客。成就破乱,由汝心中五阴主人。主人若迷,客得其便。当处禅那,觉悟无惑。则彼魔事无奈汝何。阴销入明,则彼群邪咸受幽气。明能破暗,近自销殒。如何敢留,扰乱禅定。若不明悟,被阴所迷。则汝阿难必为魔子,成就魔人。如摩登伽,殊为眇劣。彼唯咒汝,破佛律仪。八万行中,只毁一戒。心清净故,尚未沦溺。此乃隳汝宝觉全身。如宰臣家,忽逢籍没。宛转零落,无可哀救。

阿难当知。汝坐道场,销落诸念。其念若尽,则诸离念一切精明。动静不移。忆忘如一。当住此处入三摩提。如明目人,处大幽暗,精性妙净,心未发光。此则名为色阴区宇。若目明朗,十方洞开,无复幽黯,名色阴尽。是人则能超越劫浊。观其所由,坚固妄想以为其本。

阿难。当在此中精研妙明,四大不织,少选之间,身能出碍。此名精明流溢前境。斯但功用,暂得如是,非为圣证。不作圣心,名善境界。若作圣解,即受群邪。

阿难。复以此心精研妙明,其身内彻。是人忽然于其身内,拾出蛲蛔。身相宛然,亦无伤毁。此名精明流溢形体。斯但精行暂得如是,非为圣证。不作圣心,名善境界。若作圣解,即受群邪。

又以此心内外精研。其时魂魄意志精神,除执受身,余皆涉入,互为宾主。忽于空中闻说法声。或闻十方同敷密义。此名精魄递相离合，成就善种。暂得如是，非为圣证。不作圣心，名善境界。若作圣解，即受群邪。

又以此心澄露皎彻，内光发明。十方遍作阎浮檀色。一切种类化为如来。于时忽见毗卢遮那，踞天光台，千佛围绕，百亿国土及与莲华，俱时出现。此名心魂灵悟所染，心光研明，照诸世界。暂得如是，非为圣证。不作圣心，名善境界。若作圣解，即受群邪。

又以此心精研妙明，观察不停，抑按降伏，制止超越。于时忽然十方虚空，成七宝色，或百宝色。同时遍满，不相留碍。青黄赤白，各各纯现。此名抑按功力逾分。暂得如是，非为圣证。不作圣心，名善境界。若作圣解，即受群邪。

又以此心研究澄彻，精光不乱。忽于夜半，在暗室内，见种种物，不殊白昼。而暗室物，亦不除灭。此名心细，密澄其见，所视洞幽。暂得如是，非为圣证。不作圣心，名善境界。若作圣解，即受群邪。

又以此心圆入虚融，四体忽然同于草木，火烧刀斫，曾无所觉。又则火光不能烧爇。纵割其肉，犹如削木。此名尘并，排四大性，一向入纯。暂得如是，非为圣证。不作圣心，名善境界。若作圣解，即受群邪。

又以此心成就清净，净心功极，忽见大地十方山河皆成佛国，具足七宝，光明遍满。又见恒沙诸佛如来遍满空界，楼殿华丽。下见地狱，上观天宫，得无障碍。此名欣厌凝想日深，想久化成。非为圣证。不作圣心，名善境界。若作圣解，即受群邪。

又以此心研究深远。忽于中夜，遥见远方市井街巷，亲族眷属，或闻其语。此名迫心逼极飞出，故多隔见。非为圣证。不作圣心，名善境界。若作圣解，即受群邪。

又以此心研究精极。见善知识，形体变移。少选无端种种迁改。此名邪心含受魑魅。或遭天魔入其心腹。无端说法，通达妙义。非为圣证。不作圣心，魔事销歇。若作圣解，即受群邪。

阿难。如是十种禅那现境，皆是色阴用心交互，故现斯事。众生顽迷，不自忖量。逢此因缘，迷不自识，谓言登圣。大妄语成，堕无间狱。汝等当依如来灭后，于末法中宣示斯义。无令天魔得其方便。保持覆护，成无上道。

阿难。彼善男子，修三摩提奢摩他中色阴尽者，见诸佛心，如明镜中显现其像。若有所得而未能用。犹如魇人，手足宛然，见闻不惑，心触客邪而不能动。此则名为受阴区宇。若魇咎歇，其心离身，返观其面，去住自由，无复留碍，名受阴尽。是人则能超越见浊。观其所由，虚明妄想以为其本。

阿难。彼善男子，当在此中得大光耀。其心发明，内抑过分。忽于其处发无穷悲。如是乃至观见蚊蚋，犹如赤子，心生怜愍，不觉流泪。此名功用抑摧过越。悟则无咎,非为圣证。觉了不迷,久自销歇。若作圣解,则有悲魔入其心腑。见人则悲,啼泣无限。失于正受,当从沦坠。

阿难。又彼定中诸善男子,见色阴销,受阴明白。胜相现前,感激过分。忽于其中生无限勇。其心猛利,志齐诸佛。谓三僧祇,一念能越。此名功用陵率过越。悟则无咎,非为圣证。觉了不迷,久自销歇。若作圣解,则有狂魔入其心腑。见人则夸,我慢无比。其心乃至上不见佛,下不见人。失于正受,当从沦坠。

又彼定中诸善男子,见色阴销,受阴明白。前无新证,归失故居。智力衰微,入中隳地,迥无所见。心中忽然生大枯渴。于一切时沈忆不散。将此以为勤精进相。此名修心无慧自失。悟则无咎,非为圣证。若作圣解,则有忆魔入其心腑。旦夕撮心,悬在一处。失于正受,当从沦坠。

又彼定中诸善男子,见色阴销,受阴明白。慧力过定,失于猛利。以诸胜性怀于心中,自心已疑是卢舍那,得少为足。此名用心亡失恒审,溺于知见。悟则无咎,非为圣证。若作圣解,则有下劣易知足魔,入其心腑。见人自言我得无上第一义谛。失于正受,当从沦坠。

又彼定中诸善男子,见色阴销,受阴明白。新证未获,故心已亡。历览二际,自生艰险。于心忽然生无尽忧。如坐铁床,如饮毒药,心不欲活。常求于人令害其命,早取解脱。此名修行失于方便。悟则无咎,非为圣证。若作圣解,则有一分常忧愁魔,入其心腑。手执刀剑,自割其肉,欣其舍寿。或常忧愁,走入山林,不耐见人。失于正受,当从沦坠。

又彼定中诸善男子,见色阴销,受阴明白。处清净中,心安隐后,忽然自有无限喜生。心中欢悦,不能自止。此名轻安无慧自禁。悟则无咎,非为圣证。若作圣解,则有一分好喜乐魔,入其心腑。见人则笑。于衢路傍自歌自舞。自谓已得无碍解脱。失于正受,当从沦坠。

又彼定中诸善男子,见色阴销,受阴明白。自谓已足,忽有无端大我慢起。如是乃至慢与过慢,及慢过慢,或增上慢,或卑劣慢,一时俱发。心中尚轻十方如来。何况下位声闻缘觉。此名见胜无慧自救。悟则无咎,非为圣证。若作圣解,则有一分大我慢魔,入其心腑。不礼塔庙,摧毁经像。谓檀越言,此是金铜,或是土木。经是树叶,或是氎华。肉身真常,不自恭敬,却崇土木,实为颠倒。其深信者,从其毁碎,埋弃地中。疑误众生入无间狱。失于正受,当从沦坠。

又彼定中诸善男子,见色阴销,受阴明白。于精明中,圆悟精理,得大随顺。其心忽生无量轻安。已言成圣得大自在。此名因慧获诸轻清。悟则无咎,非为圣证。若作圣解,则有一分好轻清魔,入其心腑。自谓满足,更不求进。此等多作无闻比丘。疑误众生,堕阿鼻狱。失于正受,当从沦坠。

又彼定中诸善男子,见色阴销,受阴明白。于明悟中得虚明性。其中忽然归向永灭。拨无因果,一向入空。空心现前,乃至心生长断灭解。悟则无咎,非为圣证。若作圣解,则有空魔入其心腑。乃谤持戒,名为小乘。菩萨悟空,有何持犯。其人常于信心檀越,饮酒啖肉,广行淫秽。因魔力故,摄其前人不生疑谤。鬼心久入,或食屎尿与酒肉等。一种俱空,破佛律仪,误入人罪。失于正受,当从沦坠。

又彼定中诸善男子,见色阴销,受阴明白。味其虚明深入心骨。其心忽有无限爱生。爱极发狂,便为贪欲。此名定境安顺入心,无慧自持,误入诸欲。悟则无咎,非为圣证。若作圣解,则有欲魔入其心腑。一向说欲为菩提道。化诸白衣平等行欲。其行淫者,名持法子。神鬼力故,于末世中摄其凡愚,其数至百。如是乃至一百二百,或五六百多满千万。魔心生厌,离其身体。威德既无,陷于王难。疑误众生,入无间狱。失于正受,当从沦坠。

阿难。如是十种禅那现境,皆是受阴用心交互,故现斯事。众生顽迷,不自忖量。逢此因缘,迷不自识,谓言登圣。大妄语成,堕无间狱。汝等亦当将如来语,于我灭后传示末法。遍令众生开悟斯义。无令天魔得其方便。保持覆护,成无上道。

阿难。彼善男子修三摩提受阴尽者,虽未漏尽,心离其形,如鸟出笼,已能成就,从是凡身上历菩萨六十圣位。得意生身,随往无碍。譬如有人,熟寐寱言。是人虽则无别所知。其言已成音韵伦次。令不寐者,咸悟其语。此则名为想阴区宇。若动念尽,浮想销除。于觉明心,如去尘垢。一伦生死,首尾圆照,名想阴尽。是人则能超烦恼浊。观其所由,融通妄想以为其本。

阿难。彼善男子受阴虚妙,不遭邪虑,圆定发明。三摩地中,心爱圆明,锐其精思贪求善巧。尔时天魔候得其便,飞精附人,口说经法。其人不觉是其魔著,自言谓得无上涅槃。来彼求巧善男子处,敷座说法。其形斯须,或作比丘,令彼人见。或为帝释。或为妇女。或比丘尼。或寝暗室身有光明。是人愚迷,惑为菩萨。信其教化,摇荡其心。破佛律仪,潜行贪欲。口中好言灾祥变异。或言如来某处出世。或言劫火。或说刀兵。恐怖于人。令其家资,无故耗散。此名怪鬼年老成魔,恼乱是人。厌足心生,去彼人体。弟子与师,俱陷王难。汝当先觉,不入轮回。迷惑不知,堕无间狱。

阿难。又善男子,受阴虚妙,不遭邪虑,圆定发明。三摩地中,心爱游荡,飞其精思,贪求经历。尔时天魔候得其便,飞精附人,口说经法。其人亦不觉知魔著,亦言自得无上涅槃。来彼求游善男子处,敷座说法。自形无变。其听法者,忽自见身坐宝莲华,全体化成紫金光聚。一众听人，各各如是，得未曾有。是人愚迷，惑为菩萨。淫逸其心，破佛律仪，潜行贪欲。口中好言诸佛应世。某处某人，当是某佛化身来此。某人即是某菩萨等，来化人间。其人见故，心生倾渴，邪见密兴，种智销灭。此名魅鬼年老成魔，恼乱是人。厌足心生，去彼人体。弟子与师，俱陷王难。汝当先觉，不入轮回。迷惑不知，堕无间狱。

又善男子，受阴虚妙，不遭邪虑，圆定发明。三摩地中，心爱绵㳷，澄其精思，贪求契合。尔时天魔候得其便，飞精附人，口说经法。其人实不觉知魔著，亦言自得无上涅槃。来彼求合善男子处，敷座说法。其形及彼听法之人，外无迁变。令其听者，未闻法前，心自开悟。念念移易。或得宿命。或有他心。或见地狱。或知人间好恶诸事。或口说偈。或自诵经。各各欢娱，得未曾有。是人愚迷，惑为菩萨。绵爱其心，破佛律仪，潜行贪欲。口中好言佛有大小，某佛先佛，某佛后佛。其中亦有真佛假佛，男佛女佛。菩萨亦然。其人见故，洗涤本心，易入邪悟。此名魅鬼年老成魔，恼乱是人。厌足心生，去彼人体。弟子与师，俱陷王难。汝当先觉，不入轮回。迷惑不知，堕无间狱。

又善男子，受阴虚妙，不遭邪虑，圆定发明。三摩地中，心爱根本，穷览物化，性之终始，精爽其心，贪求辨析。尔时天魔候得其便，飞精附人，口说经法。其人先不觉知魔著，亦言自得无上涅槃。来彼求元善男子处，敷座说法。身有威神，摧伏求者。令其座下，虽未闻法，自然心伏。是诸人等，将佛涅槃菩提法身，即是现前我肉身上。父父子子，递代相生，即是法身常住不绝。都指现在即为佛国。无别净居及金色相。其人信受，亡失先心。身命归依，得未曾有。是等愚迷，惑为菩萨。推究其心，破佛律仪，潜行贪欲。口中好言眼耳鼻舌，皆为净土。男女二根，即是菩提涅槃真处。彼无知者，信是秽言。此名蛊毒魇胜恶鬼，年老成魔，恼乱是人。厌足心生，去彼人体。弟子与师，俱陷王难。汝当先觉，不入轮回。迷惑不知，堕无间狱。

又善男子，受阴虚妙，不遭邪虑，圆定发明。三摩地中，心爱悬应，周流精研，贪求冥感。尔时天魔候得其便，飞精附人，口说经法。其人元不觉知魔著，亦言自得无上涅槃。来彼求应善男子处，敷座说法。能令听众，暂见其身如百千岁。心生爱染，不能舍离。身为奴仆，四事供养，不觉疲劳。各各令其座下人心，知是先师本善知识，别生法爱，黏如胶漆，得未曾有。是人愚迷，惑为菩萨。亲近其心，破佛律仪，潜行贪欲。口中好言，我于前世于某生中，先度某人。当时是我妻妾兄弟，今来相度。与汝相随归某世界，供养某佛。或言别有大光明天，佛于中住，一切如来所休居地。彼无知者，信是虚诳，遗失本心。此名疠鬼年老成魔，恼乱是人。厌足心生，去彼人体。弟子与师，俱陷王难。汝当先觉，不入轮回。迷惑不知，堕无间狱。

又善男子，受阴虚妙，不遭邪虑，圆定发明。三摩地中，心爱深入。克己辛勤，乐处阴寂，贪求静谧。尔时天魔候得其便，飞精附人，口说经法。其人本不觉知魔著，亦言自得无上涅槃。来彼求阴善男子处，敷座说法。令其听人，各知本业。或于其处语一人言，汝今未死，已作畜生。敕使一人，于后蹋尾，顿令其人，起不能得。于是一众倾心钦伏。有人起心，已知其肇。佛律仪外，重加精苦。诽谤比丘，骂詈徒众。讦露人事，不避讥嫌。口中好言未然祸福。及至其时，毫发无失。此大力鬼年老成魔，恼乱是人。厌足心生，去彼人体。弟子与师，俱陷王难。汝当先觉，不入轮回。迷惑不知，堕无间狱。

又善男子，受阴虚妙，不遭邪虑，圆定发明。三摩地中，心爱知见，勤苦研寻，贪求宿命。尔时天魔候得其便，飞精附人，口说经法。其人殊不觉知魔著，亦言自得无上涅槃。来彼求知善男子处，敷座说法。是人无端于说法处，得大宝珠，其魔或时化为畜生，口衔其珠，及杂珍宝.简册符牍.诸奇异物，先授彼人，后著其体。或诱听人藏于地下，有明月珠照耀其处。是诸听者，得未曾有。多食药草，不餐嘉馔。或时日餐一麻一麦，其形肥充，魔力持故。诽谤比丘，骂詈徒众，不避讥嫌。口中好言他方宝藏，十方圣贤潜匿之处。随其后者，往往见有奇异之人。此名.山林.土地.城隍.川岳鬼神，年老成魔。或有宣淫破佛戒律，与承事者潜行五欲。或有精进纯食草木。无定行事，恼乱是人。厌足心生，去彼人体。弟子与师，多陷王难。汝当先觉，不入轮回。迷惑不知，堕无间狱。

又善男子，受阴虚妙，不遭邪虑，圆定发明。三摩地中，心爱神通，种种变化，研究化元，贪取神力。尔时天魔候得其便，飞精附人，口说经法。其人诚不觉知魔著，亦言自得无上涅槃。来彼求通善男子处，敷座说法。是人或复手执火光，手撮其光，分于所听四众头上。是诸听人顶上火光，皆长数尺，亦无热性，曾不焚烧。或水上行，如履平地。或于空中安坐不动。或入瓶内。或处囊中。越牖透垣，曾无障碍。唯于刀兵不得自在。自言是佛。身著白衣，受比丘礼。诽谤禅律，骂詈徒众。讦露人事，不避讥嫌。口中常说神通自在。或复令人傍见佛土。鬼力惑人，非有真实。赞叹行淫，不毁粗行。将诸猥媟，以为传法。此名天地大力山精.海精.风精.河精.土精，一切草木积劫精魅。或复龙魅。或寿终仙，再活为魅。或仙期终，计年应死，其形不化，他怪所附。年老成魔，恼乱是人。厌足心生，去彼人体。弟子与师，多陷王难。汝当先觉，不入轮回。迷惑不知，堕无间狱。

又善男子，受阴虚妙，不遭邪虑，圆定发明。三摩地中，心爱入灭，研究化性，贪求深空。尔时天魔候得其便，飞精附人，口说经法。其人终不觉知魔著，亦言自得无上涅槃。来彼求空善男子处，敷座说法。于大众内，其形忽空，众无所见。还从虚空突然而出，存没自在。或现其身洞如琉璃。或垂手足作旃檀气。或大小便如厚石蜜。诽毁戒律，轻贱出家。口中常说无因无果。一死永灭，无复后身，及诸凡圣。虽得空寂，潜行贪欲。受其欲者，亦得空心，拨无因果。此名日月薄蚀精气，金玉芝草，麟凤龟鹤，经千万年不死为灵，出生国土。年老成魔，恼乱是人。厌足心生，去彼人体。弟子与师，多陷王难。汝当先觉，不入轮回。迷惑不知，堕无间狱。

又善男子，受阴虚妙，不遭邪虑，圆定发明。三摩地中，心爱长寿，辛苦研几，贪求永岁，弃分段生，顿希变易细相常住。尔时天魔候得其便，飞精附人，口说经法。其人竟不觉知魔著，亦言自得无上涅槃。来彼求生善男子处，敷座说法。好言他方往还无滞。或经万里，瞬息再来。皆于彼方取得其物。或于一处，在一宅中，数步之间，令其从东诣至西壁。是人急行，累年不到。因此心信，疑佛现前。口中常说，十方众生.皆是吾子。我生诸佛。我出世界。我是元佛，出世自然，不因修得。此名住世自在天魔，使其眷属，如遮文茶，及四天王毗舍童子，未发心者，利其虚明，食彼精气。或不因师，其修行人亲自观见，称执金刚与汝长命。现美女身，盛行贪欲。未逾年岁，肝脑枯竭。口兼独言，听若妖魅。前人未详，多陷王难。未及遇刑，先已干死。恼乱彼人，以至殂殒。汝当先觉，不入轮回。迷惑不知，堕无间狱。

阿难当知。是十种魔，于末世时，在我法中出家修道。或附人体。或自现形。皆言已成正遍知觉。赞叹淫欲，破佛律仪。先恶魔师，与魔弟子，淫淫相传。如是邪精魅其心腑。近则九生。多踰百世。令真修行，总为魔眷。命终之后，必为魔民。失正遍知，堕无间狱。汝今未须先取寂灭。纵得无学，留愿入彼末法之中，起大慈悲，救度正心深信众生，令不著魔，得正知见。我今度汝已出生死。汝遵佛语，名报佛恩。阿难。如是十种禅那现境，皆是想阴用心交互，故现斯事。众生顽迷，不自忖量。逢此因缘，迷不自识，谓言登圣。大妄语成，堕无间狱。汝等必须将如来语，于我灭后，传示末法。遍令众生，开悟斯义。无令天魔得其方便。保持覆护，成无上道。

卷十

阿难。彼善男子，修三摩提想阴尽者。是人平常梦想销灭，寤寐恒一。觉明虚静，犹如晴空。无复粗重前尘影事。观诸世间大地山河，如镜鉴明，来无所黏，过无踪迹。虚受照应，了罔陈习，唯一精真。生灭根元，从此披露。见诸十方十二众生，毕殚其类。虽未通其各命由绪。见同生基，犹如野马熠熠清扰，为浮根尘究竟枢穴，此则名为行阴区宇。若此清扰熠熠元性，性入元澄，一澄元习，如波澜灭，化为澄水，名行阴尽。是人则能超众生浊。观其所由，幽隐妄想以为其本。

阿难当知。是得正知奢摩他中诸善男子，凝明正心，十类天魔不得其便。方得精研穷生类本。于本类中生元露者，观彼幽清圆扰动元。于圆元中起计度者，是人坠入二无因论。

一者、是人见本无因。何以故？是人既得生机全破。乘于眼根八百功德，见八万劫所有众生，业流湾环，死此生彼。只见众生轮回其处。八万劫外，冥无所观。便作是解，此等世间十方众生，八万劫来，无因自有。由此计度，亡正遍知，堕落外道，惑菩提性。

二者、是人见末无因。何以故？是人于生既见其根。知人生人。悟鸟生鸟。乌从来黑。鹄从来白。人天本竖。畜生本横。白非洗成。黑非染造。从八万劫无复改移。今尽此形，亦复如是。而我本来不见菩提。云何更有成菩提事。当知今日一切物象，皆本无因。由此计度，亡正遍知，堕落外道，惑菩提性。

是则名为第一外道，立无因论。

阿难。是三摩中诸善男子，凝明正心，魔不得便，穷生类本，观彼幽清常扰动元。于圆常中起计度者，是人坠入四遍常论。

一者、是人穷心境性，二处无因。修习能知二万劫中，十方众生，所有生灭，咸皆循环，不曾散失，计以为常。

二者、是人穷四大元，四性常住。修习能知四万劫中，十方众生，所有生灭，咸皆体恒，不曾散失，计以为常。

三者、是人穷尽六根末那执受，心意识中本元由处，性常恒故。修习能知八万劫中，一切众生，循环不失，本来常住。穷不失性，计以为常。

四者、是人既尽想元，生理更无流止运转，生灭想心，今已永灭。理中自然成不生灭。因心所度，计以为常。

由此计常，亡正遍知，堕落外道，惑菩提性。是则名为第二外道，立圆常论。

又三摩中诸善男子，坚凝正心，魔不得便，穷生类本，观彼幽清常扰动元。于自他中起计度者，是人坠入四颠倒见，一分无常，一分常论。

一者、是人观妙明心遍十方界，湛然以为究竟神我。从是则计我遍十方，凝明不动。一切众生，于我心中自生自死。则我心性名之为常。彼生灭者，真无常性。

二者、是人不观其心，遍观十方恒沙国土。见劫坏处，名为究竟无常种性。劫不坏处，名究竟常。

三者、是人别观我心，精细微密，犹如微尘。流转十方，性无移改。能令此身即生即灭。其不坏性，名我性常。一切死生，从我流出，名无常性。

四者、是人知想阴尽，见行阴流。行阴常流，计为常性。色受想等，今已灭尽，名为无常。

由此计度一分无常一分常故，堕落外道，惑菩提性。是则名为第三外道，一分常论。

又三摩中诸善男子，坚凝正心，魔不得便，穷生类本，观彼幽清常扰动元。于分位中生计度者，是人坠入四有边论。

一者、是人心计生元，流用不息。计过未者，名为有边。计相续心，名为无边。

二者、是人观八万劫，则见众生。八万劫前，寂无闻见。无闻见处，名为无边。有众生处，名为有边。

三者、是人计我遍知，得无边性。彼一切人现我知中。我曾不知彼之知性。名彼不得无边之心。但有边性。

四者、是人穷行阴空。以其所见心路筹度，一切众生一身之中，计其咸皆半生半灭。明其世界一切所有，一半有边，一半无边。

由此计度有边无边，堕落外道，惑菩提性。是则名为第四外道，立有边论。

又三摩中诸善男子，坚凝正心，魔不得便，穷生类本，观彼幽清常扰动元。于知见中生计度者，是人坠入四种颠倒，不死矫乱，遍计虚论。

一者、是人观变化元。见迁流处，名之为变。见相续处，名之为恒。见所见处，名之为生。不见见处，名之为灭。相续之因，性不断处，名之为增。正相续中，中所离处，名之为减。各各生处，名之为有。互互亡处，名之为无。以理都观，用心别见。有求法人，来问其义。答言：我今亦生亦灭。亦有亦无。亦增亦减。于一切时皆乱其语。令彼前人遗失章句。

二者、是人谛观其心，互互无处，因无得证。有人来问，唯答一字，但言其无。除无之余，无所言说。

三者、是人谛观其心，各各有处，因有得证。有人来问，唯答一字，但言其是。除是之余，无所言说。

四者、是人有无俱见，其境枝故，其心亦乱。有人来问，答言：亦有即是亦无。亦无之中，不是亦有。一切矫乱，无容穷诘。

由此计度，矫乱虚无，堕落外道，惑菩提性。是则名为第五外道。四颠倒性，不死矫乱，遍计虚论。

又三摩中诸善男子，坚凝正心，魔不得便，穷生类本，观彼幽清常扰动元。于无尽流生计度者，是人坠入.死后有相发心颠倒。或自固身，云色是我。或见我圆，含遍国土，云我有色。或彼前缘随我回复，云色属我。或复我依行中相续，云我在色。皆计度言死后有相。如是循环，有十六相。从此或计毕竟烦恼，毕竟菩提，两性并驱，各不相触。由此计度死后有故，堕落外道，惑菩提性。是则名为第六外道，立五阴中，死后有相，心颠倒论。

又三摩中诸善男子，坚凝正心，魔不得便，穷生类本，观彼幽清常扰动元。于先除灭色受想中，生计度者，是人坠入死后无相，发心颠倒。见其色灭，形无所因。观其想灭，心无所系。知其受灭，无复连缀。阴性销散，纵有生理，而无受想，与草木同。此质现前犹不可得。死后云何更有诸相。因之勘校死后相无。如是循环，有八无相。从此或计涅槃因果，一切皆空。徒有名字，究竟断灭。由此计度死后无故，堕落外道，惑菩提性。是则名为第七外道，立五阴中，死后无相，心颠倒论。

又三摩中诸善男子，坚凝正心，魔不得便，穷生类本，观彼幽清常扰动元。于行存中，兼受想灭，双计有无，自体相破，是人坠入死后俱非，起颠倒论。色受想中，见有非有。行迁流内，观无不无。如是循环，穷尽阴界，八俱非相。随得一缘，皆言死后有相无相。又计诸行. 性迁讹故，心发通悟。有无俱非，虚实失措。由此计度死后俱非，后际昏瞀，无可道故，堕落外道，惑菩提性。是则名为第八外道，立五阴中，死后俱非，心颠倒论。

又三摩中诸善男子，坚凝正心，魔不得便，穷生类本，观彼幽清常扰动元。于后后无，生计度者，是人坠入七断灭论。或计身灭。或欲尽灭。或苦尽灭。或极乐灭。或极舍灭。如是循环，穷尽七际，现前销灭，灭已无复。由此计度死后断灭，堕落外道，惑菩提性。是则名为第九外道，立五阴中死后断灭，心颠倒论。

又三摩中诸善男子，坚凝正心，魔不得便，穷生类本，观彼幽清常扰动元。于后后有生计度者，是人坠入五涅槃论。或以欲界为正转依，观见圆明生爱慕故。或以初禅，性无忧故。或以二禅，心无苦故。或以三禅，极悦随故。或以四禅，苦乐二亡，不受轮回生灭性故。迷有漏天，作无为解。五处安隐为胜净依。如是循环，五处究竟。由此计度五现涅槃，堕落外道，惑菩提性。是则名为第十外道，立五阴中五现涅槃，心颠倒论。

阿难。如是十种禅那狂解，皆是行阴用心交互，故现斯悟。众生顽迷，不自忖量。逢此现前，以迷为解，自言登圣。大妄语成，堕无间狱。汝等必须将如来语，于我灭后，传示末法。遍令众生觉了斯义。无令心魔自起深孽。保持覆护，销息邪见。教其身心，开觉真义。于无上道不遭枝歧。勿令心祈得少为足。作大觉王清净标指。

阿难。彼善男子修三摩提行阴尽者。诸世间性，幽清扰动同分生机，倏然隳裂，沉细纲纽。补特伽罗，酬业深脉，感应悬绝。于涅槃天将大明悟。如鸡后鸣，瞻顾东方，已有精色。六根虚静，无复驰逸。内外湛明，入无所入。深达十方十二种类，受命元由。观由执元，诸类不召。于十方界，已获其同。精色不沈，发现幽秘。此则名为识阴区宇。若于群召，已获同中销磨六门，合开成就。见闻通邻，互用清净。十方世界及与身心，如吠琉璃，内外明彻，名识阴尽。是人则能超越命浊。观其所由，罔象虚无，颠倒妄想，以为其本。

阿难当知。是善男子穷诸行空，于识还元，已灭生灭，而于寂灭精妙未圆。能令己身根隔合开，亦与十方诸类通觉，觉知通𣿰，能入圆元。若于所归，立真常因，生胜解者，是人则堕因所因执。娑毗迦罗所归冥谛，成其伴侣。迷佛菩提，亡失知见。是名第一立所得心，成所归果。违远圆通，背涅槃城，生外道种。

阿难。又善男子穷诸行空，已灭生灭，而于寂灭精妙未圆。若于所归，览为自体，尽虚空界十二类内所有众生，皆我身中一类流出，生胜解者，是人则堕能非能执。摩醯首罗，现无边身，成其伴侣。迷佛菩提，亡失知见。是名第二立能为心，成能事果。违远圆通，背涅槃城，生大慢天我遍圆种。

又善男子穷诸行空，已灭生灭，而于寂灭精妙未圆。若于所归有所归依，自疑身心从彼流出。十方虚空，咸其生起。即于都起所宣流地，作真常身无生灭解。在生灭中，早计常住。既惑不生，亦迷生灭。安住沉迷生胜解者，是人则堕常非常执。计自在天，成其伴侣。迷佛菩提，亡失知见。是名第三立因依心，成妄计果。违远圆通，背涅槃城，生倒圆种。

又善男子穷诸行空，已灭生灭，而于寂灭精妙未圆。若于所知，知遍圆故，因知立解。十方草木皆称有情，与人无异。草木为人，人死还成十方草树。无择遍知，生胜解者，是人则堕知无知执。婆吒霰尼，执一切觉，成其伴侣。迷佛菩提，亡失知见。是名第四计圆知心，成虚谬果。违远圆通，背涅槃城，生倒知种。

又善男子穷诸行空，已灭生灭，而于寂灭精妙未圆。若于圆融根互用中，已得随顺。便于圆化一切发生，求火光明，乐水清净，爱风周流，观尘成就，各各崇事。以此群尘，发作本因，立常住解。是人则堕生无生执。诸迦叶波并婆罗门，勤心役身，事火崇水，求出生死，成其伴侣。迷佛菩提，亡失知见。是名第五计著崇事，迷心从物，立妄求因，求妄冀果。违远圆通，背涅槃城，生颠化种。

又善男子穷诸行空，已灭生灭，而于寂灭精妙未圆。若于圆明，计明中虚，非灭群化，以永灭依，为所归依，生胜解者，是人则堕归无归执。无想天中诸舜若多，成其伴侣。迷佛菩提，亡失知见。是名第六圆虚无心，成空亡果。违远圆通，背涅槃城，生断灭种。

又善男子穷诸行空，已灭生灭，而于寂灭精妙未圆。若于圆常，固身常住。同于精圆，长不倾逝，生胜解者，是人则堕贪非贪执。诸阿斯陀求长命者，成其伴侣。迷佛菩提，亡失知见。是名第七执著命元,立固妄因,趣长劳果。违远圆通,背涅槃城,生妄延种。

又善男子穷诸行空,已灭生灭,而于寂灭精妙未圆。观命互通,却留尘劳,恐其销尽。便于此际坐莲华宫,广化七珍,多增宝媛,纵恣其心,生胜解者,是人则堕真无真执。吒枳迦罗成其伴侣。迷佛菩提,亡失知见。是名第八发邪思因,立炽尘果。违远圆通,背涅槃城,生天魔种。

又善男子穷诸行空,已灭生灭,而于寂灭精妙未圆。于命明中分别精粗,疏决真伪,因果相酬,唯求感应,背清净道。所谓见苦断集,证灭修道。居灭已休,更不前进,生胜解者,是人则堕定性声闻。诸无闻僧,增上慢者,成其伴侣。迷佛菩提,亡失知见。是名第九圆精应心,成趣寂果。违远圆通,背涅槃城,生缠空种。

又善男子穷诸行空,已灭生灭,而于寂灭精妙未圆。若于圆融清净觉明,发研深妙,即立涅槃而不前进,生胜解者,是人则堕定性辟支。诸缘独伦不回心者,成其伴侣。迷佛菩提,亡失知见。是名第十圆觉㳷心,成湛明果。违远圆通,背涅槃城,生觉圆明不化圆种。

阿难。如是十种禅那,中涂成狂,因依迷惑,于未足中生满足证。皆是识阴用心交互,故生斯位。众生顽迷,不自忖量。逢此现前,各以所爱先习迷心,而自休息。将为毕竟所归宁地。自言满足无上菩提。大妄语成,外道邪魔所感业终,堕无间狱。声闻缘觉,不成增进。汝等存心秉如来道。将此法门,于我灭后,传示末世。普令众生,觉了斯义。无令见魔,自作沈孽,保绥哀救,销息邪缘。令其身心入佛知见。从始成就,不遭歧路。如是法门,先过去世恒沙劫中,微尘如来,乘此心开,得无上道。识阴若尽,则汝现前诸根互用。从互用中,能入菩萨金刚干慧。圆明精心,于中发化。如净琉璃,内含宝月。如是乃超十信、十住、十行、十回向、四加行心,菩萨所行金刚十地,等觉圆明,入于如来妙庄严海。圆满菩提,归无所得。此是过去先佛世尊,奢摩他中,毗婆舍那,觉明分析微细魔事。魔境现前,汝能谙识,心垢洗除,不落邪见。阴魔销灭。天魔摧碎。大力鬼神,褫魄逃逝。魑魅魍魉,无复出生。直至菩提,无诸少乏。下劣增进,于大涅槃心不迷闷。若诸末世愚钝众生,未识禅那,不知说法,乐修三昧,汝恐同邪,一心劝令持我佛顶陀罗尼咒。若未能诵,写于禅堂,或带身上,一切诸魔,所不能动。汝当恭钦十方如来,究竟修进最后垂范。

阿难即从座起。闻佛示诲,顶礼钦奉,忆持无失。于大众中重复白佛。如佛所言五阴相中,五种虚妄为本想心。我等平常,未蒙如来微细开示。又此五阴,为并销除,为次第尽。如是五重,诣何为界。惟愿如来发宣大慈。为此大众清净心目。以为末世一切众生,作将来眼。

佛告阿难。精真妙明本觉圆净,非留死生及诸尘垢。乃至虚空,皆因妄想之所生起。斯元本觉妙明真精，妄以发生诸器世间。如演若多，迷头认影。妄元无因。于妄想中立因缘性。迷因缘者，称为自然。彼虚空性，犹实幻生。因缘自然，皆是众生妄心计度。

阿难。知妄所起，说妄因缘。若妄元无，说妄因缘元无所有。何况不知，推自然者。是故如来与汝发明，五阴本因，同是妄想。

汝体先因父母想生。汝心非想，则不能来想中传命。如我先言心想醋味，口中涎生。心想登高，足心酸起。悬崖不有，醋物未来。汝体必非虚妄通伦。口水如何因谈醋出。是故当知，汝现色身，名为坚固第一妄想。

即此所说临高想心，能令汝形真受酸涩。由因受生，能动色体。汝今现前顺益违损，二现驱驰，名为虚明第二妄想。

由汝念虑，使汝色身。身非念伦，汝身何因随念所使。种种取像。心生形取，与念相应。寤即想心。寐为诸梦。则汝想念，摇动妄情，名为融通第三妄想。

化理不住，运运密移。甲长发生，气销容皱。日夜相代，曾无觉悟。阿难。此若非汝，云何体迁。如必是真，汝何无觉。则汝诸行念念不停，名为幽隐第四妄想。

又汝精明湛不摇处，名恒常者。于身不出见闻觉知。若实精真，不容习妄。何因汝等，曾于昔年睹一奇物。经历年岁，忆忘俱无，于后忽然覆睹前异，记忆宛然，曾不遗失。则此精了湛不摇中，念念受熏，有何筹算。阿难当知。此湛非真。如急流水，望如恬静，流急不见，非是无流。若非想元，宁受妄习。非汝六根互用开合，此之妄想无时得灭。故汝现在见闻觉知中串习几，则湛了内罔象虚无，第五颠倒微细精想。

阿难。是五受阴，五妄想成。汝今欲知因界浅深。唯色与空，是色边际。唯触及离，是受边际。唯记与忘，是想边际。唯灭与生，是行边际。湛入合湛，归识边际。此五阴元，重叠生起。生因识有，灭从色除。理则顿悟，乘悟并销。事非顿除，因次第尽。我已示汝劫波巾结，何所不明，再此询问。汝应将此妄想根元，心得开通，传示将来末法之中诸修行者。令识虚妄，深厌自生。知有涅槃，不恋三界。

阿难。若复有人，遍满十方所有虚空，盈满七宝。持以奉上微尘诸佛，承事供养，心无虚度。于意云何。是人以此施佛因缘，得福多不。

阿难答言：虚空无尽，珍宝无边。昔有众生施佛七钱，舍身犹获转轮王位。况复现前虚空既穷，佛土充遍，皆施珍宝。穷劫思议，尚不能及。是福云何更有边际。

佛告阿难。诸佛如来，语无虚妄。若复有人，身具四重十波罗夷，瞬息即经此方他方阿鼻地狱，乃至穷尽十方无间，靡不经历。能以一念将此法门，于末劫中开示未学。是人罪障，应念销灭。变其所受地狱苦因,成安乐国。得福超越前之施人,百倍千倍千万亿倍,如是乃至算数譬喻所不能及。

　　阿难。若有众生,能诵此经,能持此咒,如我广说,穷劫不尽。依我教言,如教行道,直成菩提,无复魔业。佛说此经已。比丘、比丘尼、优婆塞、优婆夷。一切世间天人阿修罗,及诸他方,菩萨二乘,圣仙童子,并初发心大力鬼神,皆大欢喜,作礼而去。

维摩诘所说经

后秦鸠摩罗什译

维摩诘经 卷上

亦名不思议法门之称
佛国品第一

　　如是我闻：一时，佛在毗耶离庵罗树园，与大比丘众八千人俱，菩萨三万二千，众所知识。大智本行，皆悉成就。诸佛威神之所建立，为护法城，受持正法；能师子吼，名闻十方；众人不请，友而安之；绍隆三宝，能使不绝；降伏魔怨，制诸外道，悉已清净，永离盖缠；心常安住，无碍解脱；念、定、总持，辩才不断；布施、持戒、忍辱、精进、禅定、智慧及方便力，无不具足；逮无所得，不起法忍；已能随顺，转不退轮；善解法相，知众生根；盖诸大众，得无所畏；功德智慧，以修其心；相好严身，色像第一，舍诸世间所有饰好；名称高远，踰于须弥；深信坚固，犹若金刚；法宝普照，而雨甘露；于众言音，微妙第一；深入缘起，断诸邪见，有无二边，无复余习；演法无畏，犹师子吼，其所讲说，乃如雷震，无有量，已过量；集众法宝，如海导师，了达诸法深妙之义；善知众生往来所趣及心所行；近无等等佛自在慧、十力、无畏、十八不共；关闭一切诸恶趣门，而生五道以现其身；为大医王，善疗众病，应病与药，令得服行；无量功德皆成就，无量佛土皆严净；其见闻者，无不蒙益；诸有所作，亦不唐捐；如是一切功德、皆悉具足，其名曰：等观菩萨、不等观菩萨、等不等观菩萨、定自在王菩萨、法自在王菩萨、法相菩萨、光相菩萨、光严菩萨、大严菩萨、宝积菩萨、辩积菩萨、宝手菩萨、宝印手菩萨、常举手菩萨、常下手菩萨、常惨菩萨、喜根菩萨、喜王菩萨、辩音菩萨、虚空藏菩萨、执宝炬菩萨、宝勇菩萨、宝见菩萨、帝网菩萨、明网菩萨、无缘观菩萨、慧积菩萨、宝胜菩萨、天王菩萨、坏魔菩萨、电德菩萨、自在王菩萨、功德相严菩萨、师子吼菩萨、雷音菩萨、山相击音菩萨、香象菩萨、白香象菩萨、常精进菩萨、不休息菩萨、妙生菩萨、华严菩萨、观世音菩萨、得大势菩萨、梵网菩萨、宝杖菩萨、无胜菩萨、严土菩萨、金髻菩萨、珠髻菩萨、弥勒菩萨、文殊师利法王子菩萨，如是等三万二千人。

复有万梵天王尸弃等，从余四天下，来诣佛所，而为听法；复有万二千天帝，亦从余四天下，来在会坐；并余大威力诸天、龙神、夜叉、乾闼婆、阿修罗、迦楼罗、紧那罗、摩侯罗伽等，悉来会坐；诸比丘、比丘尼、优婆塞、优婆夷、俱来会坐。彼时佛与无量百千之众，恭敬围绕，而为说法，譬如须弥山王，显于大海，安处众宝师子之座，蔽于一切诸来大众。

尔时，毗耶离城，有长者子，名曰宝积，与五百长者子，俱持七宝盖，来诣佛所，头面礼足，各以其盖共供养佛；佛之威神，令诸宝盖合成一盖，遍覆三千大千世界，而此世界广长之相，悉于中现；又此三千大千世界诸须弥山、雪山、目真邻陀山、摩诃目真邻陀山、香山、宝山、金山、黑山、铁围山、大铁围山，大海江河，川流泉源，及日月星辰，天宫龙宫，诸尊神宫，悉现于宝盖中；又十方诸佛，诸佛说法，亦现于宝盖中。尔时，一切大众，睹佛神力，叹未曾有！合掌礼佛，瞻仰尊颜，目不暂舍。长者子宝积，即于佛前，以偈颂曰：

目净修广如青莲　心净已度诸禅定　久积净业称无量　导众以寂故稽首
既见大圣以神变　普现十方无量土　其中诸佛演说法　于是一切悉见闻
法王法力超群生　常以法财施一切　能善分别诸法相　于第一义而不动
已于诸法得自在　是故稽首此法王　说法不有亦不无　以因缘故诸法生
无我无造无受者　善恶之业亦不亡　始在佛树力降魔　得甘露灭觉道成
已无心意无受行　而悉摧伏诸外道　三转法轮于大千　其轮本来常清净
天人得道此为证　三宝于是现世间　以斯妙法济群生　一受不退常寂然
度老病死大医王　当礼法海德无边　毁誉不动如须弥　于善不善等以慈
心行平等如虚空　孰闻人宝不敬承　今奉世尊此微盖　于中现我三千界
诸天龙神所居宫　乾闼婆等及夜叉　悉见世间诸所有　十力哀现是化变
众睹希有皆叹佛　今我稽首三界尊　大圣法王众所归　净心观佛靡不欣
各见世尊在其前　斯则神力不共法　佛以一音演说法　众生随类各得解

皆谓世尊同其语　斯则神力不共法　佛以一音演说法　众生各各随所解

普得受行获其利　斯则神力不共法　佛以一音演说法　或有恐畏或欢喜

或生厌离或断疑　斯则神力不共法　稽首十力大精进　稽首已得无所畏

稽首住于不共法　稽首一切大导师　稽首能断诸结缚　稽首已到于彼岸

稽首能度诸世间　稽首永离生死道　悉知众生来去相　善于诸法得解脱

不著世间如莲华　常善入于空寂行　达诸法相无挂碍　稽首如空无所依'

尔时，长者子宝积说此偈已，白佛言：'世尊！是五百长者子，皆已发阿耨多罗三藐三菩提心，愿闻得佛国土清净，唯愿世尊说诸菩萨净土之行。'佛言：'善哉！宝积！乃能为诸菩萨，问于如来净土之行，谛听！谛听！善思念之！当为汝说。'于是宝积及五百长者子，受教而听。

佛言：'宝积！众生之类是菩萨佛土。所以者何？菩萨随所化众生而取佛土，随所调伏众生而取佛土，随诸众生应以何国入佛智慧而取佛土，随诸众生应以何国起菩萨根而取佛土。所以者何？菩萨取于净国，皆为饶益诸众生故。譬如有人，欲于空地，造立宫室，随意无碍，若于虚空，终不能成！菩萨如是，为成就众生故，愿取佛国，愿取佛国者，非于空也。'

'宝积当知，直心是菩萨净土，菩萨成佛时，不谄众生来生其国；深心是菩萨净土，菩萨成佛时，具足功德众生来生其国；大乘心是菩萨净土，菩萨成佛时，大乘众生来生其国；布施是菩萨净土，菩萨成佛时，一切能舍众生来生其国；持戒是菩萨净土，菩萨成佛时，行十善道满愿众生来生其国；忍辱是菩萨净土，菩萨成佛时，三十二相庄严众生来生其国；精进是菩萨净土，菩萨成佛时，勤修一切功德众生来生其国；禅定是菩萨净土，菩萨成佛时，摄心不乱众生来生其国；智慧是菩萨净土，菩萨成佛时，正定众生来生其国；四无量心是菩萨净土，菩萨成佛时，成就慈悲喜舍众生来生其国；四摄法是菩萨净土，菩萨成佛时，解脱所摄众生来生其国；方便是菩萨净土，菩萨成佛时，于一切法方便无碍众生来生其国；三十七道品是菩萨净土，菩萨成佛时，念处正勤神足根力觉道众生来生其国；回向心是菩萨净土，菩萨成佛时，得一切具足功德国土；说除八难是菩萨净土，菩萨成佛时，国土无有三恶八难；自守戒行不讥彼阙是菩萨净土，菩萨成佛时，国土无有犯禁之名；十善是菩萨净土，菩萨成佛时，命不中夭，大富梵行，所言诚谛；常以软语，眷属不离，善和斗讼。言必饶益，不嫉不恚，正见众生来生其国。如是宝积，菩萨随其直心，则能发行；随其发行，则得深心；随其深心，则意调伏；随意调伏，则如说行；随如说行，则能回向；随其回向，则有方便；随其方便，则成就众生；随成就众生，则佛土净；随佛土净，则说法净；随说法净，则智慧净；随智慧净，则其心净；随其心净，则一切功德净。是故宝积，若菩萨欲得净土，当净其心；随其心净，则佛土净。'

尔时，舍利弗承佛威神作是念：若菩萨心净，则佛土净者，我世尊本为菩萨时，意岂不净，而是佛土不净若此？佛知其念，即告之言：'于意云何？日月岂不净耶！而盲者不见。'对曰'不也！世尊！是盲者过，非日月咎。''舍利弗！众生罪故，不见如来国土严净，非如来咎；舍利弗！我此土净，而汝不见。'

尔时，螺髻梵王语舍利弗：'勿作是念，谓此佛土以为不净，所以者何？我见释迦牟尼佛土清净，譬如自在天宫。'舍利弗言：'我见此土丘陵坑坎，荆棘沙砾，土石诸山，秽恶充满。'螺髻梵王言：'仁者心有高下，不依佛慧，故见此土为不净耳！舍利弗！菩萨于一切众生，悉皆平等，深心清净，依佛智慧，则能见此佛土清净。'

于是佛以足指按地，即时三千大千世界，若干百千珍宝严饰，譬如宝庄严佛，无量功德宝庄严土，一切大众叹未曾有！而皆自见坐宝莲华。佛告舍利弗：'汝且观是佛土严净？'舍利弗言：'唯然，世尊！本所不见，本所不闻，今佛国土严净悉现。'佛语舍利弗：'我佛国土，常净若此，为欲度斯下劣人故，示是众恶不净土耳！譬如诸天，共宝器食，随其福德，饭色有异；如是舍利弗，若人心净，便见此土功德庄严。'

当佛现此国土严净之时，宝积所将五百长者子，皆得无生法忍，八万四千人皆发阿耨多罗三藐三菩提心。佛摄神足，于是世界，还复如故；求声闻乘，三万二千诸天及人，知有为法，皆悉无常，远尘离垢，得法眼净；八千比丘，不受诸法，漏尽意解。

善权品第二

尔时，毗耶离大城中，有长者名维摩诘，已曾供养无量诸佛，深植善本，得无生忍；辩才无碍，游戏神通，逮诸总持；获无所畏，降魔劳怨；入深法门，善于智度，通达方便，大愿成就；明了众生心之所趣，又能分别诸根利钝，久于佛道，心已纯淑，决定大乘；诸有所作，能善思量；住佛威仪，心大如海，诸佛咨嗟！弟子、释、梵、世主所敬。欲度人故，以善方便，居毗耶离；资财无量，摄诸贫民；奉戒清净，摄诸毁禁；以忍调行，摄诸恚怒；以大精进，摄诸懈怠；一心禅寂，摄诸乱意；以决定慧，摄诸无智；虽为白衣，奉持沙门清净律行；虽处居家，不著三界；示有妻子，常修梵行；现有眷属，常乐远离；虽服宝饰，而以相好严身；虽复饮食，而以禅悦为味；若至博奕戏处，辄以度人；受诸异道，不毁正信；虽明世典，常乐佛法；一切见敬，为供养中最；执持正法，摄诸长幼；一切治生谐偶，虽获俗利，不以喜悦；游诸四衢，饶益众生；入治政法，救护一切；入讲论处，导以大乘；入诸学堂，诱开童蒙；入诸淫舍，示欲之过；入诸酒肆，能立其志；若在长者，长者中尊，为说胜法；若在居士，居士中尊，断其贪著；若在刹利，刹利中尊，教以忍辱；若在婆罗门，婆罗门中尊，除其我慢；若在大臣，大臣中尊，教以正法；若在王子，王子中尊，示以忠孝；若在内官，内官中尊，化正宫女；若在庶民，庶民中尊，令兴福力；若在梵天，梵天中尊，诲以胜慧；若在帝释，帝释中尊，示现无常；若在护世，护世中尊，护诸众生。长者维摩诘，以如是等无量方便饶益众生。

其以方便，现身有疾。以其疾故，国王大臣、长者居士、婆罗门等，及诸王子，并余官属，无数千人，皆往问疾。其往者，维摩诘因以身疾，广为说法：'诸仁者！是身无常、无强、无力、无坚、速朽之法，不可信也！为苦、为恼，众病所集，诸仁者！如此身，明智者所不怙；是身如聚沫，不可撮摩；是身如泡，不可久立；是身如焰，从渴爱生；是身如芭蕉，中无有坚；是身如幻，从颠倒起；是身如梦，为虚妄见；是身如影，从业缘现；是身如响，属诸因缘；是身如浮云，须臾变灭；是身如电，念念不住；是身无主，为如地；是身无我，为如火；是身无寿，为如风；是身无人，为如水；是身不实，四大为家；是身为空，离我我所；是身无知，如草木瓦砾；是身无作，风力所转；是身不净，秽恶充满；是身为虚伪，虽假以澡浴衣食，必归磨灭；是身为灾，百一病恼；是身如丘井，为老所逼；是身无定，为要当死；是身如毒蛇、如怨贼、如空聚，阴界诸入所共合成。'

'诸仁者！此可患厌，当乐佛身，所以者何？佛身者即法身也；从无量功德智慧生，从戒、定、慧、解脱、解脱知见生，从慈、悲、喜、舍生，从布施、持戒、忍辱、柔和、勤行精进、禅定、解脱、三昧、多闻、智慧诸波罗蜜生，从方便生，从六通生，从三明生，从三十七道品生，从止观生，从十力、四无所畏、十八不共法生，从断一切不善法集一切善法生，从真实生，从不放逸生；从如是无量清净法，生如来身，诸仁者！欲得佛身，断一切众生病者，当发阿耨多罗三藐三菩提心。'

如是长者维摩诘，为问诸病者，如应说法，令无数千人皆发阿耨多罗三藐三菩提心。

弟子品第三

尔时，长者维摩诘，自念：寝疾于床，世尊大慈，宁不垂愍？

佛知其意，即告舍利弗：'汝行诣维摩诘问疾。'舍利弗白佛言：'世尊！我不堪任诣彼问疾。所以者何？忆念我昔，曾于林中宴坐树下，时维摩诘来谓我言："唯，舍利弗！不必是坐，为宴坐也；夫宴坐者，不于三界现身意，是为宴坐；不起灭定而现诸威仪，是为宴坐；不舍道法而现凡夫事，是为宴坐；心不住内亦不在外，是为宴坐；于诸见不动，而修行三十七道品，是为宴坐；不断烦恼而入涅槃，是为宴坐；若能如是坐者，佛所印可。"时我，世尊！闻说是语，默然而止，不能加报！故我不任诣彼问疾。'

佛告大目犍连：'汝行诣维摩诘问疾。'目连白佛言：'世尊！我不堪任诣彼问疾。所以者何？忆念我昔入毗耶离大城，于里巷中为诸居士说法。时维摩诘来谓我言："唯，大目连！为白衣居士说法，不当如仁者所说。夫说法者，当如法说；法无众生，离众生垢故；法无有我，离我垢故；法无寿命，离生死故；法无有人，前后际断故；法常寂然，灭诸相故；法离于相，无所缘故；法无名字，言语断故；法无有说，离觉观故；法无形相，如虚空故；法无戏论，毕竟空故；法无我所，离我所故；法无分别，离诸识故；法无有比，无相待故；法不属因，不在缘故；法同法性，入诸法故；法随于如，无所随故；法住实际，诸边不动故；法无动摇，不依六尘故；法无去来，常不住故；法顺空，随无相，应无作；法离好丑，法无增损，法无生灭，法无所归；法过眼耳鼻舌身心；法无高下，法常住不动，法离一切观行。唯，大目连！法相如是，岂可说乎？夫说法者，无说无示；其听法者，无闻无得，譬如幻士，为幻人说法，当建是意，而为说法。当了众生根有利钝；善于知见无所挂碍；以大悲心赞于大乘，念报佛恩不断三宝，然后说法。"维摩诘说是法时，八百居士，发阿耨多罗三藐三菩提心。我无此辩，是故不任诣彼问疾。'

佛告大迦叶：'汝行诣维摩诘问疾。'迦叶白佛言：'世尊！我不堪任诣彼问疾。所以者何？忆念我昔，于贫里而行乞，时维摩诘来谓我言："唯，大迦叶！有慈悲心而不能普，舍豪富，从贫乞，迦叶！住平等法，应次行乞食；为不食故，应行乞食；为坏和合相故，应取揣食；为不受故，应受彼食；以空聚相，入于聚落；所见色与盲等，所闻声与响等，所嗅香与风等，所食味不分别，受诸触如智证，知诸法如幻相；无自性，无他性；本自不然，今则无灭。迦叶！若能不舍八邪，入八解脱，以邪相入正法；以一食施一切，供养诸佛，及众贤圣，然后可食；如是食者，非有烦恼，非离烦恼；非入定意，非起定意；非住世间，非住涅槃。其有施者，无大福，无小福；不为益，不为损，是为正入佛道，不依声闻。迦叶！若如是食，为不空食人之施也。"时我，世尊！闻说是语，得未曾有，即于一切菩萨，深起敬心，复作是念：斯有家名，辩才智慧乃能如是！其谁不发阿耨多罗三藐三菩提心？我从是来，不复劝人以声闻辟支佛行。是故不任诣彼问疾。'

佛告须菩提：'汝行诣维摩诘问疾。'须菩提白佛言：'世尊！我不堪任诣彼问疾。所以者何？忆念我昔，入其舍，从乞食，时维摩诘取我钵，盛满饭，谓我言："唯，须菩提！若能于食等者，诸法亦等，诸法等者，于食亦等；如是行乞，乃可取食。若须菩提不断淫怒痴，亦不与俱；不坏于身，而随一相；不灭痴爱，起于解脱；以五逆相而得解脱，亦不解不缚；不见四谛，非不见谛；非得果，非不得果；非凡夫，非离凡夫法；非圣人，非不圣人；虽成就一切法，而离诸法相，乃可取食。若须菩提不见佛，不闻法，彼外道六师：富兰那迦叶、末伽梨拘赊梨子、删阇夜毗罗胝子、阿耆多翅舍钦婆罗、迦罗鸠驮迦旃延、尼犍陀若提子等，是汝之师。因其出家，彼师所堕，汝亦随堕，乃可取食。若须菩提入诸邪见，不到彼岸；住于八难，不得无难；同于烦恼，离清净法；汝得无诤三昧，一切众生亦得是定；其施汝者，不名福田；供养汝者，堕三恶道；为与众魔共一手作诸劳侣，汝与众魔，及诸尘劳，等无有异；于一切众生而有怨心，谤诸佛、毁于法，不入众数，终不得灭度，汝若如是，乃可取食。"时我，世尊！闻此茫然，不识是何言？不知以何答？便置钵欲出其舍。维摩诘言："唯，须菩提！取钵勿惧。于意云何？如来所作化人，若以是事诘，宁有惧不？"我言："不也。"维摩诘言："一切诸法，如幻化相，汝今不应有所惧也。所以者何？一切言说，不离是相；至于智者，不著文字，故无所惧。何以故？文字性离，无有文字，是则解脱；解脱相者，则诸法也。"维摩诘说是法时，二百天子得法眼净，故我不任诣彼问疾。'

佛告富楼那弥多罗尼子：'汝行诣维摩诘问疾。'富楼那白佛言：'世尊！我不堪任诣彼问疾。所以者何？忆念我昔于大林中，在一树下，为诸新学比丘说法。时维摩诘来谓我言："唯，富楼那！先当入定，观此人心，然后说法。无以秽食置于宝器，当知是比丘心之所念，无以琉璃同彼水精。汝不能知众生根源，无得发起以小乘法。彼自无疮，勿伤之也；欲行大道，莫示小径；无以大海，内于牛迹；无以日光，等彼萤火。富楼那！此比丘久发大乘心，中忘此意，如何以小乘法而教导之？我观小乘智慧微浅，犹如盲人，不能分别一切众生根之利钝。"时，维摩诘即入三昧，令此比丘自识宿命，曾于五百佛所植众德本，回向阿耨多罗三藐三菩提，即时豁然，还得本心。于是诸比丘稽首礼维摩诘足。时维摩诘因为说法，于阿耨多罗三藐三菩提，不复退转。我念声闻不观人根，不应说法，是故不任诣彼问疾。'

佛告摩诃迦旃延：'汝行诣维摩诘问疾。'迦旃延白佛言：'世尊！我不堪任诣彼问疾。所以者何？忆念昔者，佛为诸比丘略说法要，我即于后，敷演其义，谓无常义、苦义、空义、无我义、寂灭义。时维摩诘来谓我言："唯，迦旃延！无以生灭心行，说实相法。迦旃延！诸法毕竟不生不灭，是无常义；五受阴，通达空无所起，是苦义；诸法究竟无所有，是空义；于我无我而不二，是无我义；法本不然，今则无灭，是寂灭义。"说是法时，彼诸比丘心得解脱。故我

不任诣彼问疾。'

　　佛告阿那律：'汝行诣维摩诘问疾。'阿那律白佛言：'世尊！我不堪任诣彼问疾。所以者何？忆念我昔于一处经行，时有梵王，名曰严净，与万梵俱，放净光明，来诣我所，稽首作礼问我言："几何阿那律天眼所见？"我即答言："仁者！吾见此释迦牟尼佛土三千大千世界，如观掌中庵摩勒果。"时维摩诘来谓我言："唯，阿那律！天眼所见，为作相耶？无作相耶？假使作相，则与外道五通等；若无作相，即是无为，不应有见。"世尊！我时默然。彼诸梵闻其言，得未曾有！即为作礼而问曰："世孰有真天眼者？"维摩诘言："有佛世尊，得真天眼，常在三昧，悉见诸佛国，不以二相。"于是严净梵王及其眷属五百梵天，皆发阿耨多罗三藐三菩提心，礼维摩诘足已，忽然不现！故我不任诣彼问疾。'

　　佛告优波离：'汝行诣维摩诘问疾。'优波离白佛言：'世尊！我不堪任诣彼问疾。所以者何？忆念昔者，有二比丘犯律行，以为耻，不敢问佛，来问我言："唯，优波离！我等犯律，诚以为耻，不敢问佛，愿解疑悔，得免斯咎！"我即为其如法解说；时维摩诘来谓我言："唯，优波离！无重增此二比丘罪！当直除灭，勿扰其心。所以者何？彼罪性不在内，不在外，不在中间，如佛所说。心垢故众生垢，心净故众生净。心亦不在内，不在外，不在中间，如其心然，罪垢亦然，诸法亦然，不出于如。如优波离，以心相得解脱时，宁有垢不？"我言："不也。"维摩诘言："一切众生，心相无垢，亦复如是。唯，优波离！妄想是垢，无妄想是净；颠倒是垢，无颠倒是净；取我是垢，不取我是净。优波离！一切法生灭不住，如幻如电，诸法不相待，乃至一念不住；诸法皆妄见，如梦如焰，如水中月，如镜中像，以妄想生。其知此者，是名奉律；其知此者，是名善解。"于是二比丘言："上智哉！是优波离所不能及，持律之上而不能说。"我答言："自舍如来，未有声闻及菩萨，能制其乐说之辩，其智慧明达，为若此也！"时二比丘疑悔即除，发阿耨多罗三藐三菩提心，作是愿言："令一切众生皆得是辩。"故我不任诣彼问疾。'

　　佛告罗侯罗：'汝行诣维摩诘问疾。'罗侯罗白佛言：'世尊！我不堪任诣彼问疾。所以者何？忆念昔时，毗耶离诸长者子来诣我所，稽首作礼，问我言："唯，罗侯罗！汝佛之子，舍转轮王位，出家为道。其出家者，有何等利？"我即如法为说出家功德之利。时维摩诘来谓我言："唯，罗侯罗！不应说出家功德之利，所以者何？无利无功德，是为出家；有为法者，可说有利有功德。夫出家者，为无为法，无为法中，无利无功德。罗侯罗！出家者，无彼无此，亦无中间；离六十二见，处于涅槃；智者所受，圣所行处；降伏众魔，度五道，净五眼，得五力，立五根；不恼于彼，离众杂恶；摧诸外道，超越假名；出淤泥，无系著；无我所，无所受；无扰乱，内怀喜；护彼意，随禅定，离众过。若能如是，是真出家。"于是维摩诘语诸长者子："汝等于正法中，宜共出家，所以者何？佛世难值！"诸长者子言："居士！我闻佛言，父母不听，不得出家。"维摩诘言："然，汝等便发阿耨多罗三藐三菩提心，是即出家，是即具足。"尔时，三十二长者子，皆发阿耨多罗三藐三菩提心，故我不任诣彼问疾。'

佛告阿难：'汝行诣维摩诘问疾。'阿难白佛言：'世尊！我不堪任诣彼问疾。所以者何？忆念昔时，世尊身小有疾，当用牛乳，我即持钵，诣大婆罗门家门下立。时维摩诘来谓我言："唯，阿难！何为晨朝，持钵住此？"我言："居士！世尊身小有疾，当用牛乳，故来至此。"维摩诘言："止止！阿难！莫作是语！如来身者，金刚之体，诸恶已断，众善普会，当有何疾？当有何恼？默往阿难，勿谤如来，莫使异人闻此粗言；无令大威德诸天，及他方净土诸来菩萨得闻斯语。阿难！转轮圣王，以少福故，尚得无病，岂况如来无量福会普胜者哉！行矣，阿难！勿使我等受斯耻也。外道、梵志，若闻此语，当作是念：何名为师？自疾不能救，而能救诸疾人？可密速去，勿使人闻。当知，阿难！诸如来身，即是法身，非思欲身。佛为世尊，过于三界；佛身无漏，诸漏已尽；佛身无为，不堕诸数。如此之身，当有何疾？时我，世尊！实怀惭愧，得无近佛而谬听耶！即闻空中声曰："阿难！如居士言。但为佛出五浊恶世，现行斯法，度脱众生。行矣，阿难！取乳勿惭。"世尊！维摩诘智慧辩才，为若此也，是故不任诣彼问疾。"

如是五百大弟子，各各向佛说其本缘，称述维摩诘所言，皆曰：'不任诣彼问疾。'

菩萨品第四

于是佛告弥勒菩萨：'汝行诣维摩诘问疾。'弥勒白佛言：'世尊！我不堪任诣彼问疾。所以者何？忆念我昔，为兜率天王及其眷属，说不退转地之行，时维摩诘来谓我言："弥勒！世尊授仁者记，一生当得阿耨多罗三藐三菩提，为用何生，得受记乎？过去耶？未来耶？现在耶？若过去生，过去生已灭；若未来生，未来生未至；若现在生，现在生无住，如佛所说。比丘，汝今即时，亦生亦老亦灭。若以无生得受记者，无生即是正位，于正位中，亦无受记，亦无得阿耨多罗三藐三菩提，云何弥勒受一生记乎？为从如生得受记耶？为从如灭得受记耶？若以如生得受记者，如无有生；若以如灭得受记者，如无有灭。一切众生皆如也，一切法亦如也，众圣贤亦如也，至于弥勒亦如也。若弥勒得受记者，一切众生亦应受记，所以者何？夫如者，不二不异，若弥勒得阿耨多罗三藐三菩提者，一切众生皆亦应得，所以者何？一切众生即菩提相。若弥勒得灭度者，一切众生亦当灭度，所以者何？诸佛知一切众生毕竟寂灭，即涅槃相，不复更灭。是故弥勒无以此法诱诸天子，实无发阿耨多罗三藐三菩提心者，亦无退者。

弥勒！当令此诸天子，舍于分别菩提之见，所以者何？菩提者不可以身得，不可以心得；寂灭是菩提，灭诸相故；不观是菩提，离诸缘故；不行是菩提，无忆念故；断是菩提，舍诸见故；离是菩提，离诸妄想故；障是菩提，障诸愿故；不入是菩提，无贪著故；顺是菩提，顺于如故；住是菩提，住法性故；至是菩提，至实际故；不二是菩提，离意法故；等是菩提，等虚空故；无为是菩提，无生住灭故；知是菩提，了众生心行故；不会是菩提，诸入不会故；不合是菩提，离烦恼习故；无处是菩提，无形色故；假名是菩提，名字空故。如化是菩提，无取舍故；无乱是菩提，常自静故；善寂是菩提，性清净故；无取是菩提，离攀缘故；无异是菩提，诸法等故；无比是菩提，无可喻故；微妙是菩提，诸法难知故。"世尊！维摩诘说是法时，二百天子得无生法忍。故我不任诣彼问疾。'

佛告光严童子：'汝行诣维摩诘问疾。'光严白佛言：'世尊！我不堪任诣彼问疾。所以者何？忆念我昔出毗耶离大城，时维摩诘方入城，我即为作礼而问言："居士从何所来？"答我言："吾从道场来。"我问："道场者何所是？"答曰："直心是道场，无虚假故；发行是道场，能办事故；深心是道场，增益功德故；菩提心是道场，无错谬故；布施是道场，不望报故；持戒是道场，得愿具故；忍辱是道场，于诸众生心无碍故；精进是道场，不懈退故；禅定是道场，心调柔故；智慧是道场，现见诸法故；慈是道场，等众生故；悲是道场，忍疲苦故；喜是道场，悦乐法故；舍是道场，憎爱断故；神通是道场，成就六通故；解脱是道场，能背舍故；方便是道场，教化众生故；四摄是道场，摄众生故；多闻是道场，如闻行故；伏心是道场，正观诸法故；三十七品是道场，舍有为法故；四谛是道场，不诳世间故；缘起是道场，无明乃至老死皆无尽故；诸烦恼是道场，知如实故；众生是道场，知无我故；一切法是道场，知诸法空故；降魔是道场，不倾动故；三界是道场，无所趣故；师子吼是道场，无所畏故；力、无畏、不共法是道场，无诸过故；三明是道场，无余碍故；一念知一切法是道场，成就一切智故。如是，善男子！菩萨若应诸波罗蜜，教化众生，诸有所作，举足下足，当知皆从道场来，住于佛法矣！"说是法时，五百天人皆发阿耨多罗三藐三菩提心，故我不任诣彼问疾。'

佛告持世菩萨：'汝行诣维摩诘问疾。'持世白佛言：'世尊！我不堪任诣彼问疾。所以者何？忆念我昔，住于静室，时魔波旬，从万二千天女，状如帝释，鼓乐弦歌，来诣我所。与其眷属，稽首我足，合掌恭敬，于一面立。我意谓是帝释，而语之言："善来憍尸迦！虽福应有，不当自恣。当观五欲无常，以求善本，于身命财而修坚法。"即语我言："正士！受是万二千天女，可备扫洒。"我言："憍尸迦！无以此非法之物要我沙门释子，此非我宜。"所言未讫，时维摩诘来谓我言:"非帝释也,是为魔来娆固汝耳!"即语魔言:"是诸女等,可以与我,如我应受。"魔即惊惧,念维摩诘:"将无恼我?"欲隐形去,而不能隐;尽其神力,亦不得去。即闻空中声曰:"波旬以女与之,乃可得去。"魔以畏故,俯仰而与。尔时,维摩诘语诸女言:"魔以汝等与我,今汝皆当发阿耨多罗三藐三菩提心。"即随所应而为说法,令发道意。复言:"汝等已发道意,有法乐可以自娱,不应复乐五欲乐也。"天女即问:"何谓法乐?"答言:"乐常信佛,乐欲听法,乐供养众,乐离五欲;乐观五阴如怨贼,乐观四大如毒蛇,乐观内入如空聚;乐随护道意,乐饶益众生,乐敬养师;乐广行施,乐坚持戒,乐忍辱柔和,乐勤集善根,乐禅定不乱,乐离垢明慧;乐广菩提心,乐降伏众魔,乐断诸烦恼,乐净佛国土,乐成就相好故,修诸功德,乐庄严道场;乐闻深法不畏;乐三脱门,不乐非时;乐近同学,乐于非同学中,心无恚碍;乐将护恶知识,乐亲近善知识;乐心喜清净,乐修无量道品之法,是为菩萨法乐。"于是波旬告诸女言:"我欲与汝俱还天宫。"诸女言:"以我等与此居士,有法乐,我等甚乐,不复乐五欲乐也。"魔言:"居士可舍此女?一切所有施于彼者,是为菩萨。"维摩诘言:"我已舍矣!汝便将去,令一切众生得法愿具足。"于是诸女问维摩诘:"我等云何,止于魔宫?"维摩诘言:"诸姊!有法门名无尽灯,汝等当学。无尽灯者,譬如一灯,然百千灯,冥者皆明,明终不尽。如是诸姊!夫一菩萨开导百千众生,令发阿耨多罗三藐三菩提心,于其道意亦不灭尽,随所说法,而自增益一切善法,是名无尽灯也。汝等虽住魔宫,以是无尽灯,令无数天子天女,发阿耨多罗三藐三菩提心者,为报佛恩,亦大饶益一切众生。"尔时,天女头面礼维摩诘足,随魔还宫,忽然不现。世尊!维摩诘有如是自在神力,智慧辩才,故我不任诣彼问疾。'

佛告长者子善德:'汝行诣维摩诘问疾。'善德向佛言:'世尊!我不堪任诣彼问疾。所以者何?忆念我昔,自于父舍,设大施会,供养一切沙门婆罗门,及诸外道贫穷下贱孤独乞人。期满七日,时维摩诘,来入会中,谓我言:"长者子!夫大施会不当如汝所设,当为法施之会,何用是财施会为?"我言:"居士!何谓法施之会?""法施会者,无前无后,一时供养一切众生,是名法施之会。"曰:"何谓也?"谓以菩提,起于慈心;以救众生,起大悲心;以持正法,起于喜心;以摄智慧,行于舍心;以摄悭贪,起檀波罗蜜;以化犯戒,起尸罗波罗蜜;以无我法,起羼提波罗蜜;以离身心相,起毗梨耶波罗蜜;以菩提相,起禅波罗蜜;以一切智,起般若波罗蜜。教化众生,而起于空;不舍有为法,而起无相;示现受生,而起无作;护持正法,起方便力;以度众生,起四摄法;以敬事一切,起除慢法;于身命财,起三坚法;于六念中,起思念法;于六和敬，起质直心；正行善法，起于净命；心净欢喜，起近贤圣；不憎恶人，起调伏心；以出家法，起于深心；以如说行，起于多闻；以无净法，起空闲处；趣向佛慧，起于宴坐；解众生缚，起修行地；以具相好，及净佛土，起福德业；知一切众生心念，如应说法，起于智业；知一切法，不取不舍，入一相门，起于慧业；断一切烦恼、一切障碍、一切不善法，起一切善业；以得一切智慧、一切善法，起于一切助佛道法。如是善男子，是为法施之会。若菩萨住是法施会者，为大施主，亦为一切世间福田。世尊！维摩诘说是法时，婆罗门众中二百人，皆发阿耨多罗三藐三菩提心。我时心得清净，叹未曾有！稽首礼维摩诘足，即解璎珞价值百千而以上之，不肯取。我言："居士愿必纳受，随意所与。"维摩诘乃受璎珞，分作二分，持一分施此会中一最下乞人，持一分奉彼难胜如来。一切众会皆见光明国土难胜如来，又见珠璎在彼佛上变成四柱宝台，四面严饰，不相障蔽。时维摩诘现神变已，又作是言："若施主等心施一最下乞人，犹如来福田之相，无所分别，等于大悲，不求果报，是则名曰具足法施。"城中一最下乞人，见是神力，闻其所说，皆发阿耨多罗三藐三菩提心，故我不任诣彼问疾。'

如是诸菩萨各各向佛说其本缘，称述维摩诘所言，皆曰：'不任诣彼问疾。'

维摩诘经 卷中

诸法言品第五

尔时，佛告文殊师利：'汝行诣维摩诘问疾。'文殊师利白佛言：'世尊！彼上人者，难为詶对。深达实相，善说法要，辩才无滞，智慧无碍；一切菩萨法式悉知，诸佛秘藏无不得入；降伏众魔，游戏神通，其慧方便，皆已得度。虽然，当承佛圣旨，诣彼问疾。'于是众中诸菩萨大弟子，释梵四天王等，咸作是念：今二大士，文殊师利、维摩诘共谈，必说妙法。即时八千菩萨，五百声闻，百千天人，皆欲随从。于是文殊师利与诸菩萨大弟子众，及诸天人恭敬围绕，入毗耶离大城。

尔时，长者维摩诘心念：'今文殊师利，与大众俱来。'即以神力，空其室内，除去所有，及诸侍者；唯置一床，以疾而卧。

文殊师利，既入其舍，见其室空，无诸所有，独寝一床。

时维摩诘言：'善来，文殊师利！不来相而来，不见相而见。'

文殊师利言：'如是！居士！若来已，更不来；若去已，更不去。所以者何？来者无所从来，去者无所至，所可见者，更不可见。且置是事，居士！是疾宁可忍不？疗治有损，不至增乎！世尊殷勤，

致问无量,居士是疾,何所因起?其生久如?当云何灭?'

维摩诘言:'从痴有爱,则我病生;以一切众生病,是故我病;若一切众生得不病者,则我病灭。所以者何?菩萨为众生故入生死,有生死则有病;若众生得离病者,则菩萨无复病。譬如长者,唯有一子,其子得病,父母亦病。若子病愈,父母亦愈。菩萨如是,于诸众生,爱之若子;众生病则菩萨病,众生病愈,菩萨亦愈。又言是疾,何所因起?菩萨疾者,以大悲起。'

文殊师利言:'居士此室,何以空无侍者?'维摩诘言:'诸佛国土,亦复皆空。'又问:'以何为空?'答曰:'以空空。'又问:'空何用空?'答曰:'以无分别空故空。'又问:'空可分别耶?'答曰:'分别亦空。'又问:'空当于何求?'答曰:'当于六十二见中求。'又问:'六十二见当于何求?'答曰:'当于诸佛解脱中求。'又问:'诸佛解脱当于何求?'答曰:'当于一切众生心行中求。又仁所问:何无侍者?一切众魔,及诸外道,皆吾侍也。所以者何?众魔者乐生死,菩萨于生死而不舍;外道者乐诸见,菩萨于诸见而不动。'

文殊师利言:'居士所疾,为何等相?'维摩诘言:'我病无形不可见。'又问:'此病身合耶?心合耶?'答曰:'非身合,身相离故;亦非心合,心如幻故。'又问:'地大、水大、火大、风大,于此四大,何大之病?'答曰:'是病非地大,亦不离地大;水火风大,亦复如是。而众生病,从四大起,以其有病,是故我病。'

尔时,文殊师利问维摩诘言:'菩萨应云何慰喻有疾菩萨?'维摩诘言:'说身无常,不说厌离于身;说身有苦,不说乐于涅槃;说身无我,而说教导众生;说身空寂,不说毕竟寂灭;说悔先罪,而不说入于过去;以己之疾,愍于彼疾;当识宿世无数劫苦,当念饶益一切众生;忆所修福,念于净命,勿生忧恼,常起精进;当作医王,疗治众病。菩萨应如是慰喻有疾菩萨,令其欢喜。'

文殊师利言:'居士!有疾菩萨云何调伏其心?'

维摩诘言:'有疾菩萨,应作是念:今我此病,皆从前世妄想颠倒诸烦恼生,无有实法,谁受病者!所以者何?四大合故,假名为身;四大无主,身亦无我;又此病起,皆由著我。是故于我,不应生著。既知病本,即除我想及众生想。当起法想,应作是念:"但以众法,合成此身;起唯法起,灭唯法灭。又此法者,各不相知,起时不言我起,灭时不言我灭。"彼有疾菩萨,为灭法想,当作是念:此法想者,亦是颠倒,颠倒者即是大患,我应离之。云何为离?离我我所。云何离我我所?谓离二法。云何离二法?谓不念内外诸法行于平等。云何平等?谓我等涅槃等。所以者何?我及涅槃,此二皆空。以何为空?但以名字故空。如此二法,无决定性,得是平等;无有余病,唯有空病;空病亦空。是有疾菩萨,以无所受而受诸受,未具佛

法，亦不灭受而取证也。'

'设身有苦，念恶趣众生，起大悲心，我既调伏，亦当调伏一切众生；但除其病，而不除法，为断病本而教导之。何谓病本？谓有攀缘，从有攀缘，则为病本。何所攀缘？谓之三界。云何断攀缘？以无所得，若无所得，则无攀缘。何谓无所得？谓离二见。何谓二见？谓内见外见，是无所得。文殊师利！是为有疾菩萨调伏其心，为断老病死苦，是菩萨菩提。若不如是，已所修治，为无慧利。譬如胜怨，乃可为勇。如是兼除老病死者，菩萨之谓也。'

'彼有疾菩萨，复应作是念：如我此病，非真非有，众生病亦非真非有。作是观时，于诸众生若起爱见大悲，即应舍离，所以者何？菩萨断除客尘烦恼而起大悲。爱见悲者，则于生死有疲厌心，若能离此，无有疲厌，在在所生，不为爱见之所覆也。所生无缚，能为众生说法解缚，如佛所说。若自有缚，能解彼缚？无有是处！若自无缚，能解彼缚，斯有是处。是故菩萨不应起缚。何谓缚？何谓解？贪著禅味，是菩萨缚；以方便生，是菩萨解。又无方便慧缚，有方便慧解；无慧方便缚，有慧方便解。何谓无方便慧缚？谓菩萨以爱见心庄严佛土，成就众生；于空无相无作法中，而自调伏，是名无方便慧缚。何谓有方便慧解？谓不以爱见心庄严佛土成就众生，于空无相无作法中，以自调伏，而不疲厌，是名有方便慧解。何谓无慧方便缚？谓菩萨住贪欲嗔恚邪见等诸烦恼，而殖众德本，是名无慧方便缚。何谓有慧方便解？谓离诸贪欲嗔恚邪见等诸烦恼，而殖众德本；回向阿耨多罗三藐三菩提，是名有慧方便解。文殊师利！彼有疾菩萨，应如是观诸法，又复观身无常，苦、空、非我，是名为慧。虽身有疾，常在生死，饶益一切，而不厌倦，是名方便。又复观身，身不离病，病不离身，是病是身，非新非故，是名为慧。设身有疾，而不永灭，是名方便。'

'文殊师利！有疾菩萨应如是调伏其心，不住其中，亦复不住不调伏心。所以者何？若住不调伏心，是愚人法；若住调伏心，是声闻法。是故菩萨不当住于调伏不调伏心，离此二法，是菩萨行。在于生死，不为污行；住于涅槃，不永灭度，是菩萨行；非凡夫行，非贤圣行，是菩萨行；非垢行，非净行，是菩萨行；虽过魔行，而现降伏众魔，是菩萨行；求一切智，无非时求，是菩萨行；虽观诸法不生，而不入正位，是菩萨行；虽观十二缘起，而入诸邪见，是菩萨行；虽摄一切众生，而不爱著，是菩萨行；虽乐远离，而不依身心尽，是菩萨行；虽行三界，而不坏法性，是菩萨行；虽行于空，而殖众德本，是菩萨行；虽行无相，而度众生，是菩萨行；虽行无作，而现受身，是菩萨行；虽行无起，而起一切善行，是菩萨行；虽行六波罗蜜，而遍知众生心心数法，是菩萨行；虽行六通，而不尽漏，是菩萨行；虽行四无量心，而不贪著生于梵世，是菩萨行；虽行禅定解脱三昧，而不随禅生，是菩萨行；虽行四念处，不毕竟永离身受心法，是菩萨行；虽行四正勤，而不舍身心精进，是菩萨行；虽行四如意足，而得自在神通，是菩萨行；虽行五根，而分别众生诸根利钝，是菩萨行；虽行五力，而乐求佛十力，是菩萨行；虽行七觉分，而分别佛之智慧，是菩萨行；虽行八正道，而乐行无量佛道，是菩萨行；虽行止观助道之法，而不毕竟堕于寂灭，是菩萨行；虽行诸法不生不灭，而以相好庄严其身，是菩萨行；虽现声闻辟支佛威仪，而不舍佛法，是菩萨行；虽随诸法究竟净相，而随所应为现其身，是菩萨行；虽观诸佛国土永寂如空，而现种种清净佛土，是菩萨行；虽得佛道转于法轮入于涅槃，而不舍于菩萨之道，是菩萨行。'

说是语时，文殊师利所将大众，其中八千天子，皆发阿耨多罗三藐三菩提心。

不思议品第六

尔时，舍利弗见此室中无有床座，作是念：斯诸菩萨大弟子众，当于何坐？

长者维摩诘知其意，语舍利弗言：'云何仁者为法来耶？求床座耶？'舍利弗言：'我为法来，非为床座。'维摩诘言：'唯，舍利弗！夫求法者，不贪躯命，何况床座？'

'夫求法者，非有色受想行识之求，非有界入之求，非有欲色无色之求。唯，舍利弗！夫求法者，不著佛求，不著法求，不著众求；夫求法者，无见苦求，无断集求，无造尽证修道之求。所以者何？法无戏论，若言我当见苦、断集、证灭、修道，是则戏论，非求法也。唯，舍利弗！法名寂灭，若行生灭，是求生灭，非求法也；法名无染，若染于法，乃至涅槃，是则染著，非求法也；法无行处，若行于法，是则行处，非求法也；法无取舍，若取舍法，是则取舍，非求法也；法无处所，若著处所，是则著处，非求法也；法名无相，若随相识，是则求相，非求法也；法不可住，若住于法，是则住法，非求法也；法不可见闻觉知，若行见闻觉知，是则见闻觉知，非求法也；法名无为，若行有为，是求有为，非求法也。是故舍利弗！若求法者，于一切法，应无所求。'

说是语时，五百天子于诸法中，得法眼净。

尔时，长者维摩诘，问文殊师利：'仁者游于无量千万亿阿僧祇国，何等佛土有好上妙功德成就师子之座？'文殊师利言：'居士！东方度三十六恒河沙国，有世界名须弥相，其佛号须弥灯王，今现在。彼佛身长八万四千由旬，其师子座高八万四千由旬，严饰第一。'于是长者维摩诘现神通力，即时彼佛遣三万二千师子座，高广严净，来入维摩诘室，诸菩萨大弟子，释梵四天王等，昔所未见！其室广博，悉皆包容三万二千师子之座，无所妨碍。于毗耶离城，及阎浮提四天下，亦不迫迮，悉见如故。尔时，维摩诘语文殊师利：'就师子座，与诸菩萨上人俱坐，当自立身如彼座像。'其得神通菩萨，即自变形为四万二千由旬，坐师子座。诸新发意菩萨及大弟子，皆不能升。

尔时，维摩诘语舍利弗：'就师子座。'舍利弗言：'居士！此座高广，吾不能升。'维摩诘言：'唯，舍利弗！为须弥灯王如来作礼，乃可得坐。'于是新发意菩萨及大弟子，即为须弥灯王如来作礼，便得坐师子座。

舍利弗言：'居士！未曾有也，如是小室，乃容受此高广之座，于毗耶离城，无所妨碍，又于阎浮提聚落城邑，及四天下诸天龙王鬼神宫殿，亦不迫迮。'维摩诘言：'唯，舍利弗！诸佛菩萨，有解脱名："不可思议"，若菩萨住是解脱者，以须弥之高广内芥子中无所增减，须弥山王本相如故，而四天王、忉利诸天，不觉不知己之所入，唯应度者乃见须弥入芥子中，是名："不可思议解脱法门。"又以四大海水入一毛孔，不娆鱼鳖鼋鼍水性之属，而彼大海本相如故，诸龙鬼神阿修罗等，不觉不知己之所入，于此众生亦无所娆。又舍利弗！住不可思议解脱菩萨，断取三千大千世界，如陶家轮，著右掌中，掷过恒沙世界之外，其中众生，不觉不知己之所往。又复还置本处，都不使人有往来想，而此世界本相如故。又舍利弗！或有众生，乐久住世，而可度者，菩萨即演七日以为一劫，令彼众生谓之一劫；或有众生不乐久住，而可度者，菩萨即促一劫以为七日，令彼众生谓之七日。又舍利弗！住不可思议解脱菩萨，以一切佛土严饰之事，集在一国，示于众生。又菩萨以一切佛土众生置之右掌，飞到十方遍示一切，而不动本处。又舍利弗！十方众生供养诸佛之具，菩萨于一毛孔，皆令得见。又十方国土所有日月星宿，于一毛孔，普使见之。又舍利弗！十方世界所有诸风，菩萨悉能吸著口中，而身无损，外诸树木，亦不摧折。又十方世界劫尽烧时，以一切火内于腹中，火事如故，而不为害。又于下方过恒河沙等诸佛世界，取一佛土，举著上方，过恒河沙无数世界，如持针锋举一枣叶，而无所娆。又舍利弗！住不可思议解脱菩萨，能以神通现作佛身，或现辟支佛身，或现声闻身，或现帝释身，或现梵王身，或现世主身，或现转轮圣王身，又十方世界所有众声，上中下音，皆能变之，令作佛声，演出无常苦空无我之音。及十方诸佛，所说种种之法，皆于其中，普令得闻。舍利弗！我今略说菩萨不可思议解脱之力，若广说者，穷劫不尽。'

是时，大迦叶闻说菩萨不可思议解脱法门，叹未曾有。谓舍利弗：'譬如有人，于盲者前现众色像，非彼所见；一切声闻，闻是不可思议解脱法门，不能解了，为若此也！智者闻是，其谁不发阿耨多罗三藐三菩提心？我等何为永绝其根？于此大乘，已如败种！一切声闻，闻是不可思议解脱法门，皆应号泣，声震三千大千世界；一切菩萨，应大欣庆，顶受此法。若有菩萨信解不可思议解脱法门者，一切魔众无如之何。'大迦叶说此语时，三万二千天子，皆发阿耨多罗三藐三菩提心。

尔时，维摩诘语大迦叶：'仁者！十方无量阿僧祇世界中作魔王者，多是住不可思议解脱菩萨。以方便力故，教化众生，现作魔王，又迦叶！十方无量菩萨，或有人从乞手足耳鼻、头目髓脑、血肉皮骨、聚落城邑、妻子奴婢、象马车乘、金银琉璃、砗磲玛瑙、珊瑚琥珀、真珠珂贝、衣服饮食，如此乞者，多是住不可思议解脱菩萨，以方便力，而往试之，令其坚固。所以者何？住不可思议解脱菩萨，有威德力，故行逼迫，示诸众生，如是难事，凡夫下劣，无有力势，不能如是逼迫菩萨；譬如龙象蹴踏，非驴所堪，是名住不可思议解脱菩萨智慧方便之门。'

观众生品第七

尔时，文殊师利问维摩诘言：'菩萨云何观于众生？'维摩诘言：'譬如幻师，见所幻人。菩萨观众生为若此。如智者见水中月，如镜中见其面像；如热时焰，如呼声响，如空中云，如水聚沫，如水上泡；如芭蕉坚，如电久住，如第五大，如第六阴，如第七情，如十三入，如十九界，菩萨观众生为若此。如无色界色，如燋谷芽，如须陀洹身见，如阿那含入胎，如阿罗汉三毒，如得忍菩萨贪恚毁禁，如佛烦恼习，如盲者见色，如入灭尽定出入息，如空中鸟迹，如石女儿，如化人烦恼，如梦所见已寤，如灭度者受身，如无烟之火，菩萨观众生为若此。'

文殊师利言：'若菩萨作是观者，云何行慈？'维摩诘言：'菩萨作是观已，自念我当为众生说如斯法，是即真实慈也。行寂灭慈，无所生故；行不热慈，无烦恼故；行等之慈，等三世故；行无诤慈，无所起故；行不二慈，内外不合故；行不坏慈，毕竟尽故；行坚固慈，心无毁故；行清净慈，诸法性净故；行无边慈，如虚空故；行阿罗汉慈，破结贼故；行菩萨慈，安众生故；行如来慈，得如相故；行佛之慈，觉众生故；行自然慈，无因得故；行菩提慈，等一味故；行无等慈，断诸爱故；行大悲慈，导以大乘故；行无厌慈，观空无我故；行法施慈，无遗惜故；行持戒慈，化毁禁故；行忍辱慈，护彼我故；行精进慈，荷负众生故；行禅定慈，不受味故；行智慧慈，无不知时故；行方便慈，一切示现故；行无隐慈，直心清净故；行深心慈，无杂行故；行无诳慈，不虚假故；行安乐慈，令得佛乐故。菩萨之慈，为若此也。'

文殊师利又问：'何谓为悲？'答曰：'菩萨所作功德，皆与一切众生共之。''何谓为喜？'答曰：'有所饶益，欢喜无悔。''何谓为舍？'答曰：'所作福祐，无所希望。'

文殊师利又问：'生死有畏，菩萨当何所依？'维摩诘言：'菩萨于生死畏中，当依如来功德之力。'文殊师利又问：'菩萨欲依如来功德之力，当于何住？'答曰：'菩萨欲依如来功德之力者，当住度脱一切众生。'又问：'欲度众生，当何所除？'答曰：'欲度众生，除其烦恼。'又问：'欲除烦恼，当何所行？'答曰：'当行正念。'又问：'云何行于正念？'答曰：'当行不生不灭。'又问：'何法不生？何法不灭？'答曰：'不善不生，善法不灭。'又问：'善不善孰为本？'答曰：'身为本。'又问：'身孰为本？'答曰：'欲贪为本。'又问：'欲贪孰为本？'答曰：'虚妄分别为本。'又问：'虚妄分别孰为本？'答曰：'颠倒想为本。'又问：'颠倒想孰为本？'答曰：'无住为本。'又问：'无住孰为本？'答曰：'无住则无本。文殊师利！从无住本，立一切法。'

时维摩诘室有一天女，见诸天人闻所说法，便现其身，即以天华，散诸菩萨大弟子上。华至诸菩萨，即皆堕落，至大弟子，便著不堕。一切弟子，神力去华，不能令去。尔时，天问舍利弗：'何故去华？'答曰：'此华不如法，是以去之。'天曰：'勿谓此华为不如法，所以者何？是华无所分别，仁者自生分别想耳！若于佛法出家，有所分别，为不如法；若无所分别，是则如法。观诸菩萨华不著者，已断一切分别想故。譬如人畏时，非人得其便；如是弟子畏生死故，色声香味触得其便也。已离畏者，一切五欲无能为也；结习未尽，华著身耳！结习尽者华不著也。'

舍利弗言：'天止此室，其已久如。'答曰：'我止此室，如耆年解脱。'舍利弗言：'止此久耶？'天曰：'耆年解脱，亦何如久？'舍利弗默然不答。天曰：'如何耆旧大智而默？'答曰：'解脱者无所言说，故吾于是不知所云。'天曰：'言说文字，皆解脱相，所以者何？解脱者，不内、不外，不在两间，文字亦不内不外，不在两间，是故舍利弗，无离文字说解脱也，所以者何？一切诸法是解脱相。'舍利弗言：'不复以离淫怒痴为解脱乎？'天曰：'佛为增上慢人，说离淫怒痴为解脱耳；若无增上慢者，佛说淫怒痴性，即是解脱。'舍利弗言：'善哉！善哉！天女汝何所得？以何为证？辩乃如是！'天曰：'我无得无证，故辩如是，所以者何？若有得有证者，则于佛法为增上慢。'

舍利弗问天：'汝于三乘，为何志求？'天曰：'以声闻法化众生故，我为声闻；以因缘法化众生故，我为辟支佛；以大悲法化众生故，我为大乘。舍利弗！如人入瞻卜林，唯嗅瞻卜，不嗅余香。如是，若入此室，但闻佛功德之香，不乐闻声闻辟支佛功德香也。舍利弗！其有释梵四天王，诸天龙鬼神等，入此室者，闻斯上人讲说正法，皆乐佛功德之香，发心而出。舍利弗！吾止此室，十有二年，初不闻说声闻辟支佛法，但闻菩萨大慈大悲，不可思议诸佛之法。舍利佛！此室常现八未曾有难得之法，何等为八？此室常以金色光照，昼夜无异，不以日月所照为明，是为一未曾有难得之法；此室入者，不为诸垢之所恼也,是为二未曾有难得之法;此室常有释梵四天王、他方菩萨来会不绝,是为三未曾有难得之法;此室常说六波罗密不退转法,是为四未曾有难得之法;此室常作天人第一之乐,弦出无量法化之声,是为五未曾有难得之法;此室有四大藏,众宝积满,周穷济乏,求得无尽,是为六未曾有难得之法;此室释迦牟尼佛、阿弥陀佛、阿佛、宝德、宝炎、宝月、宝严、难胜、师子响、一切利成,如是等十方无量诸佛,是上人念时,即为皆来,广说诸佛秘要法藏,说已还去,是为七未曾有难得之法;此室一切诸天严饰宫殿,诸佛净土,皆于中现,是为八未曾有难得之法。舍利弗!此室常现八未曾有难得之法,谁有见斯不思议事,而复乐于声闻法乎?'

舍利弗言:'汝何以不转女身?'天曰:'我从十二年来求女人相,了不可得,当何所转!譬如幻师化作幻女,若有人问:何以不转女身?是人为正问不?'舍利弗言:'不也!幻无定相,当何所转?'天曰:'一切诸法亦复如是,无有定相,云何乃问不转女身?'即时天女以神通力,变舍利弗令如天女,天自化身如舍利弗,而问言:'何以不转女身?'舍利弗以天女像而答言:'我今不知何转而变为女身?'天曰:'舍利弗,若能转此女身,则一切女人亦当能转。如舍利弗非女而现女身,一切女人亦复如是,虽现女身,而非女也。是故佛说一切诸法非男非女。'即时天女还摄神力,舍利弗身还复如故。天问舍利弗:'女身色相,今何所在?'舍利弗言:'女身色相,无在无不在。'天曰:'一切诸法,亦复如是,无在无不在。夫无在无不在者,佛所说也。'舍利弗问天:'汝于此没,当生何所?'天曰:'佛化所生,吾如彼生。'曰:'佛化所生,非没生也。'天曰:'众生犹然,无没生也。'

舍利弗问天:'汝久如当得阿耨多罗三藐三菩提?'天曰:'如舍利弗还为凡夫,我乃当成阿耨多罗三藐三菩提。'舍利弗言:'我作凡夫,无有是处。'天曰:'我得阿耨多罗三藐三菩提,亦无是处。所以者何?菩提无住处,是故无有得者。'舍利弗言:'今诸佛得阿耨多罗三藐三菩提,已得当得,如恒河沙,皆谓何乎?'天曰:'皆以世俗文字数故,说有三世,非谓菩提有去来今。'天曰:'舍利弗!汝得阿罗汉道耶?'曰:'无所得故而得。'天曰:'诸佛菩萨,亦复如是,无所得故而得。'

尔时,维摩诘语舍利弗:'是天女已曾供养九十二亿诸佛,已能游戏菩萨神通,所愿具足,得无生忍,住不退转;以本愿故,随意能现,教化众生。'

佛道品第八

尔时,文殊师利问维摩诘言:'菩萨云何通达佛道?'维摩诘言:'若菩萨行于非道,是为通达佛道。'又问:'云何菩萨行于非道?'答曰:'若菩萨行五无间,而无恼恚;至于地狱,无诸罪垢;

至于畜生，无有无明憍慢等过；至于饿鬼，而具足功德；行色无色界道，不以为胜。示行贪欲，离诸染著；示行嗔恚，于诸众生，无有恚碍；示行愚痴，而以智慧，调伏其心。示行悭贪，而舍内外所有，不惜身命；示行毁禁，而安住净戒，乃至小罪，犹怀大惧；示行嗔恚，而常慈忍；示行懈怠，而勤修功德；示行乱意，而常念定；示行愚痴，而通达世间、出世间慧；示行谄伪，而善方便，随诸经义；示行憍慢，而于众生，犹如桥梁；示行诸烦恼，而心常清净；示入于魔，而顺佛智慧，不随他教；示入声闻，而为众生，说未闻法；示入辟支佛，而成就大悲，教化众生；示入贫穷，而有宝手，功德无尽；示入形残，而具诸相好，以自庄严；示入下贱，而生佛种性中，具诸功德；示入羸劣丑陋，而得那罗延身，一切众生之所乐见；示入老病，而永断病根，超越死畏；示有资生，而恒观无常，实无所贪；示有妻妾婇女，而常远离五欲淤泥；现于讷钝，而成就辩才，总持无失；示入邪济，而以正济，度诸众生；现遍入诸道，而断其因缘；现于涅槃，而不断生死。文殊师利！菩萨能如是行于非道，是为通达佛道。'

于是维摩诘问文殊师利：'何等为如来种？'文殊师利言：'有身为种，无明有爱为种，贪恚痴为种，四颠倒为种，五盖为种，六入为种，七识处为种，八邪法为种，九恼处为种，十不善道为种。以要言之，六十二见及一切烦恼，皆为佛种。'曰：'何谓也？'答曰：'若见无为入正位者，不能复发阿耨多罗三藐三菩提心；譬如高原陆地，不生莲华，卑湿淤泥，乃生此华；如是见无为法入正位者，终不复能生于佛法；烦恼泥中，乃有众生起佛法耳！又如植种于空，终不得生！粪壤之地，乃能滋茂。如是入无为正位者，不生佛法；起于我见如须弥山，犹能发于阿耨多罗三藐三菩提心，生佛法矣！是故当知，一切烦恼，为如来种。譬如不下巨海，不能得无价宝珠。如是不入烦恼大海，则不能得一切智宝。'

尔时，大迦叶叹言：'善哉！善哉！文殊师利！快说此语。诚如所言，尘劳之俦，为如来种；我等今者，不复堪任发阿耨多罗三藐三菩提心；乃至五无间罪，犹能发意生于佛法，而今我等永不能发？譬如根败之士，其于五欲不能复利。如是声闻诸结断者，于佛法中无所复益，永不志愿。是故文殊师利！凡夫于佛法有反复，而声闻无也。所以者何？凡夫闻佛法，能起无上道心，不断三宝。正使声闻终身闻佛法，力无畏等，永不能发无上道意。'

尔时，会中有菩萨，名普现色身，问维摩诘言：'居士！父母妻子，亲戚眷属，吏民知识，悉为是谁？奴婢僮仆，象马车乘，皆何所在？'于是维摩诘以偈答曰：'

智度菩萨母　方便以为父　一切众导师　无不由是生
法喜以为妻　慈悲心为女　善心诚实男　毕竟空寂舍

弟子众尘劳　随意之所转　道品善知识　由是成正觉
诸度法等侣　四摄众妓女　歌咏诵法言　以此为音乐
总持之园苑　无漏法林树　觉意净妙华　解脱智慧果
八解之浴池　定水湛然满　布以七净华　浴此无垢人
象马五通驰　大乘以为车　调御以一心　游于八正路
相具以严容　众好饰其姿　惭愧之上服　深心为华鬘
富有七财宝　教授以滋息　如所说修行　回向为大利
四禅为床座　从于净命生　多闻增智慧　以为自觉音
甘露法之食　解脱味为浆　净心以澡浴　戒品为涂香
摧灭烦恼贼　勇健无能踰　降伏四种魔　胜幡建道场
虽知无起灭　示彼故有生　悉现诸国土　如日无不见
供养于十方　无量亿如来　诸佛及己身　无有分别想
虽知诸佛国　及与众生空　而常修净土　教化于群生
诸有众生类　形声及威仪　无畏力菩萨　一时能尽现
觉知众魔事　而示随其行　以善方便智　随意皆能现
或示老病死　成就诸群生　了知如幻化　通达无有碍
或现劫尽烧　天地皆洞然　众人有常想　照令知无常
无数亿众生　俱来请菩萨　一时到其舍　化令向佛道
经书禁咒术　工巧诸技艺　尽现行此事　饶益诸群生
世间众道法　悉于中出家　因以解人惑　而不堕邪见
或作日月天　梵王世界主　或时作地水　或复作风火
劫中有疾疫　现作诸药草　若有服之者　除病消众毒
劫中有饥馑　现身作饮食　先救彼饥渴　却以法语人
劫中有刀兵　为之起慈悲　化彼诸众生　令住无诤地
若有大战阵　立之以等力　菩萨现威势　降伏使和安
一切国土中　诸有地狱处　辄往到于彼　勉济其苦恼
一切国土中　畜生相食啖　皆现生于彼　为之作利益
示受于五欲　亦复现行禅　令魔心愦乱　不能得其便
火中生莲华　是可谓希有　在欲而行禅　希有亦如是
或现作淫女　引诸好色者　先以欲钩牵　后令入佛智
或为邑中主　或作商人导　国师及大臣　以祐利众生
诸有贫穷者　现作无尽藏　因以劝导之　令发菩提心
我心憍慢者　为现大力士　消伏诸贡高　令住无上道
其有恐惧众　居前而慰安　先施以无畏　后令发道心
或现离淫欲　为五通仙人　开导诸群生　令住戒忍慈
见须供事者　现为作僮仆　既悦可其意　乃发以道心
随彼之所须　得入于佛道　以善方便力　皆能给足之
如是道无量　所行无有涯　智慧无边际　度脱无数众
假令一切佛　于无数亿劫　赞叹其功德　犹尚不能尽

谁闻如是法　不发菩提心　除彼不肖人　痴冥无智者'
入不二法门品第九
尔时，维摩诘谓众菩萨言：'诸仁者！云何菩萨入不二法门？各随所乐说之。'

会中有菩萨名法自在，说言：'诸仁者！生灭为二。法本不生，今则无灭，得此无生法忍，是为入不二法门。'

德守菩萨曰：'我、我所为二。因有我故，便有我所，若无有我，则无我所，是为入不二法门。'

不眴菩萨曰：'受、不受为二。若法不受，则不可得，以不得，故无取无舍，无作无行，是为入不二法门。'

德顶菩萨曰：'垢、净为二。见垢实性，则无净相，顺于灭相，是为入不二法门。'

善宿菩萨曰：'是动、是念为二。不动则无念，无念即无分别，通达此者，是为入不二法门。'

善眼菩萨曰：'一相、无相为二。若知一相即是无相，亦不取无相，入于平等，是为入不二法门。'

妙臂菩萨曰：'菩萨心、声闻心为二。观心相空如幻化者，无菩萨心，无声闻心，是为入不二法门。'

弗沙菩萨曰：'善、不善为二。若不起善不善，入无相际而通达者，是为入不二法门。'

师子菩萨曰：'罪、福为二。若达罪性，则与福无异，以金刚慧决了此相，无缚无解者，是为入不二法门。'

师子意菩萨曰：'有漏、无漏为二。若得诸法等，则不起漏不漏想，不著于相，亦不住无相，是为入不二法门。'

净解菩萨曰：'有为、无为为二。若离一切数，则心如虚空，以清净慧无所碍者，是为入不二法门。'

那罗延菩萨曰：'世间、出世间为二。世间性空，即是出世间。于其中不入、不出、不溢、不散，是为入不二法门。'

善意菩萨曰：'生死、涅槃为二。若见生死性，则无生死，无缚无解，不然不灭，如是解者，是为入不二法门。'

现见菩萨曰：'尽、不尽为二。法若究竟，尽若不尽，皆是无尽相；无尽相即是空，空则无有尽不尽相。如是入者，是为入不二法门。'

普守菩萨曰：'我、无我为二。我尚不可得，非我何可得？见我实性者？不复起二，是为入不二法门。'

电天菩萨曰：'明、无明为二。无明实性即是明，明亦不可取，离一切数，于其中平等无二者，是为入不二法门。'

喜见菩萨曰：'色、色空为二。色即是空，非色灭空，色性自空。如是受想行识、识空为二，识即是空，非识灭空，识性自空，于其中而通达者，是为入不二法门。'明相菩萨曰：'四种异、空种异为二。四种性即是空种性，如前际后际空，故中际亦空。若能如是知诸种性者，是为入不二法门。'

妙意菩萨曰：'眼、色为二。若知眼性于色，不贪不恚不痴，是名寂灭。如是耳声、鼻香、舌味、身触、意法为二，若知意性于法，不贪不恚不痴，是名寂灭，安住其中，是为入不二法门。'

无尽意菩萨曰：'布施、回向一切智为二。布施性即是回向一切智性，如是持戒、忍辱、精进、禅定、智慧、回向一切智为二。智慧性即是回向一切智性，于其中入一相者，是为入不二法门。'

深慧菩萨曰：'是空、是无相、是无作为二。空即无相，无相即无作；若空、无相、无作，则无心意识，于一解脱门即是三解脱门者，是为入不二法门。'

寂根菩萨曰：'佛、法、众为二。佛即是法，法即是众，是三宝皆无为相，与虚空等，一切法亦尔，能随此行者，是为入不二法门。'

心无碍菩萨曰：'身、身灭为二。身即是身灭，所以者何？见身实相者，起不见身及见灭身，身与灭身，无二无分别，于其中不惊不惧者，是为入不二法门。'

上善菩萨曰：'身口意善为二。是三业皆无作相，身无作相，即口无作相，口无作相，即意无作相；是三业无作相，即一切法无作相，能如是随无作慧者，是为入不二法门。'

福田菩萨曰：'福行、罪行、不动行为二。三行实性即是空，空则无福行、无罪行、无不动行，于此三行而不起者，是为入不二法门。'

华严菩萨曰：'从我起二为二。见我实相者，不起二法；若不住二法，则无有识，无所识者，是为入不二法门。'

德藏菩萨曰：'有所得相为二。若无所得，则无取舍，无取舍者，是为入不二法门。'

月上菩萨曰：'闇与明为二。无闇无明，则无有二，所以者何？如入灭受想定，无闇无明。一切法相亦复如是，于其中平等入者，是为入不二法门。'

宝印手菩萨曰：'乐涅槃、不乐世间为二。若不乐涅槃、不厌世间，则无有二，所以者何？若有缚，则有解，若本无缚，其谁求解？无缚无解，则无乐厌，是为入不二法门。'

珠顶王菩萨曰：'正道、邪道为二。住正道者，则不分别是邪是正，离此二者，是为入不二法门。'

乐实菩萨曰：'实、不实为二。实见者尚不见实，何况非实！所以者何？非肉眼所见，慧眼乃能见，而此慧眼，无见无不见，是为入不二法门。'

如是诸菩萨各各说已。问文殊师利：'何等是菩萨入不二法门？'文殊师利曰：'如我意者，于一切法，无言无说，无示无识，离诸问答是为入不二法门。'

于是文殊师利问维摩诘：'我等各自说已，仁者当说何等是菩萨入不二法门？'时维摩诘默然无言。文殊师利叹曰：'善哉！善哉！乃至无有文字语言，是真入不二法门。'

说是入不二法门品时，于此众中，五千菩萨，皆入不二法门，得无生法忍。

维摩诘经 卷下

香积佛品第十

于是舍利弗心念：日时欲至，此诸菩萨当于何食？时维摩诘，知其意而语言：'佛说八解脱，仁者受行，岂杂欲食而闻法乎？若欲食者，且待须臾，当令汝得未曾有食。'

时维摩诘即入三昧，以神通力，示诸大众，上方界分过四十二恒河沙佛土，有国名众香，佛号香积，今现在，其国香气，比于十方诸佛世界人天之香，最为第一。彼土无有声闻辟支佛名，唯有清净大菩萨众，佛为说法，其界一切，皆以香作楼阁，经行香地，苑园皆香，其食香气，周流十方无量世界。时彼佛与诸菩萨，方共坐食，有诸天子皆号香严，悉发阿耨多罗三藐三菩提心，供养彼佛及诸菩萨，此诸大众莫不目见。

时维摩诘问众菩萨言：'诸仁者！谁能致彼佛饭？'以文殊师利威神力故，咸皆默然。维摩诘言：'仁此大众，无乃可耻？'文殊师利曰：'如佛所言，勿轻未学。'

于是，维摩诘不起于座，居众会前，化作菩萨，相好光明，威德殊胜，蔽于众会，而告之曰：'汝往上方界分，度如四十二恒河沙佛土，有国名众香，佛号香积，与诸菩萨方共坐食。汝往到彼，如我辞曰："维摩诘稽首世尊足下！致敬无量，问讯起居，少病少恼，气力安不？愿得世尊所食之余，当于娑婆世界施作佛事，令此乐小法者得弘大道，亦使如来名声普闻。"'时化菩萨即于会前，升于上方，举众皆见其去，到众香界，礼彼佛足，又闻其言：'维摩诘稽首世尊足下！致敬无量，问讯起居，少病少恼，气力安不？愿得世尊所食之余，欲于娑婆世界施作佛事，使此乐小法者得弘大道，亦使如来名声普闻。'

彼诸大士，见化菩萨，叹未曾有！今此上人，从何所来？娑婆世界，为在何许？云何名为乐小法者？即以问佛，佛告之曰：'下方度如四十二恒河沙佛土，有世界名娑婆，佛号释迦牟尼，今现在。于五浊恶世，为乐小法众生敷演道教；彼有菩萨名维摩诘，住不可思议解脱，为诸菩萨说法，故遣化来，称扬我名，并赞此土，令彼菩萨增益功德。'彼菩萨言：'其人何如？乃作是化，德力无畏，神足若斯！'佛言：'甚大！一切十方，皆遣化往，施作佛事，饶益众生。'

于是香积如来，以众香钵，盛满香饭，与化菩萨。时彼九百万菩萨俱发声言：'我欲诣娑婆世界供养释迦牟尼佛，并欲见维摩诘等诸菩萨众。'佛言：'可往。摄汝身香，无令彼诸众生起惑著心。又当舍汝本形，勿使彼国求菩萨者，而自鄙耻。又汝于彼莫怀轻贱，而作碍想，所以者何？十方国土，皆如虚空。又诸佛为欲化诸乐小法者，不尽现其清净土耳！'

时化菩萨既受钵饭，与彼九百万菩萨俱，承佛威神，及维摩诘力，于彼世界，忽然不现，须臾之间，至维摩诘舍。时维摩诘即化作九百万师子之座，严好如前，诸菩萨皆坐其上。时化菩萨以满钵香饭与维摩诘，饭香普薰毗耶离城，及三千大千世界。

时毗耶离婆罗门、居士等，闻是香气，身意快然，叹未曾有！于是长者主月盖，从八万四千人。来入维摩诘舍，见其室中菩萨甚多，诸师子座，高广严好，皆大欢喜，礼众菩萨及大弟子，却住一面。诸地神虚空神及欲色界诸天，闻此香气，亦皆来入维摩诘舍。

时维摩诘，语舍利弗等诸大声闻：'仁者可食，如来甘露味饭，大悲所薰，无以限意食之，使不销也。有异声闻念是饭少，而此大众人人当食？'化菩萨曰：'勿以声闻小德小智，称量如来无量福慧！四海有竭，此饭无尽！使一切人食，抟若须弥，乃至一劫，犹不能尽，所以者何？无尽戒、定、智慧、解脱、解脱知见，功德具足者，所食之余，终不可尽，于是钵饭悉饱众会，犹故不儩。'其诸菩萨声闻天人，食此饭者，身安快乐，譬如一切乐庄严国诸菩萨也，又诸毛孔皆出妙香，亦如众香国土诸树之香。

尔时，维摩诘问众香菩萨：'香积如来，以何说法？'彼菩萨萨曰：'我土如来无文字说，但以众香令诸天人得入律行。菩萨各各坐香树下，闻斯妙香，即获一切德藏三昧，得是三昧者，菩萨所有功德皆悉具足。'

彼诸菩萨问维摩诘：'今世尊释迦牟尼，以何说法？'维摩诘言：'此土众生，刚强难化，故佛为说刚强之语以调伏之。言是地狱、是畜生、是饿鬼、是诸难处、是愚人生处。是身邪行，是身邪行报；是口邪行，是口邪行报；是意邪行，是意邪行报；是杀生，是杀生报；是不与取，是不与取报；是邪淫，是邪淫报；是妄语，是妄语报；是两舌，是两舌报；是恶口，是恶口报；是无义语，是无义语报；是贪嫉，是贪嫉报；是嗔恼，是嗔恼报；是邪见，是邪见报；是悭吝，是悭吝报；是毁戒，是毁戒报；是嗔恚，是嗔恚报；是懈怠，是懈怠报；是乱意，是乱意报；是愚痴，是愚痴报；是结戒，是持戒，是犯戒；是应作，是不应作；是障碍，是不障碍；是得罪，是离罪；是净，是垢；是有漏，是无漏；是邪道，是正道；是有为，是无为；是世间，是涅槃。以难化之人，心如猨猴，故以若干种法，制御其心，乃可调伏。譬如象马，𢤱悷不调，加诸楚毒，乃至彻骨，然后调伏。如是刚强难化众生，故以一切苦切之言，乃可入律。'

彼诸菩萨，闻说是已，皆曰：'未曾有也！如世尊释迦牟尼佛，隐其无量自在之力，乃以贫所乐法，度脱众生；斯诸菩萨亦能劳谦，以无量大悲，生是佛土。'维摩诘言：'此土菩萨于诸众生大悲坚固，诚如所言。然其一世饶益众生，多于彼国百千劫行。所以者何？此娑婆世界，有十事善法，诸余净土之所无有。何等为十？以布施摄贫穷，以净戒摄毁禁，以忍辱摄嗔恚，以精进摄懈怠，以禅定摄乱意，以智慧摄愚痴，说除难法度八难者，以大乘法度乐小乘者，以诸善根济无德者，常以四摄成就众生，是为十。'彼菩萨曰：'菩萨成就几法？于此世界行无疮疣，生于净土。'维摩诘言：'菩萨成就八法，于此世界行无疮疣，生于净土。何等为八？饶益众生，而不望报；代一切众生受诸苦恼，所作功德尽以施之；等心众生，谦下无碍；于诸菩萨视之如佛；所未闻经，闻之不疑；不与声闻而相违背；不嫉彼供，不高己利，而于其中调伏其心；常省己过，不讼彼短，恒以一心求诸功德，是为八。'

维摩诘、文殊师利于大众中说是法时，百千天人皆发阿耨多罗三藐三菩提心，十千菩萨得无生法忍。

菩萨行品第十一

是时，佛说法于庵罗树园，其地忽然广博严事，一切众会皆作金色。阿难白佛言：'世尊！以何因缘，有此瑞应？是处忽然广博严事，一切众会皆作金色。'佛告阿难：'是维摩诘、文殊师利，与诸大众恭敬围绕，发意欲来，故先为此瑞应。'于是维摩诘语文殊师利：'可共见佛，与诸菩萨礼事供养。'文殊师利言：'善哉！行矣！今正是时。'

维摩诘即以神力，持诸大众并师子座，置于右掌，往诣佛所。到已著地，稽首佛足，右绕七匝，一心合掌，在一面立；其诸菩萨，即皆避座，稽首佛足，亦绕七匝，于一面立；诸大弟子，释梵四天王等，亦皆避座，稽首佛足，在一面立。于是世尊如法慰问诸菩萨已，各令复座，即皆受教。众坐已定，佛语舍利弗：'汝见菩萨大士，自在神力之所为乎？''唯然已见。''于汝意云何？''世尊！我睹其为不可思议，非意所图，非度所测。'

尔时，阿难白佛言：'世尊！今所闻香，自昔未有，是为何香？'佛告阿难：'是彼菩萨毛孔之香。'于是舍利弗语阿难言：'我等毛孔亦出是香。'阿难言：'此所从来？'曰：'是长者维摩

诘,从众香国,取佛余饭,于舍食者,一切毛孔皆香若此。'

阿难问维摩诘:'是香气住当久如?'维摩诘言:'至此饭消。'曰:'此饭久如当消?'曰:'此饭势力至于七日,然后乃消。又阿难,若声闻人,未入正位,食此饭者,得入正位,然后乃消;已入正位,食此饭者,得心解脱,然后乃消;若未发大乘意,食此饭者,至发意乃消;已发意食此饭者,得无生忍,然后乃消;已得无生忍,食此饭者,至一生补处,然后乃消。譬如有药,名曰上味,其有服者,身诸毒灭,然后乃消。此饭如是,灭除一切诸烦恼毒,然后乃消。'

阿难白佛言:'未曾有也!世尊,如此香饭,能作佛事。'

佛言:'如是!如是!阿难,或有佛土,以佛光明而作佛事,有以诸菩萨而作佛事,有以佛所化人而作佛事,有以菩提树而作佛事,有以佛衣服卧具而作佛事,有以饭食而作佛事,有以园林台观而作佛事,有以三十二相、八十随形好而作佛事,有以佛身而作佛事,有以虚空而作佛事;众生应以此缘得入律行。有以梦、幻、影、响、镜中像、水中月、热时焰,如是等喻而作佛事。有以音声、语言、文字而作佛事。或有清净佛土、寂寞无言、无说无示、无识无作无为,而作佛事。如是,阿难!诸佛威仪进止,诸所施为,无非佛事。阿难!有此四魔,八万四千诸烦恼门,而诸众生为之疲劳,诸佛即以此法而作佛事,是名入一切诸佛法门。菩萨入此门者,若见一切净好佛土,不以为喜,不贪不高;若见一切不净佛土,不以为忧,不碍不没;但于诸佛生清净心,欢喜恭敬,未曾有也!诸佛如来功德平等!为教化众生故,而现佛土不同。阿难!汝见诸佛国土,地有若干,而虚空无若干也;如是见诸佛色身有若干耳,其无碍慧无若干也。'

'阿难!诸佛色身、威相、种性、戒、定、智慧、解脱、解脱知见、力无所畏,不共之法、大慈、大悲,威仪所行,及其寿命,说法教化,成就众生,净佛国土,具诸佛法,悉皆同等。是故名为三藐三佛陀,名为多陀阿伽度,名为佛陀。阿难!若我广说此三句义,汝以劫寿,不能尽受;正使三千大千世界满中众生,皆如阿难多闻第一,得念总持,此诸人等,以劫之寿,亦不能受。如是,阿难!诸佛阿耨多罗三藐三菩提,无有限量,智慧辩才不可思议。'

阿难白佛言:'我从今已往,不敢自谓以为多闻。'佛告阿难:'勿起退意。所以者何?我说汝于声闻中为最多闻,非谓菩萨。且止,阿难!其有智者不应限度诸菩萨也;一切海渊尚可测量,菩萨禅定智慧总持辩才,一切功德不可量也。阿难汝等舍置菩萨所行,是维摩诘一时所现神通之力。一切声闻辟支佛于百千劫,尽力变化所不能作。'

尔时,众香世界菩萨来者,合掌白佛言:'世尊!我等初见此土,生下劣想,今自悔责,舍离是心。所以者何?诸佛方便,不可思

议!为度众生故,随其所应,现佛国异。唯然世尊!愿赐少法,还于彼土,当念如来。'

佛告诸菩萨:'有尽无尽解脱法门,汝等当学。何谓为尽?谓有为法;何谓为尽?谓有为法。何谓无尽?谓无为法。如菩萨者,不尽有为,不住无为。'

'何谓不尽有为?谓不离大慈,不舍大悲;深发一切智心,而不忽忘;教化众生,终不厌倦;于四摄法,常念顺行;护持正法,不惜躯命;种诸善根,无有疲厌。志常安住,方便回向;求法不懈,说法无吝;勤供诸佛。故入生死而无所畏;于诸荣辱,心无忧喜;不轻未学,敬学如佛;堕烦恼者,令发正念,于远离乐,不以为贵;不著己乐,庆于彼乐。在诸禅定,如地狱想;于生死中,如园观想;见来求者,为善师想;舍诸所有,具一切智想;见毁戒人,起救护想;诸波罗密,为父母想;道品之法,为眷属想。发行善根,无有齐限;以诸净国严饰之事,成己佛土;行无限施,具足相好;除一切恶,净身口意。生死无数劫,意而有勇;闻佛无量德,志而不倦。以智慧剑,破烦恼贼;出阴界入,荷负众生,永使解脱。以大精进,摧伏魔军,常求无念实相智慧,行少欲知足;而不舍世法;不坏威仪,而能随俗。起神通慧,引导众生,得念总持,所闻不忘。善别诸根,断众生疑;以乐说辩,演说无碍。净十善道,受天人福;修四无量,开梵天道。劝请说法,随喜赞善,得佛音声;身口意善,得佛威仪。深修善法,所行转胜;以大乘教,成菩萨僧;心无放逸,不失众善。行如此法,是名菩萨不尽有为。'

'何谓菩萨不住无为?谓修学空,不以空为证;修学无相无作,不以无相无作为证;修学无起,不以无起为证。观于无常,而不厌善本;观世间苦,而不恶生死;观于无我,而诲人不倦;观于寂灭,而不永寂灭;观于远离,而身心修善;观无所归,而归趣善法;观于无生,而以生法荷负一切;观于无漏,而不断诸漏;观无所行,而以行法教化众生;观于空无,而不舍大悲;观正法位,而不随小乘;观诸法虚妄,无牢无人,无主无相,本愿未满,而不虚福德禅定智慧。修如此法,是名菩萨不住无为。'

'又具福德故,不住无为;具智慧故,不尽有为;大慈悲故,不住无为;满本愿故,不尽有为;集法药故,不住无为;随授药故,不尽有为;知众生病故,不住无为;灭众生病故,不尽有为。诸正士菩萨!已修此法,不尽有为,不住无为,是名尽无尽解脱法门,汝等当学。'

尔时,彼诸菩萨,闻说是法,皆大欢喜,以众妙华,若干种色,若干种香,散遍三千大千世界,供养于佛,及此经法,并诸菩萨已,稽首佛足,叹未曾有!言释迦牟尼佛,乃能于此善行方便。言已,忽然不现,还到彼国。

见阿佛品第十二

尔时，世尊问维摩诘："汝欲见如来，为以何等观如来乎？"维摩诘言："如自观身实相，观佛亦然。我观如来前际不来，后际不去，今则不住。不观色，不观色如，不观色性。不观受想行识，不观识如，不观识性，非四大起，同于虚空。六入无积，眼耳鼻舌身心已过；不在三界，三垢已离。顺三脱门，具足三明，与无明等。不一相，不异相，不自相，不他相，非无相，非取相。不此岸，不彼岸，不中流，而化众生。观于寂灭，亦不永灭。不此不彼；不以此，不以彼。不可以智知，不可以识识。无晦无明，无名无相，无强无弱，非净非秽。不在方，不离方；非有为，非无为。无示无说。不施不悭，不戒不犯，不忍不恚，不进不怠，不定不乱，不智不愚，不诚不欺，不来不去，不出不入，一切言语道断。非福田，非不福田；非应供养，非不应供养；非取非舍。非有相，非无相。同真际，等法性。不可称，不可量，过诸称量。非大非小，非见非闻，非觉非知，离众结缚。等诸智，同众生，于诸法无分别。一切无得无失，无浊无恼，无作无起，无生无灭。无畏无忧，无喜无厌。无已有，无当有，无今有。不可以一切言说分别显示。世尊！如来身为若此，作如是观。以斯观者，名为正观，若他观者，名为邪观。"

尔时，舍利弗问维摩诘："汝于何没？而来生此？"维摩诘言："汝所得法有没生乎？"舍利弗言："无没生也。""若诸法无没生相，云何问言：'汝于何没？而来生此？'于意云何？譬如幻师，幻作男女，宁没生耶？"舍利弗言："无没生也。汝岂不闻佛说诸法如幻相乎？"答曰："如是！若一切法如幻相者！云何问言：'汝于何没？而来生此？'舍利弗！没者为虚诳法，坏败之相；生者为虚诳法，相续之相。菩萨虽没不尽善本，虽生不长诸恶。"

是时，佛告舍利弗："有国名妙喜，佛号无动。是维摩诘于彼国没，而来生此。"舍利弗言："未曾有也！世尊，是人乃能舍清净土，而来乐此多怒害处。"维摩诘语舍利弗："于意云何？日光出时与冥合乎？"答言："不也。日光出时，则无众冥。"维摩诘言："夫日何故行阎浮提？"答曰："欲以明照，为之除冥。"维摩诘言："菩萨如是，虽生不净佛土，为化众生，不与愚闇而共合也，但灭众生烦恼闇耳！"

是时大众渴仰，欲见妙喜世界无动如来，及其菩萨声闻之众。佛知一切众会所念，告维摩诘言："善男子！为此众会，现妙喜国无动如来，及诸菩萨声闻之众，众皆欲见。"

于是维摩结心念：吾当不起于座，接妙喜国，铁围山川溪谷江河，大海泉源，须弥诸山，及日月星宿天龙鬼神梵天等宫，并诸菩萨声闻之众，城邑聚落，男女大小，乃至无动如来，及菩提树，诸妙莲华，能于十方作佛事者；三道宝阶从阎浮提，至忉利天，以此宝阶，诸天来下，悉为礼敬无动如来，听受经法。阎浮提人，亦登其阶，上升忉利，见彼诸天。妙喜世界成就如是无量功德，上至阿迦尼吒天，下至水际；以右手断取，如陶家轮，入此世界，犹持华鬘，示一切众。作是念已，入于三昧，现神通力，以其右手断取妙喜世界，置于此土。

彼得神通菩萨及声闻众，并余天人，俱发声言：'唯然世尊！谁取我去！愿见救护。'无动佛言：'非我所为，是维摩诘神力所作。'其余未得神通者，不觉不知己之所往。妙喜世界，虽入此土，而不增减，于是世界亦不迫隘，如本无异。

尔时，释迦牟尼佛告诸大众：'汝等且观妙喜世界无动如来，其国严饰，菩萨行净，弟子清白。'皆曰：'唯然已见。'佛言：'若菩萨欲得如是清净佛土，当学无动如来所行之道。'现此妙喜国时，娑婆世界十四那由他人，发阿耨多罗三藐三菩提心，皆愿生于妙喜佛土。释迦牟尼佛即记之曰：'当生彼国。'时妙喜世界于此国土所应饶益，其事讫已，还复本处，举众皆见。

佛告舍利弗：'汝见此妙喜世界及无动佛不？''唯然已见，世尊！愿使一切众生得清净土，如无动佛；获神通力，如维摩结。世尊！我等快得善利，得见是人亲近供养。其诸众生，若今现在，若佛灭后，闻此经者，亦得善利；况复闻已信解，受持读诵解说，如法修行。若有手得是经典者，便为已得法宝之藏；若有读诵解释其义，如说修行，则为诸佛之所护念；其有供养如是人者，当知则为供养于佛；其有书持此经卷者，当知其室有如来；若闻是经能随喜者，斯人则为趣一切智；若能信解此经，乃至一四句偈，为他说者，当知此人，即是受阿耨多罗三藐三菩提记。'

法供养品第十三

尔时，释提恒因，于大众中白佛言：'世尊！我虽从佛及文殊师利闻白千经，未曾闻此不可思议，自在神通，决定实相经典。如我解佛所说义趣，若有众生闻此经法，信解受持读诵之者，必得是法不疑，何况如说修行？斯人则为闭众恶趣开诸善门，常为诸佛之所护念；降伏外学，摧灭魔怨；修治菩提，安处道场；履践如来所行之迹。世尊！若有受持读诵如说修行者，我当与诸眷属供养给事；所在聚落城邑、山林旷野，有是经处，我亦与诸眷属，听受法故共到其所；其未信者，当令生信；其已信者，当为作护。'

佛言：'善哉！善哉！天帝，如汝所说，吾助尔喜。此经广说过去未来现在诸佛，不可思议阿耨多罗三藐三菩提。是故，天帝！若善男子，善女人，受持读诵供养是经者，则为供养去来今佛。'

'天帝！正使三千大千世界，如来满中，譬如甘蔗竹苇，稻麻丛林；若有善男子，善女人，或以一劫，或减一劫，恭敬尊重，赞叹供养，奉诸所安，至诸佛灭后，以一一全身舍利，起七宝塔，纵广一四天下，高至梵天，表刹庄严；以一切华香璎珞，幢幡伎乐，微妙第一，若一劫，若减一劫，而供养之。天帝！于意云何？其人植福，宁为多不？'

释提桓因言：'甚多，世尊！彼之福德，若以百千亿劫，说不能尽。'

佛告天帝：'当知是善男子，善女人，闻是不可思议解脱经典，信解受持，读诵修行，福多于彼。所以者何？诸佛菩提，皆从此生；菩提之相，不可限量，以是因缘福不可量。'

佛告天帝：'过去无量阿僧祇劫，时世有佛，号曰药王如来、应供、正遍知、明行足、善逝、世间解、无上士、调御丈夫、天人师、佛、世尊。世界名大庄严，劫名庄严，佛寿二十小劫；其声闻僧，三十六亿那由他；菩萨僧有十二亿。天帝！是时有转轮圣王，名曰宝盖；七宝具足，王四天下。王有千子，端正勇健，能伏怨敌。'

'尔时，宝盖与其眷属，供养药王如来，施诸所安，至满五劫，过五劫已，告其千子："汝等亦当如我，以深心供养于佛。"于是千子受父王命，供养药王如来，复满五劫，一切施安。

其王一子，名曰月盖，独坐思惟：宁有供养殊过此者？

以佛神力，空中有天曰："善男子！法之供养，胜诸供养。"即问："何谓法之供养？"天曰："汝可往问药王如来，当广为汝说法之供养。"即时月盖王子，行诣药王如来，稽首佛足，却住一面，白佛言："世尊！诸供养中，法供养胜。云何名为法之供养？"'

'佛言："善男子！法供养者，诸佛所说深经，一切世间难信难受，微妙难见，清净无染，非但分别思惟之所能得。菩萨法藏所摄，陀罗尼印印之。至不退转，成就六度，善分别义，顺菩提法，众经之上。入大慈悲，离众魔事，及诸邪见。顺因缘法，无我，无人，无众生，无寿命，空、无相、无作、无起。能令众生坐于道场，而转法轮，诸天龙神，乾闼婆等，所共叹誉。能令众生入佛法藏，摄诸贤圣一切智慧。说众菩萨所行之道，依于诸法实相之义。明宣无常苦空无我寂灭之法，能救一切毁禁众生；诸魔外道及贪著者，能使怖畏；诸佛贤圣所共称叹。背生死苦，示涅槃乐，十方三世诸佛所说。若闻如是等经，信解受持读诵，以方便力，为诸众生分别解说，显示分明，守护法故，是名法之供养。又于诸法如说修行，随顺十二因缘，离诸邪见，得无生忍；决定无我无有众生，而于因缘果报无违无诤，离诸我所。依于义，不依语；依于智，不依识；依了义经，不依不了义经；依于法，不依人。随顺法相，无所入，无所归。无明毕竟灭故，诸行亦毕竟灭；乃至生毕竟灭故，老死亦毕竟灭。作如是观，十二因缘，无有尽相，不复起相，是名最上法之供养。"'

佛告天帝：'王子月盖，从药王佛，闻如是法，得柔顺忍。即解宝衣严身之具，以供养佛。白佛言："世尊！如来灭后，我当行法供养，守护正法。愿以威神加哀建立，令我得降伏魔怨，修菩萨行。"佛知其深心所念，而记之曰："汝于末后，守护法城。"天帝！时王子月盖，见法清净，闻佛授记，以信出家，修习善法。精进不久，得五神通，具菩萨道，得陀罗尼，无断辩才。于佛灭后，以其所得神通、总持、辩才之力，满十小劫，药王如来所转法轮随而分布。月盖比丘以守护法，勤行精进，即于此身，化百万亿人于阿耨多罗三藐三菩提，立不退转；十四那由他人，深发声闻辟支佛心；无量众生得生天上。天帝！时王宝盖，岂异人乎？今现得佛，号宝焰如来，其王千子，即贤劫中千佛是也。从迦罗鸠孙驮为始得佛，最后如来号曰楼至。月盖比丘，则我身是。'

'如是，天帝！当知此要，以法供养，于诸供养为上为最，第一无比。是故天帝，当以法之供养，供养于佛。'

嘱累品第十四

于是，佛告弥勒菩萨言：'弥勒！我今以是无量亿阿僧祇劫，所集阿耨多罗三藐三菩提法付嘱于汝。如是辈经，于佛灭后末世之中，汝等当以神力，广宣流布于阎浮提，无令断绝。所以者何？未来世中，当有善男子善女人，及天龙鬼神乾闼婆罗刹等，发阿耨多罗三藐三菩提心，乐于大法；若使不闻如是等经，则失善利。如此辈人，闻是等经，必多信乐，发希有心，当以顶受，随诸众生所应得利，而为广说。弥勒当知，菩萨有二相。何谓为二？一者好于杂句文饰之事。二者不畏深义如实能入。若好杂句文饰事者，当知是为新学菩萨；若于如是无染无著甚深经典，无有恐畏，能入其中，闻已心净，受持读诵，如说修行，当知是为久修道行。弥勒！复有二法，名新学者，不能决定于甚深法。何等为二？一者所未闻深经，闻之惊怖生疑，不能随顺，毁谤不信，而作是言：我初不闻，从何所来？二者若有护持解说如是深经者，不肯亲近供养恭敬，或时于中说其过恶。有此二法，当知是新学菩萨，为自毁伤。不能于深法中，调伏其心。弥勒！复有二法，菩萨虽信解深法，犹自毁伤，而不能得无生法忍。何等为二？一者轻慢新学菩萨，而不教诲；二者虽信解深法，而取相分别，是为二法。'

弥勒菩萨闻说是已，白佛言：'世尊！未曾有也。如佛所说，我当远离如斯之恶，奉持如来无数阿僧祇劫，所集阿耨多罗三藐三菩提法。若未来世，善男子善女人，求大乘者，当令手得如是等经，与其念力，使受持读诵，为他广说。世尊！若后末世，有能受持读诵，为他说者，当知是弥勒神力之所建立。'佛言：'善哉！善哉！弥勒！如汝所说，佛助尔喜。'

于是一切菩萨，合掌白佛：'我等亦于如来灭后，十方国土，广宣流布阿耨多罗三藐三菩提法，复当开导诸说法者，令得是经。'

尔时，四天王白佛言：'世尊！在在处处，城邑聚落，山林旷

野，有是经卷，读诵解说者，我当率诸官属，为听法故，往诣其所，拥护其人，面百由旬，令无伺求得其便者。'

是时，佛告阿难：'受持是经，广宣流布。'阿难言：'唯！我已受持要者。世尊！当何名斯经？'佛言：'阿难！是经名为维摩诘所说，亦名不可思议解脱法门，如是受持。'

佛说是经已，长者维摩诘、文殊师利、舍利弗、阿难等，及诸天、人、阿修罗，一切大众，闻佛所说，皆大欢喜，信受奉行。

六祖大师法宝坛经

慧能大师

自序品 第一卷

时，大师至宝林。韶州韦刺史（名璩）与官僚入山请师，出于城中大梵寺讲堂，为众开缘说法。师升座次，刺史官僚三十余人，儒宗学士三十余人，僧尼道俗一千余人，同时作礼，愿闻法要。

大师告众曰："善知识！菩提自性，本来清净，但用此心，直了成佛。善知识！且听惠能行由，得法事意。惠能严父，本贯范阳，左降流于岭南，作新州百姓。此身不幸，父又早亡。老母孤遗，移来南海，艰辛贫乏，于市卖柴。时，有一客买柴，使令送至客店；客收去，惠能得钱，却出门外，见一客诵经。惠能一闻经语，心即开悟，遂问：'客诵何经？'客曰：'《金刚经》。'复问：'从何所来，持此经典？'客云：'我从蕲州黄梅县东禅寺来。其寺是五祖忍大师在彼主化，门人一千有余；我到彼中礼拜，听受此经。大师常劝僧俗，但持《金刚经》，即自见性，直了成佛。'惠能闻说，宿昔有缘，乃蒙一客，取银十两与惠能，令充老母衣粮，教便往黄梅参礼五祖。

"惠能安置母毕，即便辞违。不经三十余日，便至黄梅，礼拜五祖。祖问曰：'汝何方人？欲求何物？'惠能对曰：'弟子是岭南新州百姓，远来礼师，惟求作佛，不求余物。'祖言：'汝是岭南人，又是獦獠，若为堪作佛？'惠能曰：'人虽有南北，佛性本无南北；獦獠身与和尚不同，佛性有何差别？'五祖更欲与语，且见徒众总在左右，乃令随众作务。惠能曰：'惠能启和尚，弟子自心，常生智慧，不离自性，即是福田。未审和尚教作何务？'祖云：'这獦獠根性大利！汝更勿言，着槽厂去。'惠能退至后院，有一行者，差惠能破柴踏碓。经八月余，祖一日忽见惠能曰：'吾思汝之见可用，恐有恶人害汝，遂不与汝言。汝知之否？'惠能曰：'弟子亦知师意，不敢行至堂前，令人不觉。'

"祖一日唤诸门人总来：'吾向汝说，世人生死事大，汝等终日只求福田，不求出离生死苦海；自性若迷，福何可救？汝等各去，自看智慧，取自本心般若之性，各作一偈，来呈吾看。若悟大意，付汝衣法，为第六代祖。火急速去，不得迟滞，思量即不中用；见性之人，言下须见。若如此者，轮刀上阵，亦得见之。'（喻利根者）众得处分，退而递相谓曰：'我等众人，不须澄心用意作偈，将呈和尚，有何所益？神秀上座，现为教授师，必是他得。我辈谩作偈颂，枉用心力。'余人闻语，总皆息心，咸言：'我等已后依止秀师，何烦作偈？'神秀思惟：'诸人不呈偈者，为我与他为教授师；我须作偈，将呈和尚，若不呈偈，和尚如何知我心中见解深浅？我呈偈意，求法即善，觅祖即恶，却同凡心，夺其圣位奚别？若不呈偈，终不得法。大难！大难！'

"五祖堂前，有步廊三间，拟请供奉卢珍，画楞伽经变相，及五祖血脉图，流传供养。神秀作偈成已，数度欲呈，行至堂前，心中恍惚，遍身汗流，拟呈不得；前后经四日，一十三度呈偈不得。秀乃思惟：'不如向廊下书着，从他和尚看见，忽若道好，即出礼拜，云是秀作；若道不堪，枉向山中数年，受人礼拜，更修何道？'是夜三更，不使人知，自执灯，书偈于南廊壁间，呈心所见。偈曰：

"身是菩提树，　　心如明镜台，
　时时勤拂拭，　　勿使惹尘埃。

"秀书偈了，便却归房，人总不知。秀复思惟：'五祖明日见偈欢喜，即我与法有缘；若言不堪，自是我迷，宿业障重，不合得法。'圣意难测，房中思想，坐卧不安，直至五更。祖已知神秀入门未得，不见自性。

"天明，祖唤卢供奉来，向南廊壁间，绘画图相，忽见其偈，报言：'供奉却不用画，劳尔远来。经云："凡所有相，皆是虚妄。"但留此偈，与人诵持。依此偈修，免堕恶道；依此偈修，有大利益。'令门人炷香礼敬，尽诵此偈，即得见性。门人诵偈，皆叹善哉。

"祖，三更唤秀入堂，问曰：'偈是汝作否？'秀言：'实是秀作，不敢妄求祖位，望和尚慈悲，看弟子有少智慧否？'祖曰：'汝作此偈，未见本性，只到门外，未入门内。如此见解，觅无上菩提，了不可得；无上菩提，须得言下识自本心，见自本性不生不灭；于一切时中，念念自见万法无滞，一真一切真，万境自如如。如如之心，即是真实。若如是见，即是无上菩提之自性也。汝且去，一两日思惟，更作一偈，将来吾看；汝偈若入得门，付汝衣法。'神秀作礼而出。又经数日，作偈不成，心中恍惚，神思不安，犹如梦中，行坐不乐。

"复两日，有一童子于碓坊过，唱诵其偈；惠能一闻，便知此偈未见本性，虽未蒙教授，早识大意。遂问童子曰：'诵者何偈？'童子曰：'尔这獦獠不知，大师言："世人生死事大，欲得传付衣法，令门人作偈来看。若悟大意，即付衣法为第六祖。"神秀上座，于南廊壁上，书无相偈，大师令人皆诵，依此偈修，免堕恶道；依此偈修，有大利益。'惠能曰：'（一本有我亦要诵此，结来生缘）上人！我此踏碓，八个余月，未曾行到堂前。望上人引至偈前礼拜。'童子引至偈前礼拜，惠能曰：'惠能不识字，请上人为读。'时，有江州别驾，姓张名日用，便高声读。惠能闻已，遂言：'亦有一偈，望别驾为书。'别驾言：'汝亦作偈？其事希有。'惠能向别驾言：'欲学无上菩提，不得轻于初学。下下人有上上智，上上人有没意智。若轻人，即有无量无边罪。'别驾言：'汝但诵偈，吾为汝书。汝若得法，先须度吾。勿忘此言。'惠能偈曰：

"菩提本无树，　　明镜亦非台；
本来无一物，　　何处惹尘埃？

"书此偈已，徒众总惊，无不嗟讶，各相谓言：'奇哉！不得以貌取人，何得多时，使他肉身菩萨。'祖见众人惊怪，恐人损害，遂将鞋擦了偈，曰：'亦未见性。'众以为然。

"次日，祖潜至碓坊，见能腰石舂米，语曰：'求道之人，为法忘躯，当如是乎！'乃问曰：'米熟也未？'惠能曰：'米熟久矣，犹欠筛在。'祖以杖击碓三下而去。惠能即会祖意，三鼓入室；祖以袈裟遮围，不令人见，为说《金刚经》。至'应无所住而生其心'，惠能言下大悟，一切万法，不离自性。遂启祖言：'何期自性，本自清净；何期自性，本不生灭；何期自性，本自具足；何期自性，本无动摇；何期自性，能生万法。'祖知悟本性，谓惠能曰：'不识本心，学法无益；若识自本心，见自本性，即名丈夫、天人师、佛。'三更受法，人尽不知，便传顿教及衣钵，云：'汝为第六代祖，善自护念，广度有情，流布将来，无令断绝。听吾偈曰：

"'有情来下种，　　因地果还生，
无情既无种，　　无性亦无生。'

"祖复曰：'昔达磨大师，初来此土，人未之信，故传此衣，以为信体，代代相承；法则以心传心，皆令自悟自解。自古，佛佛惟传本体，师师密付本心；衣为争端，止汝勿传。若传此衣，命如悬丝。汝须速去，恐人害汝。'惠能启曰：'向甚处去？'祖云：'逢怀则止，遇会则藏。'惠能三更领得衣钵，云：'能本是南中人，素不知此山路，如何出得江口？'五祖言：'汝不须忧，吾自送汝。'祖相送，直至九江驿。祖令上船，五祖把橹自摇。惠能言：'请和尚坐。弟子合摇橹。'祖云：'合是吾渡汝。'惠能云：'迷时师度，悟了自度；度名虽一，用处不同。惠能生在边方，语音不正，蒙师传法，今已得悟，只合自性自度。'祖云：'如是，如是！以后佛法，由汝大行。汝去三年，吾方逝世。汝今好去，努力向南。不宜速说，佛法难起。'

"惠能辞违祖已，发足南行。两月中间，至大庾岭（五祖归，数日不上堂。众疑，诣问曰：'和尚少病少恼否？'曰：'病即无。衣法已南矣。'问：'谁人传授？'曰：'能者得之。'众乃知焉）。逐后数百人来，欲夺衣钵。一僧俗姓陈，名惠明，先是四品将军，性行粗慥，极意参寻。为众人先，趁及惠能。惠能掷下衣钵于石上，云：'此衣表信，可力争耶？'能隐草莽中。惠明至，提掇不动，乃唤云：'行者！行者！我为法来，不为衣来。'惠能遂出，坐盘石上。惠明作礼云：'望行者为我说法。'惠能云：'汝既为法而来，可屏息诸缘，勿生一念。吾为汝说。'明良久。惠能云：'不思善，不思恶，正与么时，那个是明上座本来面目？'惠明言下大悟。复问云：'上来密语密意外，还更有密意否？'惠能云：'与汝说者，即非密也。汝若返照，密在汝边。'明曰：'惠明虽在黄梅，实未省自己面目。今蒙指示，如人饮水，冷暖自知。今行者即惠明师也。'惠能曰：'汝若如是，吾与汝同师黄梅，善自护持。'明又问：'惠明今后向甚处去？'惠能曰：'逢袁则止，遇蒙则居。'明礼辞（明回至岭下，谓趁众曰：'向陟崔嵬，竟无踪迹，当别道寻之。'趁众咸以为然。惠明后改道明，避师上字）。

"惠能后至曹溪，又被恶人寻逐。乃于四会，避难猎人队中，凡经一十五载，时与猎人随宜说法。猎人常令守网，每见生命，尽放之。每至饭时，以菜寄煮肉锅。或问，则对曰：'但吃肉边菜。'

"一日思惟：'时当弘法，不可终遁。'遂出至广州法性寺，值印宗法师讲《涅槃经》。时有风吹幡动，一僧曰：'风动。'一僧曰：'幡动。'议论不已。惠能进曰：'不是风动，不是幡动，仁者心动。'一众骇然。印宗延至上席，征诘奥义。见惠能言简理当，不由文字，宗云：'行者定非常人。久闻黄梅衣法南来，莫是行者否？'惠能曰：'不敢。'宗于是作礼，告请传来衣钵出示大众。宗复问曰：'黄梅付嘱，如何指授？'惠能曰：'指授即无；惟论见性，不论禅定解脱。'宗曰：'何不论禅定解脱？'能曰：'为是二法，不是佛法。佛法是不二之法。'宗又问：'如何是佛法不二之法？'惠能曰：'法师讲《涅槃经》，明佛性，是佛法不二之法。如高贵德王菩萨白佛言："犯四重禁、作五逆罪，及一阐提等，当断善根佛性否？"佛言："善根有二：一者常，二者无常，佛性非常非无常，是故不断，名为不二。一者善，二者不善，佛性非善非不善，是名不二。蕴之与界，凡夫见二，智者了达其性无二，无二之性即是佛性。"'印宗闻说，欢喜合掌，言：'某甲讲经，犹如瓦砾；仁者论义，犹如真金。'于是为惠能剃发，愿事为师。惠能遂于菩提树下，开东山法门。

"惠能于东山得法，辛苦受尽，命似悬丝。今日得与使君、官僚、僧尼、道俗同此一会，莫非累劫之缘，亦是过去生中供养诸佛，同种善根，方始得闻如上顿教得法之因。教是先圣所传，不是惠能自智。愿闻先圣教者，各令净心，闻了各自除疑，如先代圣人无别。"一众闻法，欢喜作礼而退。

般若品 第二卷

次日，韦使君请益。师升座，告大众曰："总净心念摩诃般若波罗蜜多。"复云："善知识！菩提般若之智，世人本自有之；只缘心迷，不能自悟，须假大善知识，示导见性。当知愚人智人，佛性本无差别，只缘迷悟不同，所以有愚有智。吾今为说摩诃般若波罗蜜法，使汝等各得智慧。志心谛听！吾为汝说。善知识！世人终日口念般若，不识自性般若，犹如说食不饱。口但说空，万劫不得见性，终无有益。善知识！摩诃般若波罗蜜是梵语，此言大智慧到彼岸。此须心行，不在口念。口念心不行，如幻、如化、如露、如电；口念心行，则心口相应，本性是佛，离性无别佛。何名摩诃？摩诃是大。心量广大，犹如虚空，无有边畔，亦无方圆大小，亦非青黄赤白，亦无上下长短，亦无瞋无喜，无是无非，无善无恶，无有头尾。诸佛刹土，尽同虚空。世人妙性本空，无有一法可得。自性真空，亦复如是。善知识！莫闻吾说空，便即着空。第一莫着空，若空心静坐，即着无记空。善知识！世界虚空，能含万物色像，日月星宿，山河大地，泉源溪涧，草木丛林，恶人善人，恶法善法，天堂地狱，一切大海，须弥诸山，总在空中。世人性空，亦复如是。善知识！自性能含万法是大，万法在诸人性中。若见一切人、恶之与善，尽皆不取不舍亦不染着，心如虚空，名之为大，故曰摩诃。善知识！迷人口说，智者心行。又有迷人，空心静坐，百无所思，自称为大。此一辈人，不可与语，为邪见故。善知识！心量广大，遍周法界，用即了了分明，应用便知一切。一切即一，一即一切。去来自由，心体无滞，即是般若。善知识！一切般若智，皆从自性而生，不从外入。莫错用意，名为真性自用，一真一切真。心量大事，不行小道。口莫终日说空，心中不修此行，恰似凡人自称国王，终不可得，非吾弟子。

"善知识！何名般若？般若者，唐言智慧也。一切处所，一切时中，念念不愚，常行智慧，即是般若行。一念愚即般若绝，一念智即般若生。世人愚迷，不见般若，口说般若，心中常愚。常自言：'我修般若。'念念说空，不识真空。般若无形相，智慧心即是。若作如是解，即名般若智。何名波罗蜜？此是西国语，唐言到彼岸，解义离生灭。着境生灭起，如水有波浪，即名为此岸；离境无生灭，如水常通流，即名为彼岸，故号波罗蜜。善知识！迷人口念，当念之时，有妄有非。念念若行，是名真性。悟此法者，是般若法；修此行者，是般若行。不修即凡；一念修行，自身等佛。善知识！凡夫即佛，烦恼即菩提。前念迷即凡夫，后念悟即佛。前念着境即烦恼，后念离境即菩提。

"善知识！摩诃般若波罗蜜，最尊最上最第一，无住无往亦无来，三世诸佛从中出。当用大智慧，打破五蕴烦恼尘劳。如此修行，定成佛道，变三毒为戒定慧。善知识！我此法门，从一般若生八万四千智慧。何以故？为世人有八万四千尘劳。若无尘劳，智慧常现，不离自性。悟此法者，即是无念，无忆无著，不起诳妄。用自真如性，以智慧观照，于一切法不取不舍，即是见性成佛道。善知识！若欲入甚深法界及般若三昧者，须修般若行，持诵《金刚般若经》，即得见性。当知此经功德无量无边，经中分明赞叹，莫能具说。此法门是最上乘，为大智人说，为上根人说。小根小智人闻，心生不信。何以故？譬如大龙下雨于阎浮提，城邑聚落，悉皆漂流如漂枣叶。若雨大海，不增不减。若大乘人，若最上乘人，闻说《金刚经》，心开悟解。故知本性自有般若之智，自用智慧，常观照故，不假文字。譬如雨水，不从天有，元是龙能兴致，令一切众生、一切草木、有情无情，悉皆蒙润。百川众流，却入大海，合为一体。众生本性般若之智，亦复如是。善知识！小根之人，闻此顿教，犹如草木根性小者，若被大雨，悉皆自倒，不能增长。小根之人，亦复如是。元有般若之智，与大智人更无差别，因何闻法不自开悟？缘邪见障重、烦恼根深。犹如大云覆盖于日，不得风吹，日光不现。般若之智亦无大小，为一切众生自心迷悟不同，迷心外见，修行觅佛；未悟自性，即是小根。若开悟顿教，不能外修，但于自心常起正见，烦恼尘劳常不能染，即是见性。善知识！内外不住，去来自由，能除执心，通达无碍。能修此行，与般若经本无差别。

"善知识！一切修多罗及诸文字，大小二乘，十二部经，皆因人置。因智慧性，方能建立。若无世人，一切万法本自不有，故知万法本自人兴。一切经书，因人说有。缘其人中有愚有智，愚为小人，智为大人。愚者问于智人，智者与愚人说法。愚人忽然悟解心开，即与智人无别。善知识！不悟即佛是众生，一念悟时众生是佛，故知万法尽在自心。何不从自心中，顿见真如本性？《菩萨戒经》云：'我本元自性清净，若识自心见性，皆成佛道。'《净名经》云：'即时豁然，还得本心。'善知识！我于忍和尚处，一闻言下便悟，顿见真如本性。是以将此教法流行，令学道者顿悟菩提。各自观心，自见本性。若自不悟，须觅大善知识、解最上乘法者，直示正路。是善知识有大因缘，所谓化导令得见性。一切善法，因善知识能发起故。三世诸佛、十二部经，在人性中本自具有。不能自悟，须求善知识指示方见；若自悟者，不假外求。若一向执谓须他善知识方得解脱者，无有是处。何以故？自心内有知识自悟。若起邪迷、妄念颠倒，外善知识虽有教授，救不可得。若起正真般若观照，一刹那间，妄念俱灭。若识自性，一悟即至佛地。善知识！智慧观照，内外明彻，识自本心。若识本心，即本解脱。若得解脱，即是般若三昧，即是无念。何名无念？若见一切法，心不染着，是为无念。用即遍一切处，亦不着一切处。但净本心，使六识出六门，于六尘中无染无杂，来去自由，通用无滞，即是般若三昧、自在解脱，名无念行。若百物不思，当令念绝，即是法缚，即名边见。善知识！悟无念法者，万法尽通；悟无念法者，见诸佛境界；悟无念法者，至佛地位。

"善知识！后代得吾法者，将此顿教法门，于同见同行，发愿受持。如事佛故，终身而不退者，定入圣位。然须传授从上以来默传分付，不得匿其正法。若不同见同行，在别法中，不得传付。损彼前人，究竟无益。恐愚人不解，谤此法门，百劫千生，断佛种性。善知识！吾有一无相颂，各须诵取，在家出家，但依此修。若不自修，惟记吾言，亦无有益。听吾颂曰：

"说通及心通，　　如日处虚空，
　唯传见性法，　　出世破邪宗。
　法即无顿渐，　　迷悟有迟疾，
　只此见性门，　　愚人不可悉。
　说即虽万般，　　合理还归一，
　烦恼闇宅中，　　常须生慧日。
　邪来烦恼至，　　正来烦恼除，
　邪正俱不用，　　清净至无余。
　菩提本自性，　　起心即是妄，
　净心在妄中，　　但正无三障。
　世人若修道，　　一切尽不妨，
　常自见己过，　　与道即相当。
　色类自有道，　　各不相妨恼，
　离道别觅道，　　终身不见道。
　波波度一生，　　到头还自懊，
　欲得见真道，　　行正即是道。
　自若无道心，　　闇行不见道，
　若真修道人，　　不见世间过。
　若见他人非，　　自非却是左，
　他非我不非，　　我非自有过。
　但自却非心，　　打除烦恼破，
　憎爱不关心，　　长伸两脚卧。
　欲拟化他人，　　自须有方便，
　勿令彼有疑，　　即是自性现。
　佛法在世间，　　不离世间觉，

离世觅菩提，　　　恰如求兔角。
正见名出世，　　　邪见是世间，
邪正尽打却，　　　菩提性宛然。
此颂是顿教，　　　亦名大法船，
迷闻经累劫，　　　悟则刹那间。"

师复曰："今于大梵寺说此顿教，普愿法界众生，言下见性成佛。"

时韦使君与官僚道俗，闻师所说，无不省悟。一时作礼，皆叹："善哉！何期岭南有佛出世！"

决疑品 第三卷

一日，韦刺史为师设大会斋。斋讫，刺史请师升座，同官僚士庶肃容再拜，问曰："弟子闻和尚说法，实不可思议。今有少疑，愿大慈悲，特为解说。"

师曰："有疑即问，吾当为说。"

韦公曰："和尚所说，可不是达磨大师宗旨乎？"

师曰："是。"

公曰："弟子闻：达磨初化梁武帝，帝问云：'朕一生造寺度僧、布施设斋，有何功德？'达磨言：'实无功德。'弟子未达此理，愿和尚为说。"

师曰："实无功德，勿疑先圣之言。武帝心邪，不知正法。造寺度僧、布施设斋，名为求福，不可将福便为功德。功德在法身中，不在修福。"师又曰："见性是功，平等是德。念念无滞，常见本性，真实妙用，名为功德。内心谦下是功，外行于礼是德。自性建立万法是功，心体离念是德。不离自性是功，应用无染是德。若觅功德法身，但依此作，是真功德。若修功德之人，心即不轻，常行普敬。心常轻人，吾我不断，即自无功；自性虚妄不实，即自无德。为吾我自大，常轻一切故。善知识！念念无间是功，心行平直是德。自修性是功，自修身是德。善知识！功德须自性内见，不是布施供养之所求也。是以福德与功德别。武帝不识真理，非我祖师有过。"

刺史又问曰："弟子常见僧俗念阿弥陀佛，愿生西方。请和尚说，得生彼否？愿为破疑。"

师言："使君善听，惠能与说。世尊在舍卫城中，说西方引化。经文分明，去此不远。若论相说，里数有十万八千，即身中十恶八邪，便是说远。说远为其下根，说近为其上智。人有两种，法无两般。迷悟有殊，见有迟疾。迷人念佛求生于彼，悟人自净其心。所以佛言：'随其心净即佛土净。'使君东方人，但心净即无罪。虽西方人，心不净亦有愆。东方人造罪，念佛求生西方。西方人造罪，念佛求生何国？凡愚不了自性，不识身中净土，愿东愿西。悟人在处一般，所以佛言：'随所住处恒安乐。'使君心地但无不善，西方去此不遥。若怀不善之心，念佛往生难到。今劝善知识，先除十恶即行十万，后除八邪乃过八千。念念见性，常行平直，到如弹指，便睹弥陀。使君但行十善，何须更愿往生？不断十恶之心，何佛即来迎请？若悟无生顿法，见西方只在刹那。不悟念佛求生，路遥如何得达。惠能与诸人，移西方于刹那间，目前便见。各愿见否？"

众皆顶礼云："若此处见，何须更愿往生？愿和尚慈悲，便现西方，普令得见。"

师言："大众！世人自色身是城，眼耳鼻舌是门，外有五门，内有意门。心是地，性是王。王居心地上，性在王在，性去王无。性在身心存，性去身坏。佛向性中作，莫向身外求。自性迷即是众生，自性觉即是佛。慈悲即是观音，喜舍名为势至，能净即释迦，平直即弥陀；人我是须弥，贪欲是海水，烦恼是波浪，毒害是恶龙，虚妄是鬼神，尘劳是鱼鳖。贪瞋是地狱，愚痴是畜生。善知识！常行十善，天堂便至。除人我，须弥倒；去贪欲，海水竭；烦恼无，波浪灭；毒害除，鱼龙绝。自心地上觉性，如来放大光明；外照六门清净，能破六欲诸天；自性内照，三毒即除；地狱等罪一时销灭，内外明彻不异西方。不作此修，如何到彼？"

大众闻说，了然见性，悉皆礼拜，俱叹善哉。唱言："普愿法界众生，闻者一时悟解。"

师言："善知识！若欲修行，在家亦得，不由在寺。在家能行，如东方人心善；在寺不修，如西方人心恶。但心清净，即是自性西方。"

韦公又问："在家如何修行？愿为教授。"

师言："吾与大众说无相颂。但依此修，常与吾同处无别；若不依此修，剃发出家于道何益？颂曰：

"心平何劳持戒，　　行直何用修禅！
恩则孝养父母，　　义则上下相怜，
让则尊卑和睦，　　忍则众恶无諠，
若能钻木出火，　　淤泥定生红莲。
苦口的是良药，　　逆耳必是忠言，
改过必生智慧，　　护短心内非贤。
日用常行饶益，　　成道非由施钱，
菩提只向心觅，　　何劳向外求玄。
听说依此修行，　　西方只在目前。"

师复曰："善知识！总须依偈修行，见取自性，直成佛道。时不相待，众人且散，吾归曹溪。众若有疑，却来相问。"

时，刺史官僚、在会善男信女，各得开悟，信受奉行。

定慧品 第四卷

师示众云："善知识！我此法门，以定慧为本。大众！勿迷，言定慧别。定慧一体，不是二。定是慧体，慧是定用。即慧之时定在慧，即定之时慧在定。若识此义，即是定慧等学。诸学道人，莫言先定发慧、先慧发定各别。作此见者，法有二相。口说善语，心中不善。空有定慧，定慧不等。若心口俱善、内外一如，定慧即等。自悟修行，不在于诤。若诤先后，即同迷人，不断胜负，却增我法，不离四相。善知识！定慧犹如何等？犹如灯光。有灯即光，无灯即闇。灯是光之体，光是灯之用；名虽有二，体本同一。此定慧法，亦复如是。"

师示众云："善知识！一行三昧者，于一切处行住坐卧，常行一直心是也。《净名》云：'直心是道场，直心是净土。'莫心行谄曲，口但说直；口说一行三昧，不行直心。但行直心，于一切法勿有执着。迷人着法相、执一行三昧，直言：'常坐不动，妄不起心，即是一行三昧。'作此解者，即同无情，却是障道因缘。善知识！道须通流，何以却滞？心不住法，道即通流；心若住法；名为自缚。若言常坐不动是，只如舍利弗宴坐林中，却被维摩诘诃。善知识！又有人教坐，看心观静，不动不起，从此置功。迷人不会，便执成颠。如此者众，如是相教，故知大错。"

师示众云："善知识！本来正教，无有顿渐，人性自有利钝。迷人渐修，悟人顿契。自识本心，自见本性，即无差别，所以立顿渐之假名。善知识！我此法门，从上以来，先立无念为宗，无相为体，无住为本。无相者，于相而离相。无念者，于念而无念。无住者，人之本性。于世间善恶好丑，乃至冤之与亲，言语触刺欺争之时，并将为空，不思酬害，念念之中不思前境。若前念今念后念，念念相续不断，名为系缚。于诸法上念念不住，即无缚也。此是以无住为本。善知识！外离一切相，名为无相。能离于相，即法体清净。此是以无相为体。善知识！于诸境上，心不染，曰无念。于自念上，常离诸境，不于境上生心。若只百物不思，念尽除却，一念绝即死，别处受生，是为大错。学道者思之。若不识法意，自错犹可，更误他人；自迷不见，又谤佛经，所以立无念为宗。善知识！云何立无念为宗？只缘口说见性，迷人于境上有念，念上便起邪见，一切尘劳妄想从此而生。自性本无一法可得，若有所得，妄说祸福，即是尘劳邪见，故此法门立无念为宗。善知识！无者无何事？念者念何物？无者无二相，无诸尘劳之心。念者念真如本性。真如即是念之体，念即是真如之用。真如自性起念，非眼耳鼻舌能念。真如有性，所以起念；真如若无，眼耳色声当时即坏。善知识！真如自性起念，六根虽有见闻觉知，不染万境，而真性常自在。故经云：'能善分别诸法相，于第一义而不动。'"

妙行品 第五卷

师示众云："此门坐禅，元不著心，亦不著净，亦不是不动。若言著心，心元是妄，知心如幻，故无所著也。若言著净，人性本净，由妄念故，盖覆真如。但无妄想，性自清净；起心著净，却生净妄。妄无处所，著者是妄。净无形相，却立净相，言是工夫。作此见者，障自本性，却被净缚。善知识！若修不动者，但见一切人时，不见人之是非善恶过患，即是自性不动。善知识！迷人身虽不动！开口便说他人是非长短好恶，与道违背。若著心著净，即障道也。"
师示众云："善知识！何名坐禅？此法门中，无障无碍，外于一切善恶境界，心念不起，名为坐；内见自性不动，名为禅。善知识！何名禅定？外离相为禅，内不乱为定。外若著相，内心即乱；外若离相，心即不乱。本性自净自定，只为见境，思境即乱。若见诸境心不乱者，是真定也。善知识！外离相即禅，内不乱即定。外禅内定，是为禅定。《菩萨戒经》云：'我本元自性清净。'善知识！于念念中，自见本性清净，自修自行，自成佛道。"

忏悔品 第六卷

时，大师见广韶洎四方士庶，骈集山中听法，于是升座，告众曰："来，诸善知识！此事须从自事中起，于一切时，念念自净其心。自修自行，见自己法身，见自心佛，自度自戒，始得不假到此。既从远来，一会于此，皆共有缘。今可各各胡跪，先为传自性五分法身香，次授无相忏悔。"众胡跪。师曰："一、戒香。即自心中无非无恶、无嫉妒、无贪瞋、无劫害，名戒香。二、定香。即睹诸善恶境相，自心不乱，名定香。三、慧香。自心无碍，常以智慧观照自性，不造诸恶；虽修众善，心不执着，敬上念下，矜恤孤贫，名慧香。四、解脱香。即自心无所攀缘，不思善、不思恶，自在无碍，名解脱香。五、解脱知见香。自心既无所攀缘善恶，不可沉空守寂，即须广学多闻，识自本心，达诸佛理，和光接物，无我无人，直至菩提，真性不易，名解脱知见香。善知识！此香各自内熏，莫向外觅。

"今与汝等授无相忏悔，灭三世罪，令得三业清净。善知识！各随我语,一时道:'弟子等,从前念今念及后念,念念不被愚迷染。从前所有恶业愚迷等罪,悉皆忏悔,愿一时销灭,永不复起。弟子等,从前念今念及后念,念念不被憍诳染。从前所有恶业憍诳等罪,悉皆忏悔,愿一时销灭,永不复起。弟子等,从前念今念及后念,念念不被嫉妒染。从前所有恶业嫉妒等罪,悉皆忏悔,愿一时销灭,永不复起。'善知识!已上是为无相忏悔。云何名忏?云何名悔?忏者,忏其前愆,从前所有恶业,愚迷憍诳嫉妒等罪,悉皆尽忏,永不复起,是名为忏。悔者,悔其后过,从今以后,所有恶业,愚迷憍诳嫉妒等罪,今已觉悟,悉皆永断,更不复作,是名为悔。故称忏悔。凡夫愚迷,只知忏其前愆,不知悔其后过。以不悔故,前愆不灭,后过又生。前愆既不灭,后过复又生,何名忏悔?

"善知识!既忏悔已,与善知识发四弘誓愿,各须用心正听。自心众生无边誓愿度,自心烦恼无边誓愿断,自性法门无尽誓愿学,自性无上佛道誓愿成。善知识!大家岂不道,众生无边誓愿度。恁么道,且不是惠能度。善知识!心中众生,所谓邪迷心、诳妄心、不善心、嫉妒心、恶毒心,如是等心,尽是众生。各须自性自度,是名真度。何名自性自度?即自心中邪见烦恼愚痴众生,将正见度。既有正见,使般若智打破愚痴迷妄众生,各各自度。邪来正度,迷来悟度,愚来智度,恶来善度;如是度者,名为真度。又烦恼无边誓愿断,将自性般若智,除却虚妄思想心是也。又法门无尽誓愿学,须自见性,常行正法,是名真学。又无上佛道誓愿成,既常能下心,行于真正,离迷离觉,常生般若。除真除妄,即见佛性,即言下佛道成。常念修行,是愿力法。

"善知识!今发四弘愿了,更与善知识授无相三归依戒。善知识!归依觉,两足尊。归依正,离欲尊。归依净,众中尊。从今日去,称觉为师,更不归依邪魔外道,以自性三宝常自证明,劝善知识归依自性三宝。佛者,觉也。法者,正也。僧者,净也。自心归依觉,邪迷不生,少欲知足,能离财色,名两足尊。自心归依正,念念无邪见,以无邪见故,即无人我贡高,贪爱执着,名离欲尊。自心归依净,一切尘劳爱欲境界,自性皆不染着,名众中尊。若修此行,是自归依。凡夫不会,从日至夜受三归戒。若言归依佛,佛在何处?若不见佛,凭何所归,言却成妄。善知识!各自观察,莫错用心。经文分明言自归依佛,不言归依他佛。自佛不归,无所依处。今既自悟,各须归依自心三宝,内调心性,外敬他人,是自归依也。

"善知识!既归依自三宝竟,各各志心,吾与说一体三身自性佛,令汝等见三身了然,自悟自性。总随我道:'于自色身,归依清净法身佛。于自色身,归依圆满报身佛。于自色身,归依千百亿化身佛。'善知识!色身是舍宅,不可言归。向者三身佛,在自性中,世人总有;为自心迷,不见内性。外觅三身如来,不见自身中有三身佛。汝等听说，令汝等于自身中，见自性有三身佛。此三身佛，从自性生，不从外得。何名清净法身佛？世人性本清净，万法从自性生。思量一切恶事，即生恶行；思量一切善事，即生善行。如是诸法在自性中，如天常清，日月常明，为浮云盖覆，上明下暗。忽遇风吹云散，上下俱明，万象皆现。世人性常浮游，如彼天云。善知识！智如日，慧如月，智慧常明。于外着境，被妄念浮云盖覆自性，不得明朗。若遇善知识，闻真正法，自除迷妄，内外明彻，于自性中万法皆现。见性之人，亦复如是。此名清净法身佛。善知识！自心归依自性，是归依真佛。自归依者，除却自性中不善心、嫉妒心、谄曲心、吾我心、诳妄心、轻人心、慢他心、邪见心、贡高心，及一切时中不善之行，常自见己过，不说他人好恶，是自归依。常须下心，普行恭敬，即是见性通达，更无滞碍，是自归依。何名圆满报身？譬如一灯能除千年闇，一智能灭万年愚。莫思向前，已过不可得；常思于后，念念圆明，自见本性。善恶虽殊，本性无二，无二之性，名为实性。于实性中，不染善恶，此名圆满报身佛。自性起一念恶，灭万劫善因；自性起一念善，得恒沙恶尽。直至无上菩提，念念自见，不失本念，名为报身。何名千百亿化身？若不思万法，性本如空，一念思量，名为变化。思量恶事，化为地狱；思量善事，化为天堂。毒害化为龙蛇，慈悲化为菩萨，智慧化为上界，愚痴化为下方。自性变化甚多，迷人不能省觉，念念起恶，常行恶道。回一念善，智慧即生，此名自性化身佛。善知识！法身本具，念念自性自见，即是报身佛。从报身思量，即是化身佛。自悟自修自性功德，是真归依。皮肉是色身，色身是舍宅，不言归依也。但悟自性三身，即识自性佛。吾有一无相颂，若能师持，言下令汝积劫迷罪一时销灭。颂曰：

"迷人修福不修道，　　只言修福便是道，
布施供养福无边，　　心中三恶元来造。
拟将修福欲灭罪，　　后世得福罪还在，
但向心中除罪缘，　　名自性中真忏悔。
忽悟大乘真忏悔，　　除邪行正即无罪，
学道常于自性观，　　即与诸佛同一类。
吾祖惟传此顿法，　　普愿见性同一体，
若欲当来觅法身，　　离诸法相心中洗。
努力自见莫悠悠，　　后念忽绝一世休，
若悟大乘得见性，　　虔恭合掌至心求。"

师言："善知识！总须诵取，依此修行，言下见性。虽去吾千里，如常在吾边。于此言下不悟，即对面千里，何勤远来。珍重！好去。"

一众闻法，靡不开悟，欢喜奉行。

机缘品 第七卷

师自黄梅得法，回至韶州曹侯村，人无知者（他本云，师去时，至曹侯村，住九月余。然师自言："不经三十余日便至黄梅。"此求道之切，岂有逗留？作去时者非是）。有儒士刘志略，礼遇甚厚。志略有姑为尼，名无尽藏，常诵《大涅槃经》。师暂听，即知妙义，遂为解说。尼乃执卷问字，师曰："字即不识，义即请问。"尼曰："字尚不识，焉能会义？"师曰："诸佛妙理，非关文字。"尼惊异之，遍告里中耆德云："此是有道之士，宜请供养。"有魏（魏一作晋）武侯玄孙曹叔良及居民，竞来瞻礼。时，宝林古寺，自隋末兵火已废，遂于故基重建梵宇，延师居之。俄成宝坊，师住九月余日，又为恶党寻逐，师乃遁于前山。被其纵火焚草木，师隐身挨入石中得免。石今有师跌坐膝痕，及衣布之纹，因名避难石。师忆五祖怀会止藏之嘱，遂行隐于二邑焉。

僧法海，韶州曲江人也。初参祖师，问曰："即心即佛，愿垂指谕。"师曰："前念不生即心，后念不灭即佛；成一切相即心，离一切相即佛。吾若具说，穷劫不尽。听吾偈曰：

"即心名慧，　　即佛乃定，　　定慧等持，
意中清净。　　悟此法门，　　由汝习性，
用本无生，　　双修是正。"

法海言下大悟，以偈赞曰：

"即心元是佛，　　不悟而自屈，
我知定慧因，　　双修离诸物。"

僧法达，洪州人，七岁出家，常诵《法华经》。来礼祖师，头不至地。师诃曰："礼不投地，何如不礼？汝心中必有一物。蕴习何事耶？"曰："念《法华经》已及三千部。"师曰："汝若念至万部，得其经意，不以为胜，则与吾偕行。汝今负此事业，都不知过。听吾偈曰：

"礼本折慢幢，　　头奚不至地？
有我罪即生，　　亡功福无比。"

师又曰："汝名什么？"曰："法达。"师曰："汝名法达，何曾达法？"复说偈曰：

"汝今名法达，　　勤诵未休歇，
空诵但循声，　　明心号菩萨。
汝今有缘故，　　吾今为汝说，
但信佛无言，　　莲华从口发。"

达闻偈，悔谢曰："而今而后，当谦恭一切。弟子诵《法华经》，未解经义，心常有疑。和尚智慧广大，愿略说经中义理。"师

曰:"法达!法即甚达,汝心不达。经本无疑,汝心自疑。汝念此经,以何为宗?"达曰:"学人根性闇钝,从来但依文诵念,岂知宗趣?"师曰:"吾不识文字,汝试取经诵一遍,吾当为汝解说。"法达即高声念经,至譬喻品,师曰:"止!此经元来以因缘出世为宗,纵说多种譬喻,亦无越于此。何者因缘?经云:'诸佛世尊,唯以一大事因缘出现于世。'一大事者,佛之知见也。世人外迷著相,内迷着空;若能于相离相、于空离空,即是内外不迷。若悟此法,一念心开,是为开佛知见。佛,犹觉也。分为四门,开觉知见、示觉知见、悟觉知见、入觉知见。若闻开示,便能悟入,即觉知见,本来真性而得出现。汝慎勿错解经意,见他道:'开示悟入,自是佛之知见。我辈无分。'若作此解,乃是谤经毁佛也。彼既是佛,已具知见,何用更开?汝今当信,佛知见者,只汝自心,更无别佛。盖为一切众生,自蔽光明,贪爱尘境,外缘内扰,甘受驱驰。便劳他世尊,从三昧起,种种苦口,劝令寝息,莫向外求,与佛无二。故云:'开佛知见。'吾亦劝一切人,于自心中,常开佛之知见。世人心邪,愚迷造罪,口善心恶,贪瞋嫉妒,谄佞我慢,侵人害物,自开众生知见。若能正心,常生智慧,观照自心,止恶行善,是自开佛之知见。汝须念念开佛知见,勿开众生知见。开佛知见,即是出世;开众生知见,即是世间。汝若但劳劳执念,以为功课者,何异牦牛爱尾。"达曰:"若然者,但得解义,不劳诵经耶?"师曰:"经有何过,岂障汝念?只为迷悟在人,损益由己。口诵心行,即是转经;口诵心不行,即是被经转。听吾偈曰:

"心迷法华转,　　心悟转法华,
诵经久不明,　　与义作仇家。
无念念即正,　　有念念成邪,
有无俱不计,　　长御白牛车。"

达闻偈,不觉悲泣,言下大悟,而告师曰:"法达从昔已来,实未曾转法华,乃被法华转。"再启曰:"经云:'诸大声闻乃至菩萨,皆尽思共度量,不能测佛智。'今令凡夫但悟自心,便名佛之知见。自非上根,未免疑谤。又经说三车,羊鹿牛车与白牛之车,如何区别?愿和尚再垂开示。"师曰:"经意分明,汝自迷背。诸三乘人,不能测佛智者,患在度量也。饶伊尽思共推,转加悬远。佛本为凡夫说,不为佛说。此理若不肯信者,从他退席。殊不知,坐却白牛车,更于门外觅三车。况经文明向汝道:'唯一佛乘,无有余乘若二若三。'乃至无数方便,种种因缘譬喻言词,是法皆为一佛乘故。汝何不省,三车是假,为昔时故;一乘是实,为今时故。只教汝去假归实,归实之后,实亦无名。应知所有珍财,尽属于汝,由汝受用,更不作父想,亦不作子想,亦无用想。是名持法华经,从劫至劫,手不释卷,从昼至夜,无不念时也。"

达蒙启发，踊跃欢喜，以偈赞曰：

"经诵三千部，　　　曹溪一句亡，
未明出世旨，　　　宁歇累生狂。
羊鹿牛权设，　　　初中后善扬，
谁知火宅内，　　　元是法中王。"

师曰："汝今后方可名念经僧也。"达从此领玄旨，亦不辍诵经。

僧智通，寿州安丰人。初看《楞伽经》。约千余遍，而不会三身四智。礼师求解其义，师曰："三身者，清净法身，汝之性也；圆满报身，汝之智也；千百亿化身，汝之行也。若离本性，别说三身，即名有身无智；若悟三身无有自性，即明四智菩提。听吾偈曰：

"自性具三身，　　　发明成四智，
不离见闻缘，　　　超然登佛地。
吾今为汝说，　　　谛信永无迷，
莫学驰求者，　　　终日说菩提。"

通再启曰："四智之义，可得闻乎？"师曰："既会三身，便明四智。何更问耶？若离三身，别谈四智，此名有智无身。即此有智，还成无智。"复说偈曰：

"大圆镜智性清净，　　平等性智心无病，
妙观察智见非功，　　成所作智同圆镜。
五八六七果因转，　　但用名言无实性，
若于转处不留情，　　繁兴永处那伽定。"

（如上转识为智也。教中云，转前五识为成所作智，转第六识为妙观察智，转第七识为平等性智，转第八识为大圆镜智。虽六七因中转，五八果上转，但转其名而不转其体也）。

通顿悟性智，遂呈偈曰：

"三身元我体，　　　四智本心明，
身智融无碍，　　　应物任随形。
起修皆妄动，　　　守住匪真精，
妙旨因师晓，　　　终亡染污名。"

僧智常，信州贵溪人，髫年出家，志求见性。一日参礼，师问曰："汝从何来？欲求何事？"曰："学人近往洪州白峰山礼大通和尚，蒙示见性成佛之义。未决狐疑，远来投礼，伏望和尚慈悲指示。"师曰："彼有何言句？汝试举看。"曰："智常到彼，凡经三月，未蒙示诲。为法切故，一夕独入丈室，请问：'如何是某甲本心本性？'大通乃曰：'汝见虚空否？'对曰：'见。'彼曰：'汝见虚空有相貌否？'对曰：'虚空无形，有何相貌？'彼曰：'汝之本性，犹如虚空，了无一物可见，是名正见；无一物可知，是名真知。无有青黄长短，但见本源清净，觉体圆明，即名见性成佛，亦名如来知见。'学人虽闻此说，犹未决了，乞和尚开示。"师曰："彼师所说，犹存见知，故令汝未了。吾今示汝一偈：

"不见一法存无见，　　大似浮云遮日面，
不知一法守空知，　　还如太虚生闪电。
此之知见瞥然兴，　　错认何曾解方便，
汝当一念自知非，　　自己灵光常显现。"
常闻偈已，心意豁然。乃述偈曰：
"无端起知见，　　著相求菩提，
情存一念悟，　　宁越昔时迷。
自性觉源体，　　随照枉迁流，
不入祖师室，　　茫然趣两头。"

智常一日问师曰："佛说三乘法，又言最上乘。弟子未解，愿为教授。"师曰："汝观自本心，莫着外法相。法无四乘，人心自有等差。见闻转诵是小乘；悟法解义是中乘；依法修行是大乘；万法尽通，万法俱备，一切不染，离诸法相，一无所得，名最上乘。乘是行义，不在口争。汝须自修，莫问吾也。一切时中，自性自如。"常礼谢执侍，终师之世。

僧志道，广州南海人也。请益曰："学人自出家，览《涅槃经》十载有余，未明大意，愿和尚垂诲。"师曰："汝何处未明？"曰："诸行无常，是生灭法；生灭灭已，寂灭为乐。于此疑惑。"师曰："汝作么生疑？"曰："一切众生皆有二身，谓色身、法身也。色身无常，有生有灭；法身有常，无知无觉。经云：'生灭灭已，寂灭为乐'者，不审何身寂灭？何身受乐？若色身者，色身灭时，四大分散，全然是苦，苦不可言乐。若法身寂灭，即同草木瓦石，谁当受乐？又法性是生灭之体，五蕴是生灭之用，一体五用，生灭是常。生则从体起用，灭则摄用归体。若听更生，即有情之类，不断不灭；若不听更生，则永归寂灭，同于无情之物。如是，则一切诸法被涅槃之所禁伏，尚不得生，何乐之有？"师曰："汝是释子，何习外道断常邪见，而议最上乘法？据汝所说，即色身外别有法身，离生灭求于寂灭。又推涅槃常乐，言有身受用。斯乃执吝生死，耽着世乐。汝今当知，佛为一切迷人，认五蕴和合为自体相，分别一切法为外尘相，好生恶死，念念迁流，不知梦幻虚假，枉受轮回。以常乐涅槃翻为苦相，终日驰求。佛愍此故，乃示涅槃真乐。刹那无有生相，刹那无有灭相，更无生灭可灭，是则寂灭现前。当现前时，亦无现前之量，乃谓常乐。此乐无有受者，亦无不受者，岂有一体五用之名？何况更言涅槃禁伏诸法，令永不生。斯乃谤佛毁法。听吾偈曰：

"无上大涅槃，　　圆明常寂照，
凡愚谓之死，　　外道执为断，
诸求二乘人，　　目以为无作，

尽属情所计，　　　六十二见本。
妄立虚假名，　　　何为真实义，
惟有过量人，　　　通达无取舍。
以知五蕴法，　　　及以蕴中我，
外现众色象，　　　一一音声相，
平等如梦幻，　　　不起凡圣见，
不作涅槃解，　　　二边三际断。
常应诸根用，　　　而不起用想，
分别一切法，　　　不起分别想。
劫火烧海底，　　　风鼓山相击，
真常寂灭乐，　　　涅槃相如是。
吾今强言说，　　　令汝舍邪见，
汝勿随言解，　　　许汝知少分。"
志道闻偈大悟，踊跃作礼而退。

行思禅师，生吉州安城刘氏。闻曹溪法席盛化，径来参礼，遂问曰："当何所务，即不落阶级？"师曰："汝曾作什么来？"曰："圣谛亦不为。"师曰："落何阶级？"曰："圣谛尚不为，何阶级之有？"师深器之，令思首众。一日，师谓曰："汝当分化一方，无令断绝。"思既得法，遂回吉州青原山，弘法绍化（谥弘济禅师）。

怀让禅师，金州杜氏子也。初谒嵩山安国师，安发之曹溪参扣。让至礼拜，师曰："甚处来？"曰："嵩山。"师曰："什么物？怎么来？"曰："说似一物即不中。"师曰："还可修证否？"曰："修证即不无，污染即不得。"师曰："只此不污染，诸佛之所护念。汝既如是，吾亦如是。西天般若多罗谶，汝足下出一马驹，踏杀天下人。应在汝心，不须速说（一本无西天以下二十七字）。"让豁然契会，遂执侍左右一十五载，日臻玄奥。后往南岳，大阐禅宗（敕谥大慧禅师）。

永嘉玄觉禅师，温州戴氏子。少习经论，精天台止观法门。因看《维摩经》发明心地。偶师弟子玄策相访，与其剧谈，出言暗合诸祖。策云："仁者得法师谁？"曰："我听方等经论，各有师承。后于《维摩经》悟佛心宗，未有证明者。"策云："威音王已前即得，威音王已后，无师自悟，尽是天然外道。"曰："愿仁者为我证据。"策云："我言轻。曹溪有六祖大师，四方云集，并是受法者。若去，则与偕行。"觉遂同策来参，绕师三匝，振锡而立。师曰："夫沙门者，具三千威仪、八万细行。大德自何方而来，生大我慢？"觉曰："生死事大，无常迅速。"师曰："何不体取无生，了无速乎？"曰："体即无生，了本无速。"师曰："如是，如是！"玄觉方具威仪礼拜，须臾告辞。师曰："返太速乎？"曰："本自非动，岂有速耶？"师曰："谁知非动？"曰："仁者自生分别。"师曰："汝甚得无生之意。"曰："无生岂有意耶？"师曰："无意，谁当分别？"曰："分别亦非意。"师曰："善哉！少留一宿。"时谓一宿觉。后著《证道歌》，盛行于世(谥曰无相大师，时称为真觉焉)。

禅者智隍，初参五祖，自谓已得正受。庵居长坐，积二十年。师弟子玄策，游方至河朔，闻隍之名，造庵问云："汝在此作什么？"隍曰："入定。"策云："汝云入定，为有心入耶？无心入耶？若无心入者，一切无情草木瓦石，应合得定；若有心入者，一切有情含识之流，亦应得定。"隍曰："我正入定时，不见有有无之心。"策云："不见有有无之心，即是常定。何有出入？若有出入，即非大定。"隍无对，良久，问曰："师嗣谁耶？"策云："我师曹溪六祖。"隍云："六祖以何为禅定？"策云："我师所说，妙湛圆寂，体用如如。五阴本空，六尘非有，不出不入，不定不乱。禅性无住，离住禅寂；禅性无生，离生禅想。心如虚空，亦无虚空之量。"隍闻是说，径来谒师。师问云："仁者何来？"隍具述前缘。师云："诚如所言。汝但心如虚空，不着空见，应用无碍，动静无心，凡圣情忘，能所俱泯，性相如如，无不定时也(一本无汝但以下三十五字。止云：师悯其远来，遂垂开决)。"隍于是大悟，二十年所得心，都无影响。其夜河北士庶，闻空中有声云："隍禅师今日得道。"隍后礼辞，复归河北，开化四众。一僧问师云："黄梅意旨，甚么人得？"师云："会佛法人得。"僧云："和尚还得否？"师云："我不会佛法。"

师一日欲濯所授之衣而无美泉，因至寺后五里许，见山林郁茂，瑞气盘旋。师振锡卓地，泉应手而出，积以为池，乃跪膝浣衣石上。忽有一僧来礼拜，云："方辩是西蜀人，昨于南天竺国，见达磨大师，嘱方辩速往唐土。吾传大迦叶正法眼藏及僧伽梨，见传六代，于韶州曹溪，汝去瞻礼。方辩远来，愿见我师传来衣钵。"师乃出示，次问："上人攻何事业？"曰："善塑。"师正色曰："汝试塑看。"辩罔措。过数日，塑就真相，可高七寸，曲尽其妙。师笑曰："汝只解塑性，不解佛性。"师舒手摩方辩顶，曰："永为人天福田。"

(师仍以衣酬之。辩取衣分为三，一披塑像，一自留，一用棕裹瘗地中。誓曰："后得此衣，乃吾出世，住持于此，重建殿宇。"宋嘉祐八年，有僧惟先，修殿掘地，得衣如新。像在高泉寺，祈祷辄应)。

有僧举卧轮禅师偈曰：

"卧轮有伎俩，　　能断百思想，
对境心不起，　　菩提日日长。"

师闻之，曰："此偈未明心地，若依而行之，是加系缚。"因示一偈曰：

"惠能没伎俩，　　　不断百思想，
对境心数起，　　　菩提作么长。"

顿渐品 第八卷

时，祖师居曹溪宝林，神秀大师在荆南玉泉寺。于时两宗盛化，人皆称南能北秀，故有南北二宗顿渐之分，而学者莫知宗趣。师谓众曰："法本一宗，人有南北。法即一种，见有迟疾。何名顿渐？法无顿渐，人有利钝，故名顿渐。"然秀之徒众，往往讥南宗祖师，不识一字，有何所长。秀曰："他得无师之智，深悟上乘。吾不如也。且吾师五祖，亲传衣法。岂徒然哉！吾恨不能远去亲近，虚受国恩。汝等诸人，毋滞于此，可往曹溪参决。"一日，命门人志诚曰："汝聪明多智，可为吾到曹溪听法。若有所闻，尽心记取，还为吾说。"志诚禀命至曹溪，随众参请，不言来处。时祖师告众曰："今有盗法之人，潜在此会。"志诚即出礼拜，具陈其事。师曰："汝从玉泉来，应是细作。"对曰："不是。"师曰："何得不是？"对曰："未说即是，说了不是。"师曰："汝师若为示众？"对曰："常指诲大众，住心观静，长坐不卧。"师曰："住心观静，是病非禅；长坐拘身，于理何益？听吾偈曰：

"生来坐不卧，　　　死去卧不坐，
一具臭骨头，　　　何为立功课？"

志诚再拜曰："弟子在秀大师处学道九年，不得契悟。今闻和尚一说，便契本心。弟子生死事大，和尚大慈，更为教示。"师云："吾闻汝师教示学人戒定慧法，未审汝师说戒定慧行相如何？与吾说看。"诚曰："秀大师说，诸恶莫作名为戒，诸善奉行名为慧，自净其意名为定。彼说如此，未审和尚以何法诲人？"师曰："吾若言有法与人，即为诳汝。但且随方解缚，假名三昧。如汝师所说戒定慧，实不可思议。吾所见戒定慧又别。"志诚曰："戒定慧只合一种，如何更别？"师曰："汝师戒定慧接大乘人，吾戒定慧接最上乘人。悟解不同，见有迟疾。汝听吾说，与彼同否？吾所说法，不离自性。离体说法，名为相说，自性常迷。须知一切万法，皆从自性起用，是真戒定慧法。听吾偈曰：

"心地无非自性戒，　　心地无痴自性慧，
心地无乱自性定，　　不增不减自金刚，
身去身来本三昧。"

诚闻偈，悔谢，乃呈一偈曰：
"五蕴幻身，　　幻何究竟？　　回趣真如，
法还不净。"

师然之，复语诚曰："汝师戒定慧，劝小根智人；吾戒定慧，劝大根智人。若悟自性，亦不立菩提涅槃，亦不立解脱知见。无一法可得，方能建立万法。若解此意，亦名佛身，亦名菩提涅槃，亦名解脱知见。见性之人，立亦得、不立亦得，去来自由，无滞无碍，应用随作，应语随答，普见化身，不离自性，即得自在神通游戏三昧，是名见性。"志诚再启师曰："如何是不立义？"师曰："自性无非、无痴无乱，念念般若观照，常离法相，自由自在，纵横尽得，有何可立？自性自悟，顿悟顿修，亦无渐次，所以不立一切法。诸法寂灭，有何次第？"志诚礼拜，愿为执侍，朝夕不懈（诚吉州太和人也）。

僧志彻，江西人，本姓张，名行昌，少任侠。自南北分化，二宗主虽亡彼我，而徒侣竞起爱憎。时北宗门人，自立秀师为第六祖，而忌祖师传衣为天下闻，乃嘱行昌来刺师。师心通，预知其事，即置金十两于座间。时夜暮，行昌入祖室，将欲加害。师舒颈就之，行昌挥刃者三，悉无所损。师曰："正剑不邪，邪剑不正。只负汝金，不负汝命。"行昌惊仆，久而方苏，求哀悔过，即愿出家。师遂与金，言："汝且去，恐徒众翻害于汝。汝可他日易形而来，吾当摄受。"行昌禀旨宵遁。后投僧出家，具戒精进。一日，忆师之言，远来礼觐。师曰："吾久念汝，汝来何晚？"曰："昨蒙和尚舍罪，今虽出家苦行，终难报德，其惟传法度生乎？弟子常览《涅槃经》，未晓常无常义。乞和尚慈悲，略为解说。"师曰："无常者，即佛性也。有常者，即一切善恶诸法分别心也。"曰："和尚所说，大违经文。"师曰："吾传佛心印，安敢违于佛经？"曰："经说佛性是常；和尚却言无常。善恶之法乃至菩提心，皆是无常；和尚却言是常。此即相违，令学人转加疑惑。"师曰："《涅槃经》吾昔听尼无尽藏读诵一遍，便为讲说，无一字一义不合经文。乃至为汝，终无二说。"曰："学人识量浅昧，愿和尚委曲开示。"师曰："汝知否？佛性若常，更说什么善恶诸法，乃至穷劫无有一人发菩提心者；故吾说无常，正是佛说真常之道也。又，一切诸法若无常者，即物物皆有自性，容受生死，而真常性有不遍之处。故吾说常者，正是佛说真无常义。佛比为凡夫、外道执于邪常，诸二乘人于常计无常，共成八倒，故于《涅槃》了义教中，破彼偏见，而显说真常、真乐、真我、真净。汝今依言背义，以断灭无常及确定死常，而错解佛之圆妙最后微言。纵览千遍，有何所益？"行昌忽然大悟，说偈曰：

"因守无常心，　　佛说有常性，
不知方便者，　　犹春池拾砾。
我今不施功，　　佛性而现前，
非师相授与，　　我亦无所得。"

师曰："汝今彻也，宜名志彻。"彻礼谢而退。

有一童子，名神会，襄阳高氏子。年十三，自玉泉来参礼。师曰:"知识远来艰辛,还将得本来否?若有本则合识主。试说看。"会曰:"以无住为本,见即是主。"师曰:"这沙弥争合取次语?"会乃问曰:"和尚坐禅,还见不见?"师以柱杖打三下,云:"吾打汝痛不痛?"对曰:"亦痛亦不痛。"师曰:"吾亦见亦不见。"神会问:"如何是亦见亦不见?"师云:"吾之所见,常见自心过愆,不见他人是非好恶,是以亦见亦不见。汝言:'亦痛亦不痛。'如何?汝若不痛,同其木石;若痛,则同凡夫,即起恚恨。汝向前见.不见是二边,痛.不痛是生灭。汝自性且不见,敢尔弄人!"神会礼拜悔谢。师又曰:"汝若心迷不见,问善知识觅路。汝若心悟,即自见性依法修行。汝自迷不见自心,却来问吾见与不见。吾见自知,岂代汝迷?汝若自见,亦不代吾迷。何不自知自见,乃问吾见与不见?"神会再礼百余拜,求谢过愆。服勤给侍,不离左右。

一日,师告众曰:"吾有一物,无头无尾,无名无字,无背无面。诸人还识否?"神会出曰:"是诸佛之本源,神会之佛性。"师曰:"向汝道:'无名无字',汝便唤作本源佛性。汝向去有把茆盖头,也只成个知解宗徒。"祖师灭后,会入京洛,大弘曹溪顿教,著《显宗记》,盛行于世(是为荷泽禅师)。

师见诸宗难问咸起恶心,多集座下愍而谓曰:"学道之人,一切善念恶念应当尽除。无名可名,名于自性,无二之性,是名实性。于实性上建立一切教门,言下便须自见。"诸人闻说,总皆作礼,请事为师。

护法品 第九卷

神龙元年上元日,则天.中宗诏云:"朕请安、秀二师宫中供养。万机之暇,每究一乘。二师推让云:'南方有能禅师,密授忍大师衣法,传佛心印,可请彼问。'今遣内侍薛简,驰诏迎请,愿师慈念,速赴上京。"师上表辞疾,愿终林麓。薛简曰:"京城禅德皆云:'欲得会道,必须坐禅习定。若不因禅定而得解脱者,未之有也。'未审师所说法如何?"师曰:"道由心悟,岂在坐也。经云:'若言如来若坐若卧,是行邪道。'何故?无所从来,亦无所去。无生无灭,是如来清净禅。诸法空寂,是如来清净坐。究竟无证,岂况坐耶。"简曰:"弟子回京,主上必问。愿师慈悲,指示心要,传奏两宫及京城学道者。譬如一灯,然百千灯,冥者皆明,明明无尽。"师云:"道无明暗,明暗是代谢之义。明明无尽,亦是有尽,相待立名故。《净名经》云:'法无有比,无相待故。'"简曰:"明喻智慧,暗喻烦恼。修道之人,倘不以智慧照破烦恼,无始生死凭何出离?"师曰:"烦恼即是菩提,无二无别。若以智慧照破烦恼者,此是二乘见解。羊鹿等机,上智大根,悉不如是。"简曰:"如何是大乘见解?"师曰:"明与无明,凡夫见二;智者了达,其性无二。无二之性,即是实性。实性者,处凡愚而不减,在贤圣而不增,住烦恼而不乱,居禅定而不寂。不断不常,不来不去,不在中间及其内外,不生不灭,性相如如,常住不迁,名之曰道。"简曰:"师说不生不灭,何异外道?"师曰:"外道所说不生不灭者,将灭止生,以生显灭,灭犹不灭,生说不生。我说不生不灭者,本自无生,今亦不灭,所以不同外道。汝若欲知心要,但一切善恶都莫思量,自然得入清净心体,湛然常寂,妙用恒沙。"简蒙指教,豁然大悟。礼辞归阙,表奏师语。

其年九月三日,有诏奖谕师曰:"师辞老疾,为朕修道,国之福田。师若净名托疾毗耶,阐扬大乘,传诸佛心,谈不二法。薛简传师指授如来知见,朕积善余庆,宿种善根,值师出世,顿悟上乘。感荷师恩,顶戴无已,并奉磨衲袈裟及水晶钵,敕韶州刺史修饰寺宇,赐师旧居为国恩寺。"

付嘱品 第十卷

师一日唤门人法海、志诚、法达、神会、智常、智通、志彻、志道、法珍、法如等,曰:"汝等不同余人,吾灭度后,各为一方师。吾今教汝说法,不失本宗:先须举三科法门,动用三十六对,出没即离两边。说一切法,莫离自性。忽有人问汝法,出语尽双,皆取对法,来去相因。究竟二法尽除,更无去处。三科法门者,阴.界.入也。阴是五阴——色.受.想.行.识是也。入是十二入,外六尘——色.声.香.味.触.法;内六门——眼.耳.鼻.舌.身.意是也。界是十八界,六尘.六门.六识是也。自性能含万法,名含藏识。若起思量,即是转识。生六识,出六门,见六尘。如是一十八界,皆从自性起用。自性若邪,起十八邪;自性若正,起十八正。若恶用即众生用,善用即佛用。用由何等?由自性有,对法外境。无情五对:天与地对,日与月对,明与暗对,阴与阳对,水与火对;此是五对也。法相语言十二对:语与法对,有与无对,有色与无色对,有相与无相对,有漏与无漏对,色与空对,动与静对,清与浊对,凡与圣对,僧与俗对,老与少对,大与小对;此是十二对也。自性起用十九对:长与短对,邪与正对,痴与慧对,愚与智对,乱与定对,慈与毒对,戒与非对,直与曲对,实与虚对,险与平对,烦恼与菩提对,常与无常对,悲与害对,喜与瞋对,舍与悭对,进与退对,生与灭对,法身与色身对,化身与报身对;此是十九对也。"师言:"此三十六对法,若解用即道,贯一切经法,出入即离两边。自性动用,共人言语,外于相离相,内于空离空。若全著相,即长邪见;若全执空,即长无明。执空之人有谤经,直言不用文字。既云不用文字,人亦不合语言。只此语言,便是文字之相。又云:'直道不立文字。'即此不立两字,亦是文字。见人所说,便即谤他言著文字。汝等须知,自迷犹可,又谤佛经。不要谤经,罪障无数。若著相于外,而作法求真;或广立道场,说有无之过患。如是之人,累劫不得见性。但听依法修行,又莫百物不思,而于道性窒碍。若听说不修,令人反生邪念。但依法修行,无住相法施。汝等若悟,依此说、依此用、依此行、依此作,即不失本宗。若有人问汝义,问有将无对,问无将有对,问凡以圣对,问圣以凡对。二道相因,生中道义。如一问一对,余问一依此作,即不失理也。设有人问:'何名为闇?'答云:'明是因,闇是缘,明没即闇。'以明显闇,以闇显明,来去相因,成中道义。余问悉皆如此。汝等于后传法,依此转相教授,勿失宗旨。"

师于太极元年壬子,延和七月(是年五月改延和,八月玄宗即位方改元先天,次年遂改开元。他本作先天者非)命门人往新州国恩寺建塔,仍令促工,次年夏末落成。七月一日,集徒众曰:"吾至八月,欲离世间。汝等有疑,早须相问,为汝破疑,令汝迷尽。吾若去后,无人教汝。"法海等闻,悉皆涕泣。惟有神会,神情不动,亦无涕泣。师云:"神会小师却得善不善等,毁誉不动,哀乐不生;余者不得。数年山中竟修何道?汝今悲泣,为忧阿谁?若忧吾不知去处,吾自知去处。吾若不知去处,终不预报于汝。汝等悲泣,盖为不知吾去处;若知吾去处,即不合悲泣。法性本无生灭去来,汝等尽坐,吾与汝说一偈,名曰真假动静偈。汝等诵取此偈,与吾意同,依此修行,不失宗旨。"众僧作礼,请师说偈。偈曰:

"一切无有真,　　不以见于真。
若见于真者,　　是见尽非真。
若能自有真,　　离假即心真,
自心不离假,　　无真何处真?
有情即解动,　　无情即不动。
若修不动行,　　同无情不动。
若觅真不动,　　动上有不动,
不动是不动,　　无情无佛种。
能善分别相,　　第一义不动,
但作如此见,　　即是真如用。
报诸学道人,　　努力须用意,
莫于大乘门,　　却执生死智。
若言下相应,　　即共论佛义;
若实不相应,　　合掌令欢喜。
此宗本无诤,　　诤即失道意,

执逆诤法门，　　　自性入生死。"

时，徒众闻说偈已，普皆作礼，并体师意，各各摄心，依法修行，更不敢诤，乃知大师不久住世。法海上座，再拜问曰："和尚入灭之后，衣法当付何人？"师曰："吾于大梵寺说法，以至于今抄录流行，目曰"法宝坛经"。汝等守护，递相传授。度诸群生，但依此说，是名正法。今为汝等说法，不付其衣。盖为汝等信根淳熟，决定无疑，堪任大事。然据先祖达磨大师付授偈意，衣不合传。偈曰：

"'吾本来兹土，　　　传法救迷情，
一华开五叶，　　　结果自然成。'"

师复曰："诸善知识！汝等各各净心，听吾说法。若欲成就种智，须达一相三昧、一行三昧。若于一切处而不住相，于彼相中不生憎爱，亦无取舍，不念利益成坏等事，安闲恬静，虚融澹泊，此名一相三昧。若于一切处行住坐卧，纯一直心，不动道场，真成净土，此名一行三昧。若人具二三昧，如地有种，含藏长养，成熟其实。一相一行，亦复如是。我今说法，犹如时雨，普润大地。汝等佛性，譬诸种子，遇兹沾洽，悉得发生。承吾旨者，决获菩提。依吾行者，定证妙果。听吾偈曰：

"心地含诸种，　　　普雨悉皆萌，
顿悟华情已，　　　菩提果自成。"

师说偈已，曰："其法无二，其心亦然。其道清净，亦无诸相，汝等慎勿观静及空其心。此心本净，无可取舍。各自努力，随缘好去。"尔时徒众作礼而退。

大师，七月八日忽谓门人曰："吾欲归新州，汝等速理舟楫。"大众哀留甚坚。师曰："诸佛出现，犹示涅槃。有来必去，理亦常然。吾此形骸，归必有所。"众曰："师从此去，早晚可回。"师曰："叶落归根，来时无口。"又问："正法眼藏，传付何人？"师曰："有道者得，无心者通。"又问："后莫有难否？"师曰："吾灭后五六年，当有一人来取吾首。听吾记曰：'头上养亲，口里须餐，遇满之难，杨柳为官。'"又云："吾去七十年，有二菩萨从东方来，一出家、一在家。同时兴化，建立吾宗，缔缉伽蓝，昌隆法嗣。"问曰："未知从上佛祖应现已来，传授几代？愿垂开示。"师云："古佛应世已无数量，不可计也。今以七佛为始，过去庄严劫，毗婆尸佛、尸弃佛、毗舍浮佛；今贤劫，拘留孙佛、拘那含牟尼佛、迦叶佛、释迦文佛。是为七佛。

"已上七佛，今以释迦文佛首传。

"第一摩诃迦叶尊者、第二阿难尊者、第三商那和修尊者、第四优波鞠多尊者、第五提多迦尊者、第六弥遮迦尊者、第七婆须蜜多尊者、第八佛驮难提尊者、第九伏驮蜜多尊者、第十胁尊者、十一富那夜奢尊者、十二马鸣大士、十三迦毗摩罗尊者、十四龙树大士、十五迦那提婆尊者、十六罗睺罗多尊者、十七僧伽难提尊者、十八伽耶舍多尊者、十九鸠摩罗多尊者、二十阇耶多尊者、二十一婆修盘头尊者、二十二摩拏罗尊者、二十三鹤勒那尊者、二十四师子尊者、二十五婆舍斯多尊者、二十六不如蜜多尊者、二十七般若多罗尊者、二十八菩提达磨尊者（此土是为初祖）、二十九慧可大师、三十僧璨大师、三十一道信大师、三十二弘忍大师。

"惠能是为三十三祖。从上诸祖，各有禀承。汝等向后，递代流传毋令乖误。"

大师，先天二年癸丑岁八月初三日（是年十二月改元开元），于国恩寺斋罢，谓诸徒众曰："汝等各依位坐，吾与汝别。"法海白言："和尚！留何教法，令后代迷人得见佛性？"师言："汝等谛听！后代迷人，若识众生，即是佛性；若不识众生，万劫觅佛难逢。吾今教汝。识自心众生，见自心佛性。欲求见佛，但识众生。只为众生迷佛，非是佛迷众生。自性若悟，众生是佛；自性若迷，佛是众生。自性平等，众生是佛；自性邪险，佛是众生。汝等心若险曲，即佛在众生中；一念平直。即是众生成佛。我心自有佛，自佛是真佛。自若无佛心，何处求真佛？汝等自心是佛，更莫狐疑。外无一物而能建立，皆是本心生万种法。故经云：'心生种种法生，心灭种种法灭。'吾今留一偈与汝等别，名自性真佛偈。后代之人，识此偈意，自见本心，自成佛道。偈曰：

"真如自性是真佛，　　邪见三毒是魔王，
邪迷之时魔在舍，　　正见之时佛在堂。
性中邪见三毒生，　　即是魔王来住舍，
正见自除三毒心，　　魔变成佛真无假。
法身报身及化身，　　三身本来是一身，
若向性中能自见，　　即是成佛菩提因。
本从化身生净性，　　净性常在化身中，
性使化身行正道，　　当来圆满真无穷。
淫性本是净性因，　　除淫即是净性身，
性中各自离五欲，　　见性刹那即是真。
今生若遇顿教门，　　忽悟自性见世尊，
若欲修行觅作佛，　　不知何处拟求真？
若能心中自见真，　　有真即是成佛因，
不见自性外觅佛，　　起心总是大痴人。
顿教法门今已留，　　救度世人须自修，
报汝当来学道者，　　不作此见大悠悠。"

师说偈已，告曰："汝等好住。吾灭度后，莫作世情悲泣雨泪，受人吊问、身着孝服，非吾弟子，亦非正法。但识自本心，见自本性，无动无静，无生无灭，无去无来，无是无非，无住无往。恐汝等心迷，不会吾意，今再嘱汝，令汝见性。吾灭度后，依此修行，如吾在日；若违吾教，纵吾在世，亦无有益。"复说偈曰：

"兀兀不修善，　　腾腾不造恶，
寂寂断见闻，　　荡荡心无著。"

师说偈已，端坐至三更，忽谓门人曰："吾行矣！"奄然迁化。于时异香满室，白虹属地，林木变白，禽兽哀鸣。十一月，广韶新三郡官僚，洎门人僧俗，争迎真身，莫决所之。乃焚香祷曰："香烟指处，师所归焉。"时香烟直贯曹溪。十一月十三日，迁神龛并所传衣钵而回。次年七月出龛，弟子方辩以香泥上之，门人忆念取首之记，仍以铁叶漆布固护师颈入塔。忽于塔内白光出现，直上冲天，三日始散。韶州奏闻，奉敕立碑，纪师道行。

师春秋七十有六，年二十四传衣，三十九祝发，说法利生三十七载，嗣法四十三人，悟道超凡者莫知其数。达磨所传信衣（西域屈朐布也），中宗赐磨衲宝钵，及方辩塑师真相，并道具，永镇宝林道场。留传《坛经》以显宗旨，兴隆三宝，普利群生者。

谨以此书献给全球佛经阅读者，佛教研究者，佛学爱好者，禅宗爱好者，以及佛教信仰者。

www.ingramcontent.com/pod-product-compliance
Lightning Source LLC
Chambersburg PA
CBHW052054110526
44591CB00013B/2211